HISTOIRE
PHILOSOPHIQUE
ET
POLITIQUE

Des Établiſſemens & du Commerce des Européens dans les deux Indes.

TOME PREMIER.

A AMSTERDAM.

M. DCC. LXX.

1770

AVERTISSEMENT
DES LIBRAIRES.

L'ouvrage qu'on donne au public a été imprimé loin des yeux de l'Auteur, sans son aveu, & sur un manuscrit assez peu correct, où il s'est même trouvé quelques lacunes qu'on a été obligé de remplir. Aussi s'est-il glissé dans l'édition un fort grand nombre de fautes, dont plusieurs forment des contre-sens visibles. On trouvera à la fin de chaque volume un Errata, auquel le Lecteur pourra avoir recours lorsqu'il se trouvera embarrassé.

HISTOIRE
PHILOSOPHIQUE
ET
POLITIQUE,

Des établiſſemens & du commerce des Européens dans les deux Indes.

LIVRE PREMIER.

I L n'y a point eu d'événement auſſi intéreſſant pour l'eſpece humaine en général & pour les peuples de l'Europe en particulier, que la découverte du nouveau monde & le paſſage aux Indes par le Cap de Bonne-Eſpérance. Alors a commencé une révolution dans le commerce, dans la puiſſance des nations, dans les mœurs, l'induſtrie & le gouvernement de tous les peuples. C'eſt à ce moment que les hommes des contrées les plus éloignées ſe ſont devenus néceſſaires : les productions des climats placés ſous l'équateur ſe conſomment dans les climats voiſins du pole ; l'induſtrie du nord est transporté au sud ; les étoffes de l'orient habillent l'occident, & par-tout les hommes se sont communiqués leurs opinions, leurs loix, leurs usages, leurs remedes, leurs maladies, leurs vertus & leurs vices.

Tout est changé & doit changer encore. Mais les révolutions passées & celles qui doivent suivre, ont-elles été, peuvent-elles être utiles à la nature humaine ? L'homme leur devra t-il un jour plus de tranquillité, de vertus & de plaisirs ? Peuvent-elles rendre son état meilleur, ou ne feront-elles que le changer ?

L'Europe a fondé par-tout des Colonies ; mais connoît-elle les principes sur lesquels on doit les fonder ? Elle a un commerce d'échange, d'économie, d'industrie. Ce commerce passe d'un peuple à l'autre. Ne peut-on découvrir par quels moyens & dans quelles circonstances ? Depuis qu'on connoît l'Amérique & la route du Cap, des nations qui n'étoient rien sont devenues puissantes ; d'autres qui faisoient trembler l'Europe se sont affoiblies. Comment ces découvertes ont-elles influé sur l'etat de ces peuples ? Pourquoi enfin les nations les plus florissantes & les plus riches ne sont-elles pas toujours celles à qui la nature a le plus donné ? Il faut pour s'éclaircir sur ces questions importantes jetter un coup d'œil sur l'état où étoit l'Europe avant les découvertes dont nous avons parlé ; suivre en détail les événemens dont elles ont été la cause & finir par considérer l'état de l'Europe telle qu'elle est aujourd'hui.

Les peuples qui ont poli les autres ont été commerçans. Il n'y a que deux jours que l'Europe étoit sauvage ; à bien des égards elle est encore barbare, & sans l'immense communication que les hommes ont les uns avec les autres, elle le feroit peut-être toujours. C'est le commerce des Egyptiens & des Tyriens qui a civilisé les Grecs, & ceux-ci en ajoutant à toutes les connoissances, à tous les arts qu'ils avoient reçus, éleverent la raison humaine à un point de perfection dont la ruine du commerce & les révolutions des empires l'ont fait depuis descendre. Leurs admirables institutions étoient supérieures à ce que nous connoissons de mieux aujourd'hui. Aucune nation, si l'on en excepte peut-être les Chinois, n'avoit fait autant de progrès que les Grecs dans cette partie de la philosophie qui dirige le gouvernement & les mœurs. Leur tactique est encore préférée à celle des Romains même. L'esprit dans lequel ils ont fondé leurs Colonies fait honneur à leur raison & à leur humanité. Ils ont porté tous les beaux arts à un dégré de perfection au-delà duquel aucun peuple ne les a portés. Ils ont eu des idées justes du beau dans tous les genres. On voit par quelques ouvrages de Xénophon & d'autres écrivains qu'ils avoient mieux les principes du commerce que la plupart des nations de l'Europe ne les ont aujourd'hui.

Si l'on fait attention que l'Europe jouit de toutes les connoissances des Grecs, que son commerce est infiniment plus étendu, que notre imagination se porte sur des objets plus grands & plus variés depuis les progrès de la navigation, on sera étonné que nous n'ayons pas sur eux la supériorité la plus décidée. Mais il faut observer que lorsque ce peuple connut les arts & le commerce, il sortoit pour ainsi dire des mains de la nature, & étoit susceptible de toutes sortes d'impressions; au lieu que les nations de l'Europe avoient le malheur de connoître des loix, des gouvernemens, ne religion exclusive & impérieuse. Dans la Grece le commerce trouva des hommes, en Europe il trouva des esclaves. A mesure que le commerce & les arts nous ont ouvert les yeux sur les absurdités de nos institutions, nous nous sommes occupés à les corriger, mais sans oser jamais renverser entierement l'édifice. Nous avons remédié à des abus par des abus nouveaux; & à force d'étayer, de réformer, de pallier, nous avons mis dans nos mœurs plus de contradictions & d'absurdités qu'il n'y en a chez les peuples les plus barbares. Voilà pourquoi si les arts pénetrent un jour chez les Tartares & les Iroquois, ils y feront des progrès infiniment plus rapides qu'ils n'en peuvent jamais faire dans la Russie & dans la Pologne.

Les Romains institués pour conquérir n'ont pas avancé comme les Grecs, la raison & l'industrie. Ils ont donné au monde un grand spectacle, mais ils n'ont rien ajouté aux connoissances & aux arts des Grecs. C'est en attachant les nations au même joug & non en les unissant par le commerce qu'ils ont augmenté la communication des hommes. Ils ravagerent le monde & lorsqu'ils l'eurent soumis, le repos qu'ils lui donnerent fut une létargie. Leur despotisme, leur gouvernement militaire opprimerent les peuples, éteignirent le génie & dégraderent l'espece humaine.

La barbarie s'étendit aux Conquérans eux-mêmes, après deux loix absurdes de Constantin, qu'il est bien étonnant que Montesquieu n'ait pas osé placer parmi les causes de la décadence de l'Empire. La premiere donnoit la liberté à tous les esclaves qui se feroient Chrétiens. Les grands privés par cet arrangement de toutes leurs richesses, réduits à l'indigence, & pour ainsi dire, à l'aumône de ces prosélites, n'eurent plus aucun intérêt à soutenir l'état dont ils étoient l'appui. Un autre édit défendit le paganisme dans toute l'étendue de l'Empire, & ces vastes contrées se trouverent couvertes d'hommes qui n'étoient plus liés entr'eux, ni à l'état par les nœuds sacrés de la religion & du serment. Sans prêtres, sans temples, sans morale publique, quel zele pouvoient-ils avoir pour repousser des ennemis qui venoient attaquer une domination à laquelle ils ne tenoient plus ?

Aussi les habitans du Nord qui fondirent sur l'Empire trouverent-ils les dispositions les plus favorables à leur invasion. Pressés en Pologne & en Allemagne par des nations sorties de la grande Tartarie, ils venoient occuper un moment des Provinces déja ruinées, pour en être chassés par des vainqueurs plus féroces qui les suivoient. Par-tout les possessions étoient incertaines, les mœurs & les loix sauvages. Comment dans cet état de l'Europe pouvoit-on conserver quelque industrie, & s'occuper des arts ? Les Gots en Espagne, & les Lombards en Italie, furent un peu plus éclairés, lorsque arrêtés & gardés par les mers & par les montagnes, ils se furent affermis dans leurs conquêtes ; mais leur commerce étoit bien peu de chose, & ils étoient loin de cultiver les lettres.

Au septieme siecle, l'Europe étoit pauvre & sans lumieres. Ce qu'on dit des richesses du Roi Dagobert & de la magnificence de S. Eloi est fabuleux, comme tout ce qu'on lit de merveilleux dans l'histoire de leurs tems. On s'habilloit de peaux & d'une laine grossiere. On ignoroit les commodités de la vie. On construisoit, il est vrai, des édifices qui avoient de la hardiesse & de la solidité, mais qui ne prouvoient pas plus qu'il y eut alors des richesses, que du goût. Il ne fut ni beaucoup d'argent ni beaucoup de connoissance des arts pour élever des masses de pierre avec les bras de ses esclaves. Ce qui démontre sans réplique la pauvreté des peuples, c'est que les impôts se levoient en nature ; & même les contributions que le clergé subalterne payoit à ses supérieurs, consistoient en denrées comestibles. Aucune ville de l'Europe ne faisoit alors ce commerce, qui consiste à transporter les productions d'un peuple chez un autre ; & quand ce genre de commerce est ignoré, on n'en connoît guere les autres especes.

La superstition dominante épaississoit les ténebres. Avec des sophismes & de la subtilité, elle fondoit cette fausse science qu'on appelle théologie, & dont elle occupoit les hommes aux dépens des vraies connoissances.

Dès le huitieme siecle & au commencement du neuvieme, Rome qui n'étoit plus la ville des maîtres du monde, prétendit comme autrefois ôter, donner des couronnes. Sans citoyens, sans soldats, avec des opinions, avec des dogmes, on la vit aspirer à la monarchie universelle. Elle arma les princes les uns contre les autres, les peuples contre les rois, les rois contre les peuples. On ne connoissoit d'autre mérite que de marcher à la guerre, ni d'autre vertu que d'obéir à l'Eglise. La dignité des souverains étoit avilie par les prétentions de Rome, qui apprenoit à mépriser les princes, sans inspirer l'amour de la liberté. Quelques romans absurdes & quelques fables mélancoliques nées de l'oisiveté des cloîtres, étoient alors la seule littérature. Elle contribuoient à entretenir cette tristesse & cet amour du merveilleux, qui servent si bien la superstition.

Deux nations changerent encore la face de la terre. Un peuple sorti de la Scandivanie & de

philosophique & politique.

la Cherfonefe Cimbrique fe répandit au nord de l'Europe que les Arabes preffoient du côté du midi. Les uns étoient difciples d'Odin, & les autres de Mahomet, deux hommes qui avoient répandu le fanatifme des conquêtes avec celui de la religion. Charlemagne fut vaincre les uns & réfifter aux autres. Ces hommes du Nord, appellés Saxons ou Normands, étoient un peuple pauvre, mal armé, fans difcipline, de mœurs atroces, pouffé aux combats & à la mort par la mifere & la fuperftition. Charlemagne voulut leur faire quitter cette religion qui les rendoit fi terribles pour une religion qui les difpoferoit à obéir. Il lui fallut verfer des torrens de fang, & il planta la croix fur des monceaux de morts : il fut moins heureux contre les Arabes conquérans de l'Afie, de l'Afrique & de l'Efpagne. Il ne put s'établir au-delà des Pirenées.

Le befoin de repouffer les Arabes, & fur-tout les Normands, fit renaître la marine de l'Europe. Charlemagne en France. Alfred le Grand en Angleterre : quelques villes d'Italie eurent des vaiffeaux, & ce commencement de navigation reffufcita en peu le commerce maritime. Charlemagne établit de grandes foires, dont la principale étoit à Aix-la-chapelle. C'eft la maniere de faire le commerce chez les peuples où il eft encore au berceau.

Cependant les Arabes fondoient le plus grand commerce qu'on eut vu depuis Athenes & Carthage. Il eft vrai qu'ils le devoient moins aux lumieres d'une raifon cultivée & aux progrès d'une bonne adminiftration, qu'à l'étendue de leur puiffance & à la nature des pays qu'ils poffédoient. Maîtres de l'Efpagne, de l'Afrique, de l'Afie-mineure, de la Perfe & d'une partie de l'Inde, ils commencerent par échanger entr'eux d'une convrée à l'autre les denrées des différentes parties de leur vaste empire. Ils s'étendirent par degrés jusqu'aux Moluques & à la Chine, tantôt en négocians, tantôt en missionnaires, souvent en conquérans.

Bientôt les Vénitiens, les Gênois & les Arabes de Barcelone allerent prendre dans Alexandrie les marchandises de l'Afrique & de l'Inde, & les verserent en Europe. Les Arabes, enrichis par le commerce & rassasiés de conquêtes, n'étoient plus le même peuple qui avoit brûlé la bibliotheque des Ptolomées. Ils cultivoient les arts & les lettres, & ils ont été la seule nation conquérante qui ait avancé la raison & l'industrie des hommes. On leur doit l'algebre, la chimie, de nouvelles lumieres en astronomie, des machines nouvelles, des remedes inconnus à l'antiquité. La poësie est le seul des beaux-arts qu'ils aient cultivé avec succès.

Dans le même tems, les sujets de l'empire Grec avoient imité les manufactures de soie de l'Asie; & ils s'étoient ouverts par Caffa & par la mer Caspienne le commerce de l'Inde.

Les Gênois commençoient à le partager avec eux, & même le commerce des Grecs tomboit avec leur empire, qui n'opposoit au fanatisme des Arabes que la plus lâche bigoterie. Les moines y régnoient, & l'empereur demandoit pardon à Dieu du tems qu'il donnoit aux soins de l'empire. Il n'y avoit plus ni bons peintres, ni bon sculpteurs; & l'on y disputoit sans cesse pour savoir s'il falloit honorer les images. Situés au milieu des mers, possesseurs d'un grand nombre d'isles, les Grecs n'avoient pas de marine. Ils se défendirent contre celle d'Egypte & des Sarrasins par le feu Grégeois, arme vaine & précaire d'un peuple sans vertu. Constantinople ne pouvoit protéger au loin son commerce maritime; il fut abandonné aux Gênois, qui s'emparerent de Caffa, dont ils firent une ville florissante.

La noblesse de l'Europe prit dans les folles expéditions des Croisades quelque chose des mœurs des Grecs & des Arabes. Elle connut leurs arts & leur luxe; il lui devint difficile de s'en passer. Les Vénitiens eurent un plus grand débit des marchandises qu'ils tiroient de l'Orient. Les Arabes eux-mêmes en porterent en France, en Angleterre, & jusqu'en Allemagne.

Ces nations étoient alors sans vaisseaux & sans manufactures: on y gênoit le commerce, & on y méprisoit le commerçant. Cette classe d'hommes utiles n'avoit jamais été honorée chez les Romains. Ils avoient traité les négocians à peu près avec le même mépris qu'ils avoient pour les histrions, les courtisanes, les bâtards, les esclaves & les gladiateurs. Le système politique établi dans toute l'Europe par la force & l'ignorance des nations du nord, devoit nécessairement perpétuer ce préjugé d'un orgueil barbare. Nos peres insensés prirent pour base de leurs gouvernemens un principe destructeur de toute société, le mépris pour les travaux utiles. Il n'y avoit de considéré que les posseurs des fiefs & ceux qui s'étoient distingués dans les combats. Les nobles étoient, comme on sait, de petits souverains qui abusoient de leur autorité, & résistoient à celle du prince. Les barons avoient du faste & de l'avarice, des fantaisies, & fort peu d'argent. Tantôt ils appelloient les marchands dans leurs petit états, & tantôt ils les rançonnoient. C'est dans ces tems barbares que se sont établis les droits de péage, d'entrée, de sortie, de passage, de logemens, d'aubaines, d'autres oppressions sans fin. Tous les ponts, tous les chemins s'ouvroient ou se fermoient sous le bon plaisir du prince ou de ses vassaux. On ignoroit si parfaitement les plus simples élémens du commerce, qu'on avoit l'usage de fixer le prix des denrées. Les négocians étoient souvent volés, & toujours mal payés par les chevaliers & par les barons. On faisoit le commerce par caravanes, on alloit en troupes armées jusqu'aux lieux où on avoit fixé les foires. Là, les marchands ne négligeoient aucun moyen de se concilier le peuple. Ils étoient ordinairement accompagnés de bateleurs, de musiciens & de farceurs. Comme il n'y avoit alors aucune grande ville, & qu'on ne connoissoit ni les spectacles, ni les assemblées, ni les plaisirs sédentaires de la société privée, le tems des foires étoit celui des amusemens, & ces amusemens dégénéroient en dissolutions, qui autorisoient les déclamations & les violences du Clergé. Les commerçans furent souvent excommuniés. Le peuple avoit en horreur des étrangers qui apportoient des superfluités à ses tyrans, & qui s'associoient à des hommes dont les mœurs blessoient ses préjugés & son austérité grossiere.

Les Juifs qui ne tarderent pas à s'emparer des détails du commerce, ne lui donnerent pas de la considération. Ils furent alors dans toute l'Europe ce qu'ils sont encore aujourd'hui dans la Pologne & dans la Turquie. Ils se rendirent nécessaires aux marchands étrangers & aux nations Européennes. Ils s'enrichirent aux dépens des Chrétiens superstitieux, qui s'en vengerent par de cruelles persécutions. Le Clergé déclara l'intérêt de l'argent usuraire. Cette décision théologique sur un objet civil & politique frappa sur

philosophique & politique.

l'état, en portant coup au commerce. Les Juifs pillés, persécutés, proscrits, inventerent les lettres de change, qui mirent en sûreté les débris de leur fortune. Le Clergé déclara le change usuraire, mais il étoit trop utile pour être aboli. Un de ses effets, fut de rendre les négocians plus indépendans des princes, qui les traiterent mieux, dans la crainte qu'ils ne transportassent leurs richesses dans des pays étrangers.

La vanité donna quelque industrie aux François dans le quatorzieme siecle. L'usage de porter leurs armoiries sur leurs habits fit faire quelques progrès à leurs manufactures, parce que des draps chargés d'armoiries étoient un luxe qu'on ne pouvoit tirer de l'étranger.

On fabriquoit d'assez beaux draps en Flandre. On y fabriquoit aussi des tapisseries dont il reste encore. Elles prouvent combien le dessein & la perspective étoient alors ignorés. Cependant cette industrie grossiere attiroit les marchands de l'Europe, & la Flandre devenoit l'entrepôt du commerce qui se faisoit entre Venise & les villes de la grande Hanse.

Plusieurs villes s'étoient associées sur la mer Baltique & dans l'Allemagne. Elles avoient obtenu ou acheté le privilege de se gouverner par leurs loix. Elles firent seules le commerce du Nord, & devinrent puissantes. D'autres villes dans le reste de l'Europe, sans devenir comme les Anséatiques des républiques indépendantes, obtinrent des privileges. Il n'y avoit auparavant de citoyens que la noblesse & les ecclésiastiques. Le reste étoit esclave. Mais on vit d'abord se former des corps de marchands, des corps de métiers; & ces associations acquirent du crédit, en acquérant des richesses. Les souverains eurent besoin d'elles &

les affranchirent. Ils les opposerent aux barons. On vit diminuer peu-à-peu l'anarchie & la tyrannie féodales. Les bourgeois devinrent des citoyens, & le tiers-état fut admis aux assemblées des peuples.

Le Président de Montesquieu fait honneur à la religion Chrétienne de l'abolition de l'esclavage. Nous oserons n'être pas de son avis. C'est quand il y eu de l'industrie & des richesses dans le peuple, que les princes le compterent pour quelque chose. C'est quand les richesses du peuple purent être utiles aux rois contre les barons, que les loix rendirent meilleure la condition du peuple. Ce fut une saine politique que le commerce amene toujours, & non l'esprit de la religion Chrétienne, qui engagea les rois à déclarer libres les esclaves de leurs vassaux, parce que ces esclaves, en cessant de l'être, devenoient des sujets. Il est vrai que le Pape Alexandre III déclara que des Chrétiens devoient être exempts de servitude; mais il ne fit cette déclaration que pour plaire aux rois de France & d'Angleterre, qui vouloient abaisser leurs vassaux. La religion Chrétienne défend si peu la servitude, que dans l'Allemagne Catholique, en Boheme, en Pologne, pays très-catholique, le peuple est encore esclave, sans que l'église le trouve mauvais.

Quelques citoyens, comme Jacques Cœur, étoient plus propres à faire respecter le tiers-état, que toutes les déclarations des Papes. Jacques Cœur eût établi dans le quinzieme siecle un commerce riche & solide dans le royaume de France, s'il eut été soutenu par le gouvernement contre l'envie des courtisans & la sotise de ses concitoyens. Il avoit un grand nombre de vaisseaux. Plus de trois cens facteurs conduisoient son commerce en Turquie, en Perse, en Afrique, en Italie & dans le Nord. Il étoit le particulier le plus riche de l'univers, & le plus utile à sa patrie, qui n'auroit pas chassé les Anglois sans les secours qu'il prodiguoit à Charles VII. On supposa des crimes à ce grand homme. Aucun ne fut prouvé. On osa le dépouiller de ses biens & l'exiler, pour avoir fait présent d'un harnois au Sultant de Babylone, & pour avoir rendu aux Sarrasins un scélérat qu'ils avoient répété. Ses facteurs lui firent de nouveaux fonds avec lesquels il se retira dans l'isle de Chypre, où il acquit de nouvelles richesses. Sa retraite dans cette isle que possédoient alors les Vénitiens, fut utile à cette république que son commerce avoit alarmée.

Les beaux jours de l'Italie étoient à leur aurore. On voyoit dans Pise, Gêne, Florence, des républiques instituées par des loix sages. Les Factions des Gelphes & des Gibelins qui désoloient ces délicieuses contrées depuis tant de siecles, s'y étoient enfin calmées. Le commerce y fleurissoit, & devoit bientôt y amener les lettres. Venise étoit au comble de sa gloire. Sa marine, en effaçant celles de ses voisins, reprimoit celle des Mammelus & des Turcs. Son commerce étoit supérieur à celui de l'Europe entiere. Elle avoit une population nombreuse & des trésors immenses. Ses finances étoient bien administrées, & le peuple content. La république empruntoit des riches particuliers, mais par politique, & non par besoin d'argent. Les Vénitiens ont été les premiers qui aient imaginé d'attacher les sujets riches au gouvernement, en les engageant à placer une partie de leurs fortunes dans le fond de l'état. Venise avoit des manufactures de soie, d'or & d'argent. Les étrangers achetoient chez elle des vaisseaux: son orfévrerie étoit la meilleure & presque la seule de ce tems-là. On reprochoit aux habitans de se servir d'ustensiles, & de vaisselle d'or & d'argent. Ils avoient cependant des loix somptuaires; mais ces loix permettoient une sorte de luxe qui conservoit des fonds dans l'état. Le noble étoit à la fois économe & somptueux. L'opulence de Venise avoit ressuscité l'architecture d'Athenes. Enfin, il y avoit de la grandeur & déja du goût dans le luxe. Le peuple étoit ignorant; mais la noblesse étoit éclairée. Le gouvernement résistoit avec une fermeté sage aux entreprises des pontifes. *Siamo Veniziani poi Christiani*, disoit un de leurs sénateurs. C'étoit l'esprit du sénat entier. Dès ce tems, il avilissoit les prêtres, qu'il vaudroit mieux rendre utiles aux mœurs. Elles étoient plus fortes & plus pures chez les Vénitiens que chez les autres peuples d'Italie. Leurs troupes étoient fort différentes de ces misérables *Condottieri*, dont les noms étoient si terribles, & dont les armes l'étoient si peu. Il regnoit de la politesse à Venise, & la société s'y trouvoit moins gênée par les inquisiteurs d'état, qu'elle ne l'a été depuis que la république s'est méfiée de la puissance de ses voisins & de sa foiblesse.

Il y avoit loin au quinzieme siecle du reste de l'Europe à l'Italie. En France, Louis XI venoit d'abaisser les grands vassaux, de relever la magistrature, & de soumettre la noblesse aux loix. Le peuple François, moins dépendant de ses seigneurs, devoit dans peu devenir plus industrieux, plus actif & plus estimable; mais l'industrie & le commerce ne pouvoient fleurir subitement dans le pays qui venoit de persécuter Jacques Cœur. Les progrès de la raison devoient être lents au milieu des troubles que les grands excitoient encore, & sous le regne d'un prince livré à la plus vile superstition. Les barons n'avoient qu'un faste barbare. Leurs revenus suffisoient à peine pour entretenir à leur suite une foule de gentilshommes désœuvrés, qui les défendoit contre le souverain & les loix. La dépense de leur table étoit excessive, & ce luxe sauvage dont il reste encore trop de vestiges, n'encourageoit aucun des arts utiles. On eut alors cependant quelque idée de navigation. Doriole fit faire attention aux profits que les Venitiens & les villes Anséatiques retiroient des vins, des huiles & des grains de France qu'ils venoient charger sur leurs vaisseaux, & qu'ils transportoient dans toute l'Europe. Il n'y avoit ni dans les mœurs, ni dans le langage, cette sorte de décence qui distingue les premieres classes des citoyens, & qui apprend aux autres à les respecter. Malgré la courtoisie prescrite aux chevaliers, il régnoit parmi les grands de la grossiereté & de la rudesse. La nation avoit alors ce caractere d'inconséquence qu'elle a eu depuis, & qu'aura toujours une nation où les mœurs & les manieres ne seront pas d'accord avec les loix. Les conseils du prince y donnoient des édits sans nombre, & souvent contradictoires; mais le prince dispensoit aisément d'obéir. Ce caractere de facilité dans les souverains a été souvent le remede à la légéreté avec laquelle les ministres de France ont donné & multiplié les loix.

L'Angleterre, moins riche & moins industrieuse que la France, avoit des barons insolens, des évêques despotes, & un peuple qui se lassoit de leur joug. La nation avoit déja cet esprit d'inquiétude qui devoit tôt ou tard la conduite à la liberté. Elle devoit ce caractere à la tyrannie absurde de Guillaume le Conquérant, & au génie atroce de plusieurs de ses successeurs. L'abus excessif de l'autorité avoit donné aux Anglois une extrême défiance de leurs souverains. On ne prononçoit chez eux le nom de roi qu'avec crainte; & ces sentimens transmis de race en race ont servi à leur faire établir depuis le gouvernement sous lequel ils ont le bonheur de vivre. Les longues guerres entre les maisons de Lancastre & d'York avoient entretenu le courage guerrier & l'impatience de la servitude; mais elles avoient entretenu le désordre & la pauvreté. C'étoit les Flamands qui fabriquoient alors les laines de l'Angleterre; ses laines, son plomb, son étain étoient transportés sur les vaisseaux des villes Anséatiques. Elle n'avoit ni marine, ni police intérieure, ni jurisprudence, ni luxe, ni beaux-arts. Elle étoit de plus couverte d'une multitude de riches couvens & d'hôpitaux. Les nobles les moins riches passoient leur vie de couvent en couvent, & le peuple d'hôpitaux en hôpitaux. Ces établissemens superstitieux maintenoient la paresse & la barbarie.

L'Allemagne long-tems agitée par les querelles des empereurs & des papes, & par des guerres intestines, venoit de prendre une assiette plus tranquille. La bulle d'or avoit réglé les droits du chef & des membres de l'empire. Sigismond avoit établi le cadastre, & l'état venoit d'être divisé en cercles sous Maximilien I. L'ordre avoit succédé à l'anarchie, & les peuples de cette vaste contrée, sans richesses, sans commerce, mais guerriers & cultivateurs, n'avoient rien à craindre de leurs voisins, & ne pouvoient leur être redoutables. Le gouvernement féodal y étoit moins funeste à la nature humaine qu'il ne l'avoit été dans d'autres pays. En général les différens princes de cette vaste contrée gouvernoient assez sagement leurs états. Ils abusoient peu de leur autorité, &

si la possession paisible de son héritage peut dédommager l'homme de la liberté, le peuple d'Allemagne étoit heureux. C'étoit dans les seules villes libres & alliées de la grande Hanse qu'il y avoit du commerce & de l'industrie. Les mines d'Hanovre & de Saxe n'étoient pas connues. L'argent étoit rare ; le cultivateur vendoit à l'étranger quelques chevaux. Les princes ne vendoient pas encore des hommes. La table & de nombreux équipages étoient le seul luxe. Les grands & le clergé s'y enivroient sans troubler l'état. On avoit de la peine à dégoûter les gentilshommes de voler sur les grands chemins. Les mœurs étoient féroces, & jusques dans les deux siecles suivans, les troupes Allemandes furent plus célebres par leurs cruautés, que par leur discipline & leur courage.

Le Nord étoit encore moins avancé que l'Allemagne. Il étoit opprimé par les nobles & par les prêtres. Aucun des peuples qui l'habitoient n'avoient conservé cet enthousiasme de gloire que leur avoit autrefois inspiré la religion d'Odin, & ils n'avoient encore reçu aucune des loix sages que de meilleurs gouvernemens ont données depuis à quelques-uns d'entr'eux. Leur puissance n'étoit rien, & une seule ville de la grande Hanse faisoit trembler les trois couronnes du Nord. Elles redevinrent des nations après la réforme de la religion, & sous les loix de Frederic & de Gustave Vaza.

Le siecle des révolutions avançoit à grand pas. La nature humaine alloit connoître de nouvelles lumieres & la liberté ; mais il devoit en coûter des guerres & des crimes.

Les Turcs n'avoient ni la science du gouvernement, ni la connoissance des arts, ni commerce ; mais les Janissaires étoient & sont encore la premiere milice du monde. Ces compagnons d'un despote qu'ils font respecter & trembler, qu'ils couronnent & qu'ils étranglent, avoient alors de grands hommes à leur tête. Ils renverserent l'empire des Grecs, infatués de théologie, hébétés par la superstition. Quelques habitans de ce doux climat, qui cultivoient chez eux les lettres & les arts, abandonnerent leur patrie subjuguée, & se réfugierent en Italie ; ils y furent suivis par des artisans & des négocians. L'aisance, la paix, la prospérité, cet amour de toutes les gloires, ce besoin de nouveaux plaisirs qu'inspiroient de bons gouvernemens, favorisoient dans le pays des anciens Romains la renaissance des lettres, & les Grecs apporterent aux Italiens plus de connoissance des bons modeles & l'amour de l'antiquité. L'Imprimerie étoit inventée, & si elle avoit été long-tems une invention inutile, tandis que les peuples étoient pauvres & sans industrie, depuis les progrès du commerce & des arts, elle avoit rendu les livres communs. Par-tout on étudioit, on admiroit les anciens, mais ce n'étoit qu'en Italie qu'ils avoient des rivaux.

Rome qui presque toujours a eu dans chaque siecle l'esprit qui lui convenoit le mieux pour le moment, Rome sembloit ne plus chercher à perpétuer l'ignorance qui l'avoit si long-tems & si bien servie. Elle protégea les belles-lettres & les arts, qui doivent plus à l'imagination qu'au raisonnement. Les prêtres les moins éclairés savent que l'image d'un Dieu terrible, les macérations, les privations, l'austérité, la tristesse & la crainte, sont les moyens qui établissent leur autorité sur les esprits, en les occupant profondément de la religion. Mais il y a des tems où ces moyens n'ont plus que de foibles succès. Les hommes enrichis dans des sociétés tranquilles veulent jouir ; ils craignent l'ennui, & ils cherchent les plaisirs avec passion. Quand les foires s'établirent, & lorsqu'à ces foires il y eut des jeux, des danses, des amusemens, le clergé qui sentit que ces dispositions à la joie rendroient les peuples moins religieux, proscrivit ces jeux, excommunia les histrions ; mais lorsqu'il vit que ses censures n'étoient pas assez respectées, il changea de conduite : il voulut lui-même donner des spectacles. On vit naître les comédies saintes. Les moines de S. Denis qui jouoient la mort de Sainte Catherine balancerent le succès des histrions. La musique fut introduite dans les églises ; on y plaça même des farces. Le peuple s'amusoit à la fête des Foux, à celle de l'Asne, à celle des innocens, qui se célébroient dans les temples, autant qu'aux farces qui se jouoient dans les places publiques. Souvent pour son plaisir, on quitta les danses des Egyptiennes pour la procession de la S. Jean. Lorsque l'Italie acquit de la politesse, & qu'elle en mit dans ses plaisirs, les spectacles publics les fêtes profanes eurent encore plus de décence ; les prêtres eurent une raison de moins de les censurer, & ils les tolérerent. Ils avoient été long-tems les seuls hommes qui sussent lire, mais ce mérite devenu plus commun ne leur donnoit plus de considération. Ils voulurent partager la gloire de réussir dans les lettres, quand ils virent que les lettres donnoient de la gloire. Les papes, souverains paisibles & riches dans la voluptueuse Italie, perdirent de leur austérité. Leur cour devint aimable. Ils regarderent la culture des lettres comme un moyen nouveau de régner sur les esprits. Ils protégerent les talens : ils honorerent les grands artistes. Raphael alloit être cardinal lorsqu'il mourut. Petrarque eut les honneur. du triomphe. Ce bon goût, ces beaux-arts, ces plaisirs nouveaux pouvoient n'être pas conformes à l'esprit de l'Evangile, mais ils paroissoient l'être aux intérêts des pontifes. Les belles-lettres décorent l'édifice de la religion. C'est la philosophie qui le détruit. Aussi l'Eglise Romaine favorable aux belles-lettres & aux beaux-arts fut-elle opposée aux sciences exactes. On couronna les poëtes. On persécuta les philosophes. Galilée eût vu de sa prison le Tasse monter au Capitole, si ces deux grands génies eussent été contemporains.

Il étoit tems que la philosophie & les lettres arrivassent au secours de la morale & de la raison. L'Eglise Romaine avoit détruit autant qu'il est possible les principes de justice que la nature a mis dans tous les hommes. Ce seul dogme, qu'au pape appartient la souveraineté de tous les empires, renversoit les fondemens de toute société, de toute vertu politique. Il avoit été long-tems établi, ainsi que l'opinion affreuse, qu'il est permis, qu'il est même ordonné de hair, de persécuter ceux dont les opinions sur la religion ne sont pas conformes à celles de l'Eglise Romaine. Les indulgences, especes d'expiations vendues pour tous les crimes, & si vous voulez quelque chose de plus monstrueux, des expiations pour les crimes à venir; la dispense de tenir sa parole aux ennemis du pontife, fussent-ils de sa religion; cet article de croyance où l'on enseigne que le mérite du juste peut être appliqué au méchant; la perversité de l'inquisition; les exemples de tous les vices dans la personne des pontifes & de leurs favoris, dans les hommes sacrés destinés à servir de modele au peuple: toutes ces horreurs devoient faire de l'Europe un repaire de tigres ou de serpens, plutôt qu'une vaste contrée habitée ou cultivée par des hommes.

Ce zele de la religion, qui tenoit lieu de tout mérite, & qui tantôt s'exhaloit en pratiques minutieuses, & tantôt en fureurs atroces, avoit cependant peu-à-peu tiré l'Espagne du joug des Arabes. Ses différentes provinces venoient de se réunir par le mariage de Ferdinand & d'Isabelle, & par la conquête de Grenade. L'Espagne étoit devenue une puissance qui s'égaloit à la France même. Son sol cultivé par des Mahometans qui avoient fait part de leur industrie à leurs vainqueurs, étoit plus fertile encore que celui de la France. Les belles laines de Castille & de Leon étoient travaillées à Segovie. On en fabriquoit des draps qui se vendoient dans toute l'Europe & même en Asie. Les efforts continuels que les Espagnols avoient été obligés de faire pour défendre leur liberté, leur avoient donné de la vigueur & de la confiance. Leurs succès leur avoient élevé l'ame. Peu éclairés, ils avoient tout l'enthousiasme de la chevalerie & de la religion. Bornés à leur péninsule, & ne commerçant guere par eux-mêmes avec les autres nations, ils les méprisoient, ils avoient cet orgueil fastueux qui, chez un peuple comme dans les particuliers, ne va pas avec des lumieres. C'étoit la seule puissance qui eut une infanterie toujours subsistante; & cette infanterie étoit admirable. Comme depuis plusieurs siecles les Espagnols faisoient la guerre; ils étoient réellement plus aguerris que les autres peuples de l'Europe.

Les Portugais avoient à peu près le même caractere; leur monarchie étoit mieux réglée que la Castille, & plus facile à conduire, depuis que par la conquête des Algarves elle fut délivrée des Maures. Ce petit état eut quelques rois, qui furent de grands hommes. Ils établirent le bon ordre dans le royaume, & sans inquiétude au-dedans ni sur les frontieres ; à la tête d'un peuple actif, généreux, intelligent seulement, entouré de voisins qui se déchiroient encore, ils formerent le projet d'étendre leur navigation & leur empire.

Jean I eut plusieurs fils qui tous vouloient se signaler. Ce fut d'abord par des expéditions en barbarie. Henri le plus éclairé d'entr'eux conçut le projet de faire des découvertes vers l'Occident. Ce jeune prince mit à profit le peu d'astronomie que les Arabes avoient conservée. Il établit à Sagres, ville des Algarves, un observatoire, où il fit élever toute la noblesse qui composoit sa maison. Il eut beaucoup de part à l'invention de l'astrolabe, & sentit le premier l'usage qu'on pouvoit faire de la boussole, qui étoit déja connue en Europe, mais dont on n'avoit pas encore appliqué l'usage à la navigation.

Les pilotes qui se formerent sous ses yeux découvrirent Madere en 1418. Un de ses vaisseaux s'empara des Canaries deux ans après. Le Cap de Sierra-Leona fut bientôt doublé, & le Zaïre conduisit dans l'intérieur de l'Afrique jusqu'au Congo. On fit dans ces contrées des conquêtes faciles & un commerce avantageux. Les petites nations qui les habitoient, séparées par des déserts impraticables, ne connoissoient ni le prix de leurs richesses, ni l'art de se défendre. Ces voyages donnerent de grandes espérances. Les revenus qu'on pouvoit tirer un jour des côtes de Guinée furent affermés. Cette cupidité prématurée prouve que les princes qui faisoient faire ces découvertes songeoient plus encore à augmenter leurs finances que le commerce de leurs sujets.

Sous le regne de Jean II, prince éclairé, qui le premier rendit Lisbonne un port franc, & fit faire une application nouvelle de l'astronomie à la navigation, des Portugais qu'il avoit envoyés doublerent le Cap qui eſt à l'extrêmité de l'Afrique. On l'appella alors le Cap des Tempêtes; mais le prince qui prévoyoit le paſſage aux Indes, le nomma le Cap de Bonne-eſpérance.

Emanuel ſuivit les projets de ſes prédéceſſeurs. Il fit partir en 1497 une flotte de quatre vaiſſeaux, ſous les ordres de *Vaſco de Gama*. Cet amiral, après avoir eſſuyé des tempêtes, après avoir parcouru la côte orientale de l'Afrique, après avoir erré ſur des mers inconnues, aborda dans l'Indoſtan près de onze mois, après être ſorti de la rade de Lisbonne.

L'Aſie, dont l'Indoſtan forme une des plus riches parties, eſt un vaſte continent, qui ſelon les obſervations des Ruſſes, ſur leſquelles on a élevé des doutes raiſonnables, s'étend entre le quarante-troiſieme, & le deux cens ſeptieme degré de longitude. Entre les deux poles, elle s'étend depuis le ſoixante dix-ſeptieme degré de latitude ſeptentrionale, juſqu'au dixieme de latitude méridionale. La partie de ce grand continent compriſe dans la Zone tempérée entre le trente-cinquieme & le cinquantieme degré de latitude, paroît plus élevée que tout le reſte. Elle eſt ſoutenue tant au nord qu'au midi par deux grandes chaînes de montagnes qui courent preſque depuis l'extrêmité occidentale de l'Aſie-mineure, & des bords de la mer noire, juſqu'à la mer qui baigne les côtes de la Chine & de la Tartarie à l'Orient. Ces deux chaînes ſont liées entr'elles par d'autres chaînes intermédiaires qui ſont dirigées du ſud au nord. Elles ſe prolongent tant vers la mer du Nord que vers celles des Indes & de l'Orient par des ramifications élevées comme des digues entre les lits des grands fleuves qui baignent ces vaſtes régions.

Telle est la grande charpente qui soutient la majeure partie de l'Asie. Dans l'intérieur de ce pays immense, la terre brûlée par l'ardeur du soleil, n'est qu'une cendre fluide qui coule au gré des vents. On n'y trouve aucun vestige de pierre calcaire ni de marbre. Il n'y a ni coquilles pétrifiées, ni autres fossiles. Les mines métalliques y sont à la surface de la terre. Les observations du baromètre se joignent à tous ces phénomenes, pour démontrer la grande élévation de ce centre de l'Asie, auquel on a donné dans les derniers tems le nom de petite Bucharie.

C'est de l'espece de ceinture qui environne cette vaste & ingrate région que partent des sources abondantes & fort multipliées qui coulent en différens sens. Ces fleuves qui charient sans cesse à toutes les extrêmités de l'Asie des portions de cette masse inépuisable de terrain, forment autant de barrieres contre les mers qui pourroient gagner les côtes, & assurent à ce continent une consistance, une durée que les autres ne sauroient avoir. Peut-être est-il destiné à les voir disparoître plusieurs fois sous les eaux, avant de souffrir lui-même aucune atteinte.

Si des montagnes & des rivieres de l'Asie, on passe à ses mers, il s'en trouvera plusieurs. La méditerranée & la mer noire qui en baignent les parties occidentales sont trop connues pour qu'il soit nécessaire de s'y arrêter. Il en est de même de la mer Caspienne. Nous ferons seulement observer à l'égard de cette derniere, qu'il paroîtroit par des observations faites sur le barometre pendant un an à Astracan, & rapportées par M. Gmelin, que sa surface est au-dessous du niveau de celles de l'océan & de la méditerranée. Des observations plus nombreuses & continuées plus long-tems verifieront tôt ou tard ce fait important.

La mer glaciale qui baigne les côtes septentrionales de la Siberie est impraticable, selon les relations des Russes. Ils prétendent même que, quelques efforts qu'on ait faits jusqu'ici, on n'a pu doubler la pointe qui est entre les rivieres de Peasiga & de Lamura, à cause de la grande quantité des glaces qui s'y rassemblent continuellement. Ils disent aussi que quoiqu'on soit parvenu quelquefois à doubler le Cap Szalaginskoi, cependant le passage qui le sépare de l'Amérique est presque toujours fermé par des glaces, d'où ils semblent vouloir conclure, qu'on ne doit pas espérer de trouver jamais par cette route un passage bien facile vers la mer du sud. Mais leurs relations sont accompagnées de circonstances qui font soupçonner que quelque raison politique les empêche de publier tout ce qu'ils savent sur ces mers.

La mer qui baigne les parties méridionales de l'Asie, & qu'on appelle la mer des Indes, est séparée selon M. Buache de la grande mer du midi par une chaîne de montagnes marines qui commence à l'isle de Madagascar, & qui continuant jusqu'à celle de Sumatra; comme le démontrent les isles, les bas-fonds & les rochers qui se trouvent dans toute cette étendue, va rejoindre la terre de Diemen & de la nouvelle Guinée. Ce savant à qui la géographie physique doit beaucoup, considere la mer comprise entre cette chaîne & la partie méridionale de l'Asie comme divisée en trois grands bassins dont les limites sont en effet assignées par la nature.

Le premier de ces bassins qui est situé à l'occident, est celui de l'Arabie & de la Perse. Il est terminé au midi par cette chaîne d'isles qui, depuis le Cap Comorin & les Maldives, s'étend jusqu'à l'isle de Madagascar. Il forme en s'enfonçant dans les terres deux grands golphes, le Sein Persique & la Mer Rouge. Le second est le golphe de Bengale. Le troisieme est le grand Archipel, qui contient les isles de la Sonde, les Moluques & les Philippines : c'est comme un massif qui joint l'Asie au continent austral, lequel soutient le poids de la Mer Pacifique. Entre cette mer & ce grand Archipel, est un bassin particulier formé à l'Orient par une chaîne de montagnes marines qui s'étend depuis les isles Marianes jusqu'à celles du Japon. A ces bassins, on en peut joindre un cinquieme formé par la chaîne des isles qui du nord du Japon va joindre la pointe méridionale de la presqu'isle de Kamzatca, & qui renferme la mer dans laquelle se jette le fleuve Amur, mer qui doit être bien peu profonde, si comme on le rapporte, l'embouchure de ce fleuve est impraticable par la grande quantité de bambous qui y croissent.

La mer orientale qui sépare de l'Amérique la mer d'Asie, n'est pas assez connue pour nous inviter à pousser plus loin la description de cette partie du monde où les richesses du sol & de l'industrie ont de tout tems attiré tant de peuples. Les détails géographiques qu'on vient de voir doivent suffire, mais il n'en falloit pas moins pour diriger & pour fixer l'attention sur ce beau continent. Entrons-y par l'Indostan où le commerce nous appelle.

Quoique par le nom générique d'Indes orientales, on entend communément ces vastes régions qui sont au-delà de la mer d'Arabie & du royaume de Perse, l'Indostan n'est que le pays renfermé entre l'Indus & le Gange, deux fleuves célebres qui vont se jetter dans les mers des Indes à une distance immense l'un de l'autre. Ce long espace est traversé par une chaîne de hautes montagnes, qui le coupant par le milieu va se terminer au Cap Commorin, en séparant la côte de Malabar de celle de Coromandel.

La nature a tellement diversifié la température du climat & l'influence des élémens sur ces deux côtes si voisines, que tandis que les pluies regnent sur l'une, on jouit sur l'autre d'un tems tout-à-fait serein. La seule épaisseur des montagnes y sépare l'été de l'hyver.

Comme dans la plus grande partie de l'Indostan, ce n'est pas le cours du soleil, que ce sont les pluies qui réglent les saisons par le mot d'hyver, il faut entendre seulement cette saison de l'année, où des nuages poussés avec violence par les vents vers les montagnes, s'y brisent & se résolvent en pluies accompagnées de fréquens orages. Ces eaux forment des torrens qui se précipitent, qui grossissent les rivieres & qui inondent les plaines; le ciel est alors chargé de vapeurs, & les nuits sont d'une obscurité affreuse. Cette saison n'a d'ailleurs rien de rigoureux, & elle est si peu froide, que c'est le tems où la plupart des fruits parviennent à leur maturité, & où les plantes & les fleurs ont le plus de fraîcheur.

La mouçon seche mérite bien mieux le nom d'été. Dans tout le cours de cette saison, on découvre à peine un nuage dans l'atmosphere. Les vents de mer & de terre regnent alternativement, les premiers pendant le jour, & les autres pendant la nuit. Quelques calmes succedent par intervalles, & le pays est alors dévoré par des chaleurs brûlantes.

La diversité des saisons ou mouçons est plus remarquable encore sur les deux mers. Tandis que les plus frêles bâtimens voguent sur l'une avec une tranquillité qui rend presqu'inutile la science des pilotes, les vaisseaux les plus solidement construits ne résistent pas sur l'autre aux affreuses tempêtes qui la bouleversent sans intervalle. Les navigateurs étrangers préviennent les inconvéniens de cette mouçon orageuse en se retirant chez eux. Les naturels du pays instruits par des expériences répétées, qu'il n'y a pas de sûreté, même dans les ports, tirent leurs bâtimens à terre, & les mettent sur des chantiers ou dans des arsenaux pour les conserver. Cette dangereuse saison dure au Malabar depuis la fin d'avril jusques dans le mois de septembre. Les vents du sud qui regnent pendant ce tems-là sur la côte de Coromandel y finissent du 15 au 30 octobre, & font place aux vents du nord qui y excitent les mêmes ravages. La mouçon est ordinairement moins orageuse, lorsqu'elle a commencé par des ouragans & de violentes tempêtes. La possibilité ou l'impossibilité de tenir la mer ont d'ailleurs leurs dégrés & leurs différences, suivant la position des côtes & des parages. On voit par-là qu'il faut aux meilleurs observateurs une longue suite d'expériences pour acquérir sur la navigation de ces mers des connoissances un peu sûres.

La philosophie & l'histoire se sont long-tems occupées de ces contrées célebres, & leurs conjectures ont prodigieusement reculé l'époque de l'existence des Indiens. En effet, soit que l'on consulte les monumens historiques, soit qu'on considere la position de l'indostan sur le globe, en admettant le mouvement progressif de la mer d'orient en occident, on conviendra que c'est un des pays de la terre le plus anciennement peuplé. L'origine de la plupart de nos sciences va se perdre dans son histoire. Les Grecs alloient s'y instruire avant Pythagore. Les plus anciens peuples commerçans y trafiquoient pour en rapporter des toiles, qui prouvent les progrès de l'industrie chez les Indiens, dans le tems que le reste du monde étoit encore désert ou sauvage. Les Arabes empruntèrent leurs chiffres, qu'ils nous transmirent. En général, ne peut-on pas assurer que le climat le plus favorable à l'espece humaine est le plus anciennement peuplé? Un air pur, un climat doux, un sol fertile, & qui produit presque sans culture, ont dû rassembler les premiers hommes. Si le genre humain a pu se multiplier & s'étendre dans des climats affreux où il a fallu lutter sans cesse contre la nature; si des sables brûlans & arides, des marais impraticables, des glaces éternelles ont reçu des habitans; si nous avons peuplé des forêts & des déserts, où il falloit se défendre des élémens, des bêtes féroces & de nos semblables; avec quelle facilité n'a-t-on pas dû se réunir dans ces contrées délicieuses, où l'homme exempt de besoins n'avoit que des plaisirs à desirer, où jouissant sans travail & sans inquiétude des meilleures productions & du plus beau spectacle de l'univers, il pouvoit s'appeller à juste titre l'être par excellence & le roi de la nature? Telles étoient les rives du Gange & les belles contrées de l'Indostan. Les fruits les plus délicieux y parfument l'air, fournissent une nourriture saine & rafraîchissante, donnent des ombrages impénétrables à la chaleur du jour. Tandis que les espéces vivantes qui couvrent le globe ne peuvent subsister ailleurs qu'à force de se détruire; dans l'Inde, elles partagent avec leur maître l'abondance & la sûreté. Aujourd'hui même que la terre devroit y être épuisée par les productions de tant de siecles & par leur consommation dans des terres étrangeres, l'Indostan, si l'on en excepte un petit nombre de lieux ingrats & sabloneux, est encore le pays le plus fertile du monde.

Si le physique de ces contrées fut un spectacle nouveau pour les Portugais, le moral ne leur paru pas moins extraordinaire. Ils les trouverent habitées par plusieurs peuples dont la religion & les mœurs étoient différentes. Les naturels du pays, les Indigenes, étoient les descendans de ces anciens Bracmanes si fameux du tems des Grecs, & dont l'origine se perd dans la plus haute antiquité.

Brama qui, selon quelques Indiens, étoit un être fort élevé au dessus de la nature de l'homme, & qui, selon l'opinion la plus vraisemblable, n'est qu'un être symbolique qui signifie la sagesse de Dieu, fut le grand législateur de l'Inde. C'est à lui qu'on attribue ces livres sacrés dont l'original s'est perdu, mais dont il reste un commentaire dans une langue entendue seulement de quelques Bramines.

Ce livre leur ordonne de croire un être suprême, qui a créé une gradation d'êtres, les uns supérieurs, les autres inférieurs à l'homme. Il leur ordonne de croire l'immortalité de l'ame : les récompenses & les châtimens de l'autre vie, la transmigrations des ames. Voilà le dogme primitif de leur religion.

La morale y est exposée non-seulement par des préceptes, mais aussi par des emblêmes qui ont été chez les peuples l'origine de l'idolâtrie. On a perdu l'explication de la plupart de ces

philosophique & politique. 31

allégories. L'image en reste, & elle est devenue un objet de culte.

Les Bramines qui seuls entendent la langue du livre sacré, font de son texte l'usage qu'on a fait de tout tems des livres religieux. Ils y trouvent toutes les maximes que l'imagination, l'intérêt, les passions & le faux zele leur suggerent. Ces fonctions exclusives d'interprêtes de la religion leur ont donné sur les peuples un pouvoir sans bornes, tels que devoient l'avoir des imposteurs & des fanatiques sur des hommes qui n'ont pas la force d'écouter leur raison & leur cœur.

Depuis l'Indus jusqu'au Gange, tous les peuples reconnoissent le Vedam pour le livre qui contient les principes de leur religion, & cependant fort peu ont la même. La plupart même different entr'eux sur les principes fondamentaux. L'esprit de dispute & d'abstraction qui gâta pendant tant de siecles la philosophie scolastique dans nos écoles a fait bien plus de progrès dans celles des Bramines, & mis beaucoup plus d'absurdités dans leurs dogmes que le mêlange du platonisme dans les nôtres.

Dans tout l'Indostan, les loix politiques, les usages, les manieres même font partie de la religion, parce que tout vient de Brama interprete de la divinité.

On pourroit croire que ce Brama étoit souverain, parce qu'on trouve dans ses institutions religieuses une intention d'inspirer aux peuples une profonde vénération, un grand amour pour leur pays ; & qu'on y voit l'envie de corriger le vice du climat. Peu de religions semblent avoir été aussi propres que la sienne aux pays pour lesquels elles ont été instituées.

C'est de lui que les Indiens tiennent ce respect prodigieux qu'ils ont encore pour les trois grands fleuves de l'Indostan, l'Indus, le Kistnars & le Gange.

C'est lui qui a rendu sacré l'animal le plus nécessaire à la culture des terres, & la vache dont le lait est une nourriture si saine dans les pays chauds.

On lui attribue la division du peuple en quatre classes, les Bramines, les gens de guerre, les laboureurs & les artisans. Ces classes sont subdivisées.

Il y a différentes classes de Bramines. Ils sont dépositaires de la religion, & disposent de l'opinion des hommes qui jurent par la tête de ces prêtres, & leur baisent les pieds.

Les uns vivent dans la société, & sont communément des fripons. Persuadés que les eaux du Gange les purifient de tous leurs crimes, & n'étant pas soumis à la jurisdiction civile, ils n'ont ni frein, ni vertu. Seulement on leur trouve encore de cette compassion, de cette charité si ordinaire dans le doux climat de l'Inde.

Les autres vivent éloignés de la société, & ce sont des imbécilles ou des enthousiastes livrés à l'oisiveté, à la superstition, au délire de la métaphysique. On retrouve dans leurs disputes les mêmes idées que dans nos plus fameux métaphysiciens, la substance, l'accident, la priorité, la postériorité, l'immutabilité, l'indivisibilité, l'ame vitale & sensitive : avec cette différence que ces belles découvertes sont très-anciennes dans l'Inde, & qu'il n'y a que fort peu de tems que Pierre Lombard, Saint Thomas, Leibnitz, Mallebranche étonnoient l'Europe par la fécondité de leur génie, à trouver toutes ces rêveries.

Comme

Comme nous avons pris cette méthode de raisonner par abstraction des philosophes Grecs sur lesquels nous avons bien renchéri, on peut croire que les Grecs eux-mêmes devoient ces connoissances ridicules aux Indiens, à moins qu'on n'aime mieux supposer que les principes de la métaphysique étant à la portée de toutes les nations, l'oisiveté des Bramines & de nos moines a produit les mêmes effets en Europe & en Asie, sans qu'il y ait eu d'ailleurs aucune communication.

La classe des hommes de guerre est formée par les Rajas à la côte de Coromandel, & par les Naïrs à celle de Malabar. Il se trouve ailleurs des peuples entiers, tels que les Canarins & les Marattes, qui se permettent cette profession, soit qu'ils descendent de quelques tribus originairement vouées aux armes, soit que le tems & les circonstances aient altéré parmi eux les institutions primitives.

La troisieme classe est celle de tous les hommes qui cultivent la terre. Il y a peu de pays où ils méritent plus la reconnoissance de leurs concitoyens. Ils sont laborieux, industrieux, ils entendent parfaitement l'usage de distribuer les eaux, & de donner à la terre brûlante qu'ils habitent toute la fertilité dont elle est susceptible. Ils sont dans l'Inde ce que sont presque par-tout les hommes de cet état : les plus honnêtes & les plus heureux des hommes, lorsqu'ils ne sont ni corrompus, ni opprimés par le gouvernement.

La classe des artisans se subdivise en autant de classes qu'il y a de métiers. On ne peut jamais quitter le métier de ses parens ; voilà pourquoi l'esclavage & l'industrie s'y sont perpétués de concert, & y ont conduit les arts au plus haut dégré, où ils puissent atteindre avec du travail & de la patience, sans le secours du goût & de l'imagination, qui ne naissent guere que de l'émulation & de la liberté.

Outre ces tribus, il y en a une cinquieme, qui est le rebut de toutes les autres. Ceux qui la composent ont les emplois les plus vils de la société ; ils enterrent les morts, ils transportent les immondices. Ils sont dans une telle horreur, que si l'un d'eux osoit toucher un homme d'une autre classe, celui-ci a le droit de le tuer sur le champ. On les nomme Parias. Il y a dans le Malabar une autre espece d'hommes appellés Poulichis, qui sont condamnés à plus d'opprobres & de malheurs. Ils habitent les forêts, ils ne peuvent se bâtir des cabanes, & sont obligés de construire des nids sur des arbres. Lorsqu'ils ont faim, ils heurlent comme des bêtes pour exciter la commisération des passans. Alors les plus charitables des Indiens vont déposer du ris ou quelqu'autre aliment au pied d'un arbre, & se retirent au plus vîte, pour que le malheureux affamé vienne le prendre, sans rencontrer son bienfaiteur, qui se croiroit souillé par son approche.

Toutes ces classes sont séparées à jamais par des barrieres insurmontables. Elles ne peuvent ni se marier, ni habiter, ni manger ensemble. Quiconque viole cette regle est chassé de la tribu qu'il a dégradée.

Mais tout change lorsqu'ils vont en pélerinage au grand temple de Jagrenat, le temple de l'être suprême. Là, le Bramine, le Raja ou Naïr, le laboureur & l'artisan présentent ensemble leurs offrandes, boivent & mangent ensemble. C'est-là qu'on les fait souvenir que les distinctions de la naissance sont d'institution humaine, & que tous les hommes sont des freres enfans du même Dieu.

Quoique les livres sacrés des Indiens n'offrent rien de ce merveilleux qui éblouit quelquefois dans la théologie Grecque, leur mythologie est aussi décousue que celle de presque tous les peuples. On n'y voit pas en particulier la liaison de leurs principes religieux, avec ces diverses classes qui font la base de leur gouvernement. Le Shaster, que quelques-uns regardent comme un commentaire du Vedam, d'autres comme un livre original, & dont on vient de publier un extrait en Angleterre, a jetté un peu de jour sur cette matiere. L'Eternel, dit ce livre, concentré dans la contemplation de son essence, forme la résolution de créer des êtres qui puissent participer à sa gloire. Il dit, & les anges furent. Ils chantoient de concert les louanges du Créateur, & l'harmonie regnoit dans le ciel, lorsque deux de ces esprits se révolterent & en entraînerent d'autres par leur exemple. Dieu les précipita dans un séjour de tourmens, & ne les en retira qu'à la priere des anges fidelles, & à des conditions qui les remplirent de joie & de terreur. Les rebelles furent condamnés à subir sous différentes formes, dans la plus basse des quinze planettes, des punitions proportionnées à l'énormité de leur premier crime. Ainsi chaque ange subit d'abord sur la terre quatre-vingt-sept transmigrations avant d'animer le corps de la vache, qui tient le premier rang parmi les animaux. Ces différentes transmigrations sont un état d'expiation, d'où on passe à un état d'épreuve, c'est-à-dire, que l'ange transmigre du corps de la vache dans un corps humain. C'est-là que le Créateur étend ses facultés intellectuelles & sa liberté, dont le bon ou le mauvais usage avance ou recule l'époque de son pardon. Le sage va se rejoindre en mourant à l'être suprême. Le méchant recommence son tems d'expiation.

Ainsi, suivant cette tradition du Shaster, la métempsicose est un vrai châtiment, & les ames qui animent la plupart des substances vivantes, ne sont que des êtres coupables. Cette opinion sur la transmigration des ames n'est pas sans doute universellement adoptée dans l'Inde. Elle aura été imaginée par quelque dévot mélancolique & d'un caractere dur. Il est vraisemblable que ce dogme fut bien différent dans son origine.

En effet, il est naturel de penser que ce ne fut d'abord qu'une idée flatteuse & consolante pour l'humanité, qui s'accrédita facilement dans un pays, où les hommes jouissant d'un ciel délicieux & d'un gouvernement modéré, commencerent à s'appercevoir de la briéveté de la vie. Un système qui la prolongeoit au-delà de ses bornes naturelles, ne pouvoit manquer de réussir. Il est si doux à un vieillard qui sent échaper tout ce qu'il a de plus cher, d'espérer qu'il jouira encore, & que sa destruction n'est qu'un passage à une autre existence. Il est si consolant pour ceux qui le perdent, de penser qu'en les quittant il ne perd pas le bonheur d'être. Envain une religion mistique voudroit-elle substituer à cette espérance, celle des plaisirs spirituels & d'une béatitude céleste: les hommes preferent naturellement à ces idées vagues & abstraites la jouissance des sensations qui ont déja fait leur bonheur ; & la simplicité des Indiens dut trouver plus de douceur à vivre sur une terre qu'ils connoissoient, que dans un monde métaphysique qui fatigue l'imagination sans la satisfaire. C'est ainsi que le dogme de la métempsycose a dû s'établir & s'étendre. Envain la raison se révoltoit contre cette illusion, Envain elle disoit que sans la mémoire, il n'y a ni continuité, ni unité d'existence, & que l'homme qui ne se souvient pas d'avoir existé n'est pas différent de celui qui existe pour la premiere fois, le sentiment adopta ce que la raison rejettoit. Heureux encore les peuples dont la religion offre au moins des mensonges agréables.

Le Shaster a rendu le dogme de la métempsycose plus triste, sans doute pour le faire servir d'instrument & de soutien à la morale qu'il falloit établir. C'est en effet, d'après cette transmigration envisagée comme punition, qu'il expose les devoirs que les anges avoient à remplir. Les principaux sont, la charité, l'abstinence de la chair des animaux, l'exactitude à suivre la profession de ses peres. Ce préjugé dominant sur lequel il paroît que toutes les sectes sont d'accord malgré la différence des opinions sur son origine, n'a d'exemple que chez les anciens Egyptiens dont les institutions ont sans doute avec celles des Indes des rapports historiques que nous ne connoissons plus. Mais les loix d'Egypte, en distinguant les conditions, n'en avilissoient aucune; au lieu que les loix de Brama, peut-être par l'abus qu'on en a fait, semblent avoir condamné une partie de la nation à la douleur & à l'infamie.

Il y a apparence que les Indes étoient presque aussi civilisées qu'elles le sont aujourd'hui, lorsque Brama y donna des loix. Aussi-tôt qu'une société commence à prendre une forme, elle se trouve naturellement divisée en plusieurs classes, suivant la variété & l'étendue de ses arts & de ses besoins. Brama voulut sans doute donner à ces différentes professions une consistence politique, en les confacrant par la religion, & en les perpétuant dans les familles qui les exerçoient alors, fans prévoir qu'il empêchoit par-là le progrès des découvertes qui pourroient dans la fuite donner lieu à de nouveaux métiers. Auffi, à en juger par l'exactitude religieufe que les Indiens ont même aujourd'hui à obferver les loix de Brama, on peut affurer que, depuis ce légiflateur, l'induftrie n'a fait aucun progrès chez ces peuples, & qu'ils étoient à peu près auffi civilifés qu'ils le font aujourd'hui, lorfqu'ils reçurent ces inftitutions. Cette obfervation fuffira pour donner une idée de l'antiquité de ce peuple, qui n'a rien ajouté à fes connoiffances depuis une époque qui paroît la plus ancienne du monde.

Brama ordonna différentes nourritures pour les différentes tribus. Les gens de guerre & quelques autres Caftes peuvent manger de la vénaifon & du mouton. Le poiffon eft permis à quelques laboureurs & à quelques artifans. D'autres ne fe nourriffent que de lait & de végétaux. Tous les Brames ne mangent rien de ce qui a vie. En général, ces peuples font d'une extrême fobriété, mais plus ou moins étroite, felon qu'ils font d'une profeffion plus ou moins laborieufe.

On les marie dès leur enfance, & les femmes y font d'une fidélité inconnue chez les autres nations. Quelques Caftes des plus relevés ont le privilege d'avoir plufieurs femmes. On fait que celles des Brames fe brûlent à la mort de leurs époux. Il femble qu'elles foient les feules à qui la loi l'ordonne, mais d'autres femmes ont voulu les imiter par une fuite de ce point d'honneur qui fait par-tout tant de victimes. Cette diftinction n'eft point, dit-on de Brama lui-même. Elle paroît l'ouvrage de quelque Bramine, qui a porté la jalousie au-delà du tombeau. Ce caractere d'une jalousie si cruelle & si recherchée est assez ordinaire aux esprits superstitieux & aux hommes qui se font un mérite essentiel de l'austérité des mœurs, & de ce qu'ils appellent une extrême pureté.

Ces peuples sont doux, humains, & ils connoissent peu les passions qui nous agitent. Ils préviennent l'amour, & l'ignorent. Quelle ambition peuvent avoir des hommes destinés à rester dans le même état ? Ils aiment les travaux paisibles, ou l'oisiveté. On leur entend souvent citer un passage d'un de leurs livres favoris. *Il vaut mieux être assis que marcher, il vaut mieux dormir que veiller, mais la mort est au-dessus de tout.*

Leur tempérance & la chaleur excessive du climat affoiblissent leur corps, & contribuent à éteindre en eux les passions. Ils n'ont guere que l'avarice, passion des corps foibles & des petites ames.

La Caste des gens de guerre habite plus volontiers les provinces du septentrion, & la presqu'isle n'est guere habitée que par les tribus inférieures ; delà vient que tous ceux qui ont attaqué l'Inde du côté de la mer ont trouvé si peu de résistance. On doit faire observer à quelques philosophes, qui prétendent que l'homme est un animal frugivore, que ces militaires qui mangent de la viande sont plus robustes, plus courageux, plus animés, & vivent plus long-tems que les hommes des autres classes, qui se nourrissent de végétaux. Cependant c'est une différence assez constante entre les habitans du nord & ceux du midi, pour qu'on ne l'attribue pas uniquement aux alimens. Le froid d'une part, l'élasticité de l'air, moins de fertilité, plus de travail & d'exercice, une vie plus variée, donnent plus de faim & de force, de résistance & d'activité, de reſſort & de durée aux organes. La chaleur du midi, l'abondance des fruits, la facilité de vivre ſans agir, une tranſpiration continuelle, une plus grande prodigalité des germes de la population, plus de plaiſir & de moleſſe, un genre de vie ſédentaire, & toujours la même; tout cela fait qu'on vit & meurt plutôt. Du reſte, on voit que l'homme, ſans être conformé par la nature pour dévorer les animaux, a reçu le don de vivre dans tous les climats d'une maniere analogue à la diverſité des beſoins qu'ils font naître: chaſſeur, ictiophage, frugivore, paſteur, laboureur, ſelon l'abondance ou la ſtérilité de la terre.

La religion de Brama étoit diviſée, & l'eſt encore en quatre-vingt-trois ſectes, qui conviennent entr'elles ſur quelques points principaux, ne diſputent pas ſur les autres, & vivent en paix. Elles y vivent même avec les hommes de toutes les religions, parce que la leur ne preſcrit pas de faire des converſions. Elle eſt plutôt excluſive. Ils admettent rarement des étrangers à leur culte, & c'eſt toujours avec une extrême répugnance. C'étoit aſſez l'eſprit des anciennes ſuperſtitions. On le voit chez les Egyptiens, les Juifs, les Grecs & les Romains. Cet eſprit a fait moins de ravages que celui des converſions; mais il s'oppoſe cependant à la communication des hommes: c'eſt une barriere de plus entre les peuples.

En conſidérant que la nature a tout fait pour le bonheur de ces fertiles contrées; qu'à la facilité de ſatisfaire tous leurs beſoins, les Indiens joignent un caractere compatiſſant, une morale qui les éloigne également de la perſécution & de l'eſprit de conquêtes, on ne peut s'empêcher de remonter en gémiſſant juſqu'à la ſource de cette inégalité barbare, qui a réuni dans une partie de la nation les privileges & l'autorité, & rassemblé sur la tête du reste des habitans les calamités & l'infamie. Quelle est la cause de cet étrange délire? N'en doutons point; c'est la même qui perpétue sur ce globe déplorable les malheurs de tous les peuples. Il suffit qu'une nation heureuse & peu éclairée adopte une premiere erreur que l'ignorance accrédite, bientôt cette erreur devenue générale va servir de base à tout le système moral & politique: bientôt les penchans les plus honnêtes vont se trouver en contradiction avec les devoirs. Pour suivre le nouvel ordre moral, il faudra sans cesse faire violence à l'ordre physique. Ce combat perpétuel fera naître dans les mœurs les contradictions les plus étonnantes, & la nation ne sera plus qu'un assemblage de malheureux qui passeront leur vie à se tourmenter tour-à-tour, en se plaignant de la nature. Voilà le tableau de tous les peuples de la terre, si vous en exceptez peut-être quelques républiques de sauvages. Des préjugés absurdes ont dénaturé par-tout la raison humaine, & étouffé jusqu'à cet instinct qui révolte tous les animaux contre l'oppression & la tyrannie. Des peuples immenses se regardent de bonne foi comme appartenant en propriété à un petit nombre d'hommes qui les oppriment.

Tels sont les funestes progrès de la premiere erreur, que l'imposture a jettée ou nourrie dans l'esprit humain. Puissent les vraies lumieres faire rentrer dans leurs droits des êtres qui n'ont besoin que de les sentir pour les reprendre. Sages de la terre, philosophes de toutes les nations, c'est à vous seuls à faire des loix, en les indiquant à vos concitoyens. Ayez le courage d'éclairer vos freres, & soyez persuadés que la vérité est encore plus facile à reprendre que l'erreur. Les hommes intéressés par l'espoir du bonheur vous écouteront avidemment. Des millions d'esclaves sont prêts à exterminer leurs femmes aux premiers ordres de leurs maîtres, il ne faudroit qu'un mot peut-être pour donner un autre objet à leur valeur. Révélez tous les mysteres qui tiennent l'univers à la chaîne & dans les tenebres, & que s'appercevant combien on se joue de leur crédulité, les peuples éclairés tous à la fois vengent enfin la gloire de l'espece humaine.

Outre les Indigenes, les Portugais trouverent encore dans l'Inde des Mahométans : c'étoient les descendans d'Arabes qui avoient fait dans ces contrées des incursions ou des établissemens. Les uns se livroient aux plaisirs du serrail : les autres, en plus grand nombre, étoient les facteurs des Arabes & des Egyptiens qui, à l'arrivée des Portugais, se trouvoient les maîtres du commerce de l'Inde. Ils étoient répandus dans toute l'Asie & sur les côtes d'Afrique. Ils avoient fondé des colonies. Ils étoient maîtres de plusieurs places ; & dans les villes soumises aux souverains du pays, ils s'étoient fort multipliés, parce que leur religion permettant la poligamie, ils se marioient dans tous les lieux où ils faisoient quelque résidence. Ils étoient bien traités par les princes qui vouloient avoir des relations d'affaires avec l'Egypte & avec l'Arabie. C'étoient les peuples les plus corrompus de l'orient. Ce sont eux que les Européens appellent communément les Maures Indiens, ou simplement les Maures.

Ces Mahométans Arabes, apôtres & négocians tout à la fois, avoient étendu leur religion, en achetant beaucoup d'esclaves, auxquels ils donnoient la liberté, après les avoir circoncis, & leur avoir enseigné leurs dogmes. Leur fierté ne leur permettoit pas de mêler leur sang avec celui de ces affranchis, qui formerent avec le tems un peuple particulier sur la côte de la presqu'isle des Indes, depuis Goa jusqu'à Madras. On les distingue encore aujourd'hui, sous le nom de Mapoulés, dans le Malabar, & sous celui de Choulias, au Coromandel. Ils ne savent, ni le Persan, ni l'Arabe, ni le Maure, & leur seule langue est celle des contrées où ils vivent. Ils sont la plupart livrés au commerce, & ne professent qu'un Mahométisme extrêmement corrompu par les superstitions Indiennes.

L'Indostan, que la force a depuis réuni presqu'entiérement sous un joug étranger, étoit partagé à l'arrivée des Portugais entre les rois de Cambaïe, de Delhy, de Decan, de Narzingue & de Calicut, qui comptoient tous plusieurs souverains plus ou moins puissans parmi leurs tributaires. Le dernier de ces monarques, plus connu sous le nom de Zamorin, qui répond à celui d'Empereur, que par celui de sa ville capitale, avoit les états les plus maritimes, & étendoit sa domination dans tout le Malabar.

Ces avantages avoient rendu Calicut le plus riche entrepôt de ces contrées. Les pierres précieuses, les perles, l'ambre, l'ivoire, la porcelaine, l'or, l'argent les étoffes de soie & de coton, l'indigo, le sucre, toutes sortes d'épiceries, les bois précieux, les aromates, les beaux vernis, tout ce qui peut ajouter aux délices de la vie, y étoit apporté de tout l'Orient. Une partie de ces richesses y arrivoit par mer; mais comme la navigation n'étoit pas aussi sûre, aussi animée qu'elle l'a été depuis, il en venoit aussi beaucoup par terre sur des bœufs ou des éléphants.

Gama instruit de ces particularités à Mélinde,

où il avoit touché, y prit un pilote habile, & se fit conduire dans le port où le commerce étoit le plus florissant. Il y trouva heureusement un Maure de Tunis qui entendoit la langue des Portugais, & qui frappé des grandes choses qu'il avoit vu faire à cette nation sur les côtes de Barbarie, avoit pris pour elle une inclination plus forte que ses préjugés. Ce penchant décida Mouzaide à servir de tout son pouvoir des étrangers qui s'abandonnoient à lui sans réserve. Il procura une audience du Zamorin à Gama, qui proposa une alliance, un traité de commerce avec le roi son maître. On étoit près de conclure, lorsque les Musulmans réussirent à rendre suspect un concurrent dont ils redoutoient le courage, l'activité & les lumieres. Ce qu'ils dirent de son ambition, de son inquiétude, fit une telle impression sur l'esprit du prince, qu'il prit la résolution de faire périr les navigateurs auxquels il avoit fait d'abord un si bon accueil.

Gama averti de ce changement par son fidele guide, renvoya son frere sur ses vaisseaux. *Quand vous apprendriez*, lui dit-il, *qu'on m'a chargé de fers, ou qu'on m'a fait périr, je vous défends comme votre général, de me secourir ou de me venger. Mettez sur le champ à la voile, & allez instruire le Roi des détails de notre voyage.*

Heureusement on ne fut pas réduit à ces extrêmités. Le Zamorin n'osa pas ce qu'il pouvoit, ce qu'il vouloit même; & l'amiral eut la liberté de joindre les siens. Quelques représailles exercées à propos, lui firent rendre les marchandises & les ôtages qu'il avoit laissés dans Calicut; & il reprit la route de l'Europe.

On ne peut exprimer quelle joie son retour répandit dans Lisbonne. On s'y voyoit au moment de faire le plus riche commerce du monde. Ce peuple, aussi dévot qu'avide, se flattoit en même tems d'étendre sa religion par la persuasion & même par les armes. Les papes qui ne manquoient pas l'occasion d'établir qu'ils étoient les maîtres de la terre, donnerent au Portugal toutes les côtes qu'il découvriroit dans l'orient, & remplirent cette petite nation de la folie des conquêtes.

On se présentoit en foule pour monter sur les nouvelles flottes destinées au voyage des Indes. Treize vaisseaux Portugais arriverent devant Calicut, sous les ordres d'Alvarès Cabral, & ramenerent au Zamorin quelques-uns de ses sujets qu'avoit enlevés Gama. Ces Indiens se louerent des traitemens qu'ils avoient reçus; mais ils ne concilierent pas pour long-tems l'esprit du Zamorin. Les Maures prévalurent : le peuple de Calicut séduit par leurs intrigues, massacra une cinquantaine de Portugais. Cabral, pour les venger, brûla tous les vaisseaux Arabes qui étoient dans le port, faudroya la ville, & delà se rendit à Cochin, & ensuite à Cananor.

Les rois de ces deux villes lui donnerent des épiceries, lui offrirent de l'or & de l'argent, & lui proposerent de s'allier avec lui contre le Zamorin dont ils étoient tributaires. Les rois d'Onor, de Coulan, quelques autres princes firent dans la suite les mêmes ouvertures. Tous se flattoient d'être déchargés du tribut qu'ils payoient au Zamorin; de reculer les frontieres de leurs états, de voir leurs ports enrichis des dépouilles de l'Asie. Cet aveuglement général procura aux Portugais dans tout le Malabar une si grande supériorité, qu'ils n'avoient qu'à se montrer pour donner la loi. Nul souverain n'obtenoit leur alliance, qu'en se reconnoissant vassal de la cour de Lisbonne; qu'en souffrant qu'on bâtit une citadelle dans sa capitale, qu'en livrant ses marchandises au prix fixé par l'acquéreur. Le marchand étranger ne pouvoit former sa cargaison qu'après les Portugais, & personne ne naviguoit dans ces mers qu'avec leurs passeports, qu'ils faisoient payer fort cher. Les combats qu'il falloit livrer n'interrompoient guere leur commerce. Un petit nombre d'entr'eux dissipoient des armées nombreuses. Leurs ennemis les trouvoient par-tout, & par-tout leur cédoient la victoire. Bientôt les vaisseaux des Maures, ceux du Zamorin & de ses vassaux n'oserent plus paroître.

Les Portugais vainqueurs dans l'orient envoyoient à tous momens des vaisseaux dans leur patrie pour y porter des richesses & la renommée de leurs victoires. Peu-à-peu les navigateurs de tous les pays de l'Europe apprirent la route du port de Lisbonne. Ils y achetoient les marchandises de l'Inde; parce que les Portugais qui les alloient chercher directement, les donnoient à un plus bas prix que les négocians qui les recevoient par des voies détournées.

Pour assurer ces avantages, pour les étendre encore, il falloit que la réflexion corrigeât ou affermît ce qui n'avoit été jusqu'alors que l'ouvrage du hazard, d'une intrépidité brillante, du bonheur des circonstances. Il falloit un systême de domination & de commerce assez étendu, pour embrasser tous les objets, mais si bien lié, que toutes les parties du grand édifice qu'on se proposoit d'établir, se fortifiassent réciproquement. Quoique la cour de Lisbonne eut puisé des lumieres dans les relations qui lui venoient des Indes, & dans le rapport de ceux qu'elle y avoit chargés jusqu'alors de ses intérêts, elle eut la sagesse de donner toute sa confiance à Alphonse d'Albuquerque, le plus éclairé des Portugais qui fussent passés en Asie.

Le nouveau vice-roi se montra plus grand encore qu'on ne l'avoit espéré. Il sentit qu'il falloit au Portugal un établissement que peu de forces pussent défendre, qui eut un bon port, dont l'air fut sain, & où les Portugais fatigués du trajet de l'Europe à l'Inde pussent recouvrer leurs forces. Il sentit que Lisbonne avoit besoin de Goa.

Goa qui s'éleve en amphitéatre est situé vers le milieu de la côte de Malabar dans une isle détachée du continent par les deux bras d'une riviere qui se jette dans la mer à quelque distance de la ville, après avoir formé devant ses murs un des plus beaux ports de l'univers. On donne à cette isle dix lieues de tour. Dans ce petit espace se trouvent des colines, des plaines, des bois, des canaux, des sources d'une eau excellente, une cité superbement bâtie, des bourgs & des villages considérables. On découvre avant d'entrer dans le port les deux péninsules de Salset & de Bardes, qui lui servent en même tems & de rempart & d'abri. Elles sont défendues par des forts bordés d'artillerie devant lesquels doivent s'arrêter tous les vaisseaux qui veulent mouiller au port.

Quoique Goa fut moins considérable qu'il ne le devint depuis, on le regardoit comme le poste le plus avantageux de l'Inde. Il relevoit du roi de Decan; mais Idalcan auquel il l'avoit confié s'étoit rendu indépendant, & cherchoit à s'agrandir dans le Malabar. Tandis que l'usurpateur étoit occupé dans le continent, d'Albuquerque se présenta aux portes de Goa, les força, & n'acheta pas cherement un si grand avantage.

Idalcan averti du malheur qui venoit de lui arriver, ne balança pas sur le parti qu'il lui convenoit de prendre. Du consentement même de ses ennemis qui y avoient presque autant d'intérêt que lui, il marcha vers sa capitale avec une célérité inconnue jusqu'alors dans l'Inde. Les Portugais mal affermis dans leur conquête, se virent hors d'état de s'y maintenir : ils se retirerent sur leur flotte qui ne quitta point le port, & ils envoyerent chercher des secours à Cochin. Pendant qu'ils les attendoient, les vivres leur manquerent ; Idalcan leur en offrit, & leur fit dire, *que c'étoit par les armes & non par la faim qu'il vouloit vaincre.* Il étoit alors d'usage dans les guerres de l'Inde, que les armées laissassent passer des subsistances à leurs ennemis. D'Albuquerque rejetta les offres qu'on lui faisoit, & répondit, *qu'il ne recevroit des présens d'Idalcan que lorsqu'ils seroient amis.* Il attendoit toujours des secours qui ne venoient point.

Cet abandon le détermina à se retirer, & à renvoyer l'exécution de son projet chéri à un tems plus favorable, que les circonstances amenerent dans peu de mois. Idalcan ayant été forcé de se mettre en campagne pour préserver ses états d'une destruction totale, d'Albuquerque fondit à l'improviste sur Goa, qu'il emporta d'emblée, & où il se fortifia. Calicut dont le port ne valoit rien, & où les vaisseaux Arabes n'osoient plus paroître, vit son commerce & ses richesses passer dans une ville qui devint la métropole de tous les établissemens Portugais dans l'Inde.

Les naturels du pays étoient trop foibles, trop lâches, trop divisés, pour mettre des bornes aux prospérités de cette nation brillante. Elle n'avoit à prendre des précautions que contre les

Egyptiens

Egyptiens, & elle n'en oublia, n'en différa aucune.

L'Egypte, cette mere de toutes les antiquités hiſtoriques, eut comme toutes les nations des commencemens couverts d'obſcurités & mêlés de fables. Quelques faits échappés à la confuſion des tems laiſſent appercevoir cependant de bonne heure un peuple navigateur. Les débordemens du Nil, qui pendant une partie de l'année enſeveliſſent ſous les eaux un pays ſi riche, familiariſerent peu-à-peu ſes habitans avec un élément qui n'impoſe qu'à l'imagination de ceux qui n'y ſont pas accoutumés. Enhardis par cet apprentiſſage indiſpenſable, ils braverent de plus grands dangers. On remarque qu'ils négligerent d'abord la méditerranée, & qu'ils tournerent principalement leurs vues vers l'océan Indien.

Frappé de leur activité, de leur intelligence, & de la poſition d'une région ſituée entre deux mers, dont l'une eſt la porte de l'orient, l'autre de l'occident, Alexandre forma le projet de placer le ſiege de ſon empire en Egypte, & d'en faire le centre du commerce de l'univers. Plus éclairé que ne le ſont communément les conquérans, ce prince ambitieux avoit ſenti de bonne heure qu'il n'y avoit que le lien d'un intérêt commun qui pût unir les différens peuples qu'il avoit ſubjugués, & ceux qu'il ſe propoſoit d'aſſervir encore. Il démêla ſans peine qu'il n'y avoit pas de lieu plus propre à les faire communiquer enſemble, qu'un pays que la nature ſemble avoir attaché pour ainſi dire à la jonction de l'Afrique & de l'Aſie, pour les lier avec l'Europe. Sa mort prématurée auroit tout-à-fait enſeveli ces grandes vues, ſi elles n'avoient été ſuivies en partie par Prolomée, celui de ſes lieutenans qui, dans le partage de la plus magnifique dépouille qu'on connoiffe, s'appropria l'Egypte.

Sous le regne de ce nouveau fouverain & de fes premiers fucceffeurs, le commerce prit des accroiffemens immenfes. Alexandrie fervoit au débouché des marchandifes qui venoient de l'Inde. On mit fur la mer rouge le port de Berenice en état de les recevoir. Pour faciliter la communication des deux villes, on creufa, difent quelques hiftoriens, un canal qui partoit d'un des bras du Nil, & qui alloit fe décharger dans le golphe Arabique. Par le moyen des eaux réunies avec intelligence, & d'un grand nombre d'éclufes ingénieufement conftruites, on parvint à lui donner cinquante lieues de longueur, vingt-cinq toifes de large, & toute la profondeur dont pouvoient avoir befoin les bâtimens de ce tems-là. Ce fuperbe ouvrage, par des raifons phyfiques qu'il feroit trop long de développer, ne produifit pas les avantages qu'on en attendoit, & on le vit fe ruiner infenfiblement.

Il fut remplacé autant qu'il étoit poffible. Le gouvernement fit conftruire dans les déferts arides & fans eau qu'il falloit traverfer pour fe rendre de la mer rouge à l'endroit où l'on s'embarquoit pour Alexandrie, des citernes & des hôtelleries où les voyageurs & les caravanes fe repofoient avec les chameaux.

Ces arrangemens intérieurs encourageoient de plus en plus la navigation des Indes. Quelques vaiffeaux fe bornoient à traiter dans le golfe avec les Arabes & les Abiffins. Il y en avoit qui après être entrés dans la grande mer, defcendoient vers le midi le long des côtes orientales de l'Afrique jufqu'à l'ifle de Madagafcar. Un plus grand nombre entroit dans le fein Perfique, remontoit même l'Euphrate pour négocier avec les Perses, plus encore avec les Grecs fixés dans ces régions depuis les conquêtes d'Alexandre. Ceux que l'amour du gain animoit plus puissamment reconnoissoient les embouchures de l'Indus, parcouroient la côte de Malabar, & s'arrêtoient à l'isle de Ceylan, connue dans l'antiquité sous le nom de Taprobrane. On en voyoit, mais peu, qui avoient le courage de franchir le Coromandel, de pénétrer dans le Gange : d'y faire leurs achats à Palybotra, la plus riche, la plus célèbre ville de l'Inde.

Cette navigation se faisoit avec des bâtimens semblables à ceux dont on se sert sur le Nil, & la chose ne pouvoit pas être autrement. Avant que la boussole & l'expérience eussent appris aux hommes à traverser la pleine mer à la faveur des vents, ils étoient réduits à aller terre à terre, à raser la côte de près, à suivre tous les circuits des rivages : de gros navires auroient échoué à chaque instant sur les bas-fonds & sur les écueils. Cet inconvénient rendoit les voyages si longs, qu'il y en avoit qui duroient cinq ans & plus. On suppléoit à la petitesse des vaisseaux par le nombre, & à la lenteur de leur marche par la multiplication des escadres dont les opérations ne furent jamais troublées. Il n'étoit pas dans le caractère politique des Indiens d'insulter les hommes qui leur étoient utiles, & ces étrangers qui tenoient seuls la clef des mers orientales n'y pouvoient pas être attaqués par des ennemis qui n'avoient pas de porte pour y entrer.

Les Egyptiens portoient aux Indes ce qu'on y a toujours porté depuis, de l'argent, des étoffes de laine, du fer, du cuivre, du plomb, quelques petits ouvrages de verrerie. Ils en tiroient de l'ébene, de l'écaille, de l'ivoire, des toiles blanches & peintes, des soieries, des perles, des pierres précieuses, de la cannelle, mais non du girofle & de la muscade, qu'on ne connoissoit pas encore; enfin beaucoup d'aromates, & surtout de l'encens. Rien n'égaloit la fureur qu'on avoit généralement pour ce parfum. Il servoit également au culte des dieux, à la magnificence, à la volupté. Sa cherté faisoit que les négocians ne le vendoient jamais tel qu'ils l'avoient reçu, soit qu'ils voulussent le perfectionner, soit, comme il est plus vraisemblable, qu'ils voulussent le sophistiquer. Les ouvriers employés à ce travail étoient nuds, pour qu'il ne fut pas possible de faire le moindre vol, seulement on leur laissoit au tour des reins une ceinture dont le maître scelloit l'ouverture avec son cachet.

Toutes les nations qui naviguoient dans la méditerranée accouroient dans les ports d'Egypte pour y acheter les productions de l'Inde. La destruction de Carthage & de Corinthe mit les Egyptiens dans l'heureuse nécessité d'en exporter la plus grande partie eux-mêmes. Leur marine devint considérable, & ils poussèrent leurs voyages jusqu'à Cadix. A peine pouvoient-ils suffire aux consommations de Rome dont le luxe avoit fait des progrès proportionnés à ses conquêtes. Eux-mêmes ils se livroient à des profusions dont les détails nous paroissent romanesques. Cléopatre avec qui finit leur empire & leur histoire étoit aussi magnifique que voluptueuse. Ces dépenses avoient si peu absorbé le bénéfice qu'ils faisoient dans le commerce des Indes, que lorsqu'ils eurent été subjugués & dépouillés; les terres, les denrées, les marchandises; tout doubla de prix à Rome. Le vainqueur qui prit la place du vaincu gagnoit à cette communication cent pour un, si l'on s'en rapporte à Pline. A travers l'exagération qu'il peut y avoir dans ce calcul, il est aisé de voir quels profits on a dû faire dans un tems où les Indiens n'étoient guere éclairés sur leurs intérêts.

Tant que les Romains eurent assez de vertu pour conserver la puissance que leurs ancêtres avoient acquise, l'Égypte contribua beaucoup à soutenir la majesté de l'empire par les richesses des Indes qu'elle y faisoit couler. Outre les productions qu'on en avoit tiré de tems immémorial, qu'on en tiroit en plus grande quantité que jamais, on en reçut quelques nouvelles denrées. La plus remarquable fut le poivre long, blanc & noir. Quoique cette épicerie ne flattât ni la vue, ni l'odorat, ni le goût, elle devint extrêmement à la mode, au grand étonnement d'un célebre naturaliste. Son prix étoit si considérable, qu'on s'avisa de le falsifier.

Cette infidélité augmenta à Constantinople, lorsqu'au partage de la plus grande puissance qui eut jamais existé, l'Egypte fut annexée à l'empire d'orient. Cet empire eût été inébranlable, si les richesses pouvoient tenir lieu de valeur. Malheureusement on n'opposa que des ruses à un ennemi qui joignoit l'enthousiasme d'une nouvelle religion à toute la force de ses mœurs encore barbares. Une si foible barriere ne pouvoit pas arrêter un torrent qui devoit s'accroître de ses ravages. Il engloutit au septieme siecle plusieurs provinces, celle en particulier dont la conservation paroissoit la plus importante.

Les Grecs se consolerent de ce malheur, lorsqu'ils s'apperçurent que les guerres qui avoient fait passer l'Egypte sous la domination des Sarrasins, avoient jetté la plus grande partie du commerce des Indes à Constantinople par deux canaux déja fort connus.

L'un étoit le Pont-Euxin alors actif & peuplé. On remontoit le Phase d'abord sur de grands bâtimens, & ensuite sur de plus petits jusqu'à Serapana. Delà partoient des voitures qui conduisoient en quatre ou cinq jours les marchands & les marchandises au fleuve Cyrus, qui se jette dans la mer Caspienne. A travers cette mer orageuse, on gagnoit l'embouchure de l'Oxus, qu'on remontoit jusqu'auprès des sources de l'Indus, d'où l'on repartoit chargé des richesses de l'Asie. Telle étoit une des route de commerce & de communication entre ce grand continent toujours riche de sa nature, & celui de l'Europe alors pauvre & ravagée par ses propres habitans.

L'autre voie étoit moins compliquée. Des bâtimens Indiens partis de différentes côtes gagnoient à travers le golphe Persique l'Euphrate, où ils déposoient leur cargaison : il ne falloit qu'un jour pour la porter à Palmire. Cette ville, dont les ruines respirent encore l'opulence, faisoit passer ces marchandises par les déserts aux côtes de Syrie, & s'étoit élevée par ce grand commerce à une prospérité, que ses fondemens jettés au milieu des sables ne lui promettoient pas. Lorsqu'elle eut été détruite par un concours de causes qui demandent seules toute l'attention d'un écrivain & des lecteurs, les caravanes, après quelques variations, se fixerent à la route d'Alep qui, par le port d'Alexandrette, poussa le cours & la pente des richesses jusqu'à Constantinople devenue le marché général des productions de l'Inde.

L'empire auroit pu par cet avantage seul se soutenir malgré ses malheurs, recouvrer peut-être son ancienne gloire. Il n'auroit fallu qu'y joindre des mœurs, une administration sage, de l'économie, une grande circonspection; mais tout ce qui conserve la prospérité lui manquoit. Corrompus par les richesses prodigieuses qu'un commerce exclusif leur procuroit, les Grecs s'abandonnerent à une vie oisive, au goût des arts, à de vaines discusions, à tous les plaisirs. Bientôt ils trouverent au dessous d'eux de porter aux autres nations les marchandises qu'on leur demandoit. Ils les livrerent à des Italiens, qui s'emparerent peu-à-peu de cette utile navigation. Le gouvernement aussi corrompu que les citoyens laissa tomber sa marine, & ne compta plus pour sa défense que sur les traités qu'elle faisoit avec des étrangers, dont les vaisseaux remplissoient ses ports. Ce trop foible appui ne retarda pas la perte de Constantinople, & s'il faut tout dire, la précipita. Les Gênois furent engloutis dans le précipice que leur avidité, leur perfidie avoient creusé. Mahomet les chassa de Caffa, où dans les derniers tems ils avoient attirés la plus grande partie du commerce de l'Asie.

Les Vénitiens n'avoient pas attendu cette catastrophe pour chercher les moyens de lui rouvrir la route de l'Egypte. Ils avoient trouvé plus de facilité qu'ils n'en espéroient d'un gouvernement formé depuis les dernieres croisades, comme celui d'Alger. Les Mammelus, qui à cette époque, s'étoient emparés d'un trône dont ils étoient l'appui, étoient des esclaves tirés la plupart de la Circassie dès leur enfance, & formés de bonne heure aux combats. Un chef & un conseil composé de vingt-quatre des principaux d'entr'eux exerçoient l'autorité. Leur corps que la molesse du climat auroit amoli nécessairement, étoit renouvellé tous les ans par une foule de braves avanturiers que l'espérance de faire fortune attiroit de toutes parts. Ces hommes avides consentirent pour l'argent qu'on leur donna, pour les promesses qu'on leur fit, que leur pays devint l'entrepôt des marchandises des Indes. Ils souffrirent par corruption ce que l'intérêt politique de leur état auroit toujours exigé. Les Pisans, les Florentins, les Catalans, les Génois tirerent quelque utilité de cette révolution; mais elle tourna singulierement à l'avantage des Vénitiens qui l'avoient conduite. Telle étoit la situation des choses, lorsque les Portugais arriverent aux Indes.

Ce grand événement, & les suites rapides qu'il eut, causerent de vives inquiétudes à Venise. La sagesse de cette république venoit d'être déconcertée par une ligue à laquelle elle ne put résister, & qu'assurément elle n'avoit pas dû prévoir. Plusieurs princes divisés d'intérêt, rivaux de puissance, & qui avoient des prétentions opposées, venoient de s'unir contre toutes les regles de la politique & du bon sens, pour détruire un état qui ne faisoit ombrage à aucun d'eux; & ce fut Louis XII, celui de tous ces princes qui avoit le plus d'intérêt à la conservation de Venise, qui, par la victoire d'Aignadel, la mit sur les bords de sa ruine. La division qui devoit nécessairement se mettre entre de semblables alliés, & la prudence de la république, l'avoient sauvée de ce danger, le plus éminent en apparence, mais en effet moins grand, moins réel que celui où la jettoit la découverte du passage aux Indes, par le cap de Bonne-espérance.

Elle en sentit tous les inconvéniens. Elle vit que le commerce des Portugais alloit ruiner le sien, & par conséquent sa puissance. Elle fit jouer tous les ressorts que put lui fournir l'habileté de ses administrateurs. Quelques-uns de ces émissaires intelligens qu'elle savoit par-tout acheter & employer à propos, firent sentir aux Arabes fixés dans leur pays, & à ceux qui étoient répandus dans l'Inde ou sur les côtes orientales de l'Afrique, que leur cause étoit la même que celle de Venise, & qu'ils devoient s'unir entr'eux, & avec elle, contre une nation qui venoit s'emparer de la source commune de leurs richesses.

Les cris de cette ligue arriverent au soudan d'Egypte, déja réveillé par les malheurs qu'il éprouvoit, par ceux qu'il prévoyoit. Ses douanes qui formoient la principale branche de ses revenus par le droit de cinq pour cent que les marchandises des Indes payoient à leur entrée, & par celui de dix qu'elles payoient à leur sortie, commençoient à ne plus rien rendre. Les banqueroutes que l'interruption des affaires rendoit fréquentes & nécessaires, aigrissoient les esprits contre le gouvernement, toujours responsable aux peuples des malheurs qui leur arrivent. La milice qu'on payoit mal, qui craignoit d'être plus mal payée encore, se permettoit des mutineries plus redoutables dans le déclin de la puissance que dans des tems de prospérité. L'Egypte étoit également malheureuse, & par le commerce que faisoient les Portugais, & par celui que leurs violences l'empêchoient de faire.

On l'auroit pu rétablir dans son premier état avec une flotte; mais la mer rouge n'offroit rien de ce qu'il falloit pour la construire. Les Vénitiens leverent cet obstacle. Ils envoyerent à Alexandrie des bois, & d'autres matériaux. On les conduisit par le Nil au Caire, d'où ils furent portés sur des chameaux à Suez. C'est de ce port célebre qu'on fit partir pour l'Inde en 1508 quatre grands vaisseaux, un gallion, deux galeres & trois galiottes.

Les Portugais avoient prévu cet orage. Pour le prévenir, ils avoient songé dès l'année précédente à se rendre maîtres de la navigation de la mer rouge, bien assurés qu'avec cet avantage ils n'auroient plus à craindre ni la concurrence, ni les forces de l'Egypte & de l'Arabie. Dans cette vue ils avoient formé le dessein de s'emparer de l'isle de Socotora, fort connue dans l'antiquité sous le nom de Dioscoride, pour l'abondance & la perfection de son aloès. Elle est située dans le golfe de la mer rouge, à cent quatre-vingt lieues du détroit de Babelmandel formé du côté de l'Afrique par le cap de Guardafu, & du côté de l'Arabie par celui de Fartaque.

Tritan d'Acugna, parti du Portugal avec un armement considérable attaqua cette isle. Il fut combattu à sa descente par Ibrahim, fils du Roi des Fartaques, souverain d'une partie de l'Arabie & de Socotora. Ce jeune prince fut tué dans l'action. Les Portugais assiégerent, & bien-tôt emporterent d'assaut la seule place qui étoit dans l'isle. Elle fut défendue jusqu'à la derniere extrêmité par une garnison plus nombreuse que la petite armée Portugaise. Les soldats de cette garnison ne voulurent point survivre au fils de leur souverain, refuserent de capituler, & se firent tuer jusqu'au dernier. L'intrépidité des troupes de d'Acugna étoit encore au dessus de ce courage.

Le succès de cette entreprise ne produisit pas les avantages qu'on en espéroit. Il se trouva que l'isle étoit stérile, qu'elle n'avoit point de port, & que les navigateurs qui sortoient de la mer rouge ne la connoissoient jamais, quoiqu'elle dut être nécessairement reconnue par ceux qui vouloient y entrer. Aussi la flotte Egyptienne pénétra-t-elle sans danger dans l'océan Indien. Elle se joignit à celle de Cambaye. Ces deux forces réunies combattirent avec avantage les Portugais affoiblis par le trop grand nombre de vaisseaux chargés de marchandises qu'ils avoient expédiés pour l'Europe. Le triomphe fut court. Les vaincus reçurent des renforts & reprirent la supériorité pour ne la plus perdre. Les armemens qui continuerent à partir d'Egypte furent toujours battus & dissipés par les petites escadres Portugaises qui croisoient à l'entrée du golfe.

Cependant comme cette petite guerre donnoit toujours de l'inquiétude, occasionnoit quelques dépenses, d'Albuquerque crut devoir y mettre fin par la destruction de Suez. Mille obstacles traversoient ce projet.

La mer rouge qui doit son nom aux coraux, aux madrepores, aux plantes marines qui tapissent presque par-tout son fond, & qui lui donnent en apparence cette couleur, a d'un côté l'Arabie, de l'autre la haute Ethiopie & l'Egypte. On lui donne six cent quatre-vingt lieues depuis l'isle de Socotora jusqu'à l'isthme fameux qui joint l'Afrique à l'Asie. Comme elle est fort longue, très-étroite, & qu'elle ne reçoit aucun fleuve dont la force puisse s'opposer à celle du flux, elle participe d'une maniere plus sensible aux mouvemens de l'océan, que les autres mers méditerranées situées à peu près sous la même latitude. Elle est peu sujette aux orages, & ne connoît presque point d'autres vents que ceux du nord & du sud, qui sont périodiques comme la mouçon dans l'Inde, & qui fixent invariablement le tems de l'entrée & de la sortie. On peut la partager en trois bandes. Celle du milieu est nette, navigable jour & nuit sur une profondeur de vingt-cinq à soixante brasses d'eau. Les deux qui bordent les côtes, quoique pleines d'écueils, sont préférées par les gens du pays qui, obligés de se tenir au voisinage des terres à cause de la petitesse de leurs bâtimens, ne gagnent le grand canal que lorsqu'ils craignent quelque coup de vent. L'attention qu'ont leurs pilotes de mouiller ordinairement avant le coucher du soleil, rend les accidens fort rares. La difficulté, pour ne pas dire l'impossibilité d'aborder les ports répandus sur la côte, fait que cette navigation est très-périlleuse pour les grands vaisseaux, qui ne trouvent d'ailleurs sur leur route qu'un nombre considérable d'isles désertes, arides & sans eau.

D'Albuquerque malgré ses talens, son expérience & sa fermeté ne réussit pas à surmonter tant d'obstacles. Après s'être enfoncé bien avant dans la mer rouge, il fut obligé de revenir sur ses pas avec sa flotte, qui avoit souffert de continuelles incommodités & couru de forts grands dangers. Une politique inquiete & cruelle lui fit imaginer depuis des moyens pour arriver à ses fins, qui lui paroissoient plus sûrs. Il vouloit que l'empereur d'Ethyopie qui briguoit la protection du Portugal, détournât le cours du Nil en lui ouvrant un passage pour se jetter dans la mer rouge. L'Egypte seroit alors devenue en grande partie inhabitable, peu propre du moins au commerce. Lui-même il se proposoit de jetter dans l'Arabie par le golfe Persique trois ou quatre cens chevaux qu'il croyoit suffisans pour aller piller Medine & la Mecque. Il pensoit qu'une expédition de cet éclat rempliroit de terreur les Mahométans, & arrêteroit ce prodigieux concours de pélerins, le plus solide appui du commerce dont il cherchoit à extirper les racines.

Des entreprises plus sûres, & qui paroissoient pour le moment plus importantes, le porterent à différer la ruine d'une puissance dont il suffisoit d'arrêter alors la rivalité. La conquête de l'Egypte par les Turcs quelques années après, rendit nécessaires de plus grandes précautions. Les hommes privilégiés à qui il fut donné de saisir la chaîne des événemens qui avoient précédé & suivi le passage du cap de Bonne-espérance, de porter des conjectures profondes sur ceux que la découverte de ce chemin prévenoit, ne purent s'empêcher de le regarder comme la plus grande époque de l'histoire du monde.

L'Europe commençoit à peine à respirer & à secouer le joug de la servitude qui avoit avili ses habitans depuis les conquêtes des Romains & l'établissement des loix féodales. Les tyrans sans nombre qui opprimoient des multitudes d'esclaves avoient été ruinés par le délire des croisades. Pour soutenir ces extravagantes expéditions, ils avoient été obligés de vendre leurs terres & leurs châteaux, & d'accorder à prix d'argent à leurs vassaux quelques priviléges qui les rapprochoient enfin de la condition des hommes. Alors le droit de propriété commença à s'introduire parmi les particuliers, & leur donna cette sorte d'indépendance sans laquelle la propriété n'est elle-même qu'une illusion. Ainsi les premieres étincelles de liberté qui aient éclairé l'Europe, furent l'ouvrage inattendu des croisades, & la folie des conquêtes contribua pour la premiere fois au bonheur des hommes.

Sans la découverte de Vasco de Gama, le flambeau de la liberté s'éteignoit de nouveau, &

peut-être pour toujours. Les Turcs alloient remplacer ces nations féroces, qui des extrêmités de la terre étoient venus remplacer les Romais pour en opprimer la surface, & à nos barbares institutions auroit succédé un joug plus pesant encore. Cet événement étoit inévitable, si les farouches vainqueurs de l'Egypte n'eussent été repoussés par les Portugais dans les différentes expéditions qu'ils tenterent dans l'Inde. Les richesses de l'Asie leur assuroient celle de l'Europe. Maîtres de tout le commerce du monde, ils auroient eu nécessairement la plus redoutable marine qu'on eût jamais vue. Quels obstacles auroient pu arrêter alors sur notre continent ce peuple conquérant par la nanature de sa religion & de sa politique.

L'Angleterre se déchiroit pour les intérêts de sa liberté, la France pour les intérêts de ses maîtres, l'Allemagne pour ceux de la religion, l'Italie pour les prétentions réciproques d'un tyran & d'un imposteur. Couverte de fanatiques & de combattans, l'Europe entiere ressembloit à un malade qui tombé dans le délire, s'ouvre les veines, & perd dans sa fureur son sang avec ses forces. Dans cet état d'épuisement & d'anarchie, elle n'auroit opposés aux Turcs qu'une foible résistance. Plus le calme qui succede aux guerres civiles rend les peuples redoutables à leurs voisins, plus les troubles de la dissension qui les déchire les exposent à l'invasion & à l'oppression. La conduite dépravée du clergé auroit encore favorisé les progrès d'un culte étranger, & nous serions sans retour dans les chaînes de l'esclavage. En effet, de tous les systêmes politiques & religieux qui affligent l'espece humaine, il n'en est point qui laisse moins de carriere à la liberté que celui des Musulmans. Dans presque toute l'Europe une religion étrangere au gouvernement, & qui s'est introduite à son insçu, une morale répandue sans ordre, sans précision dans des livres obscurs & susceptibles d'une infinité d'interprétation différentes : une autorité en proie aux prêtres & aux souverains, qui se disputent tour-à-tour le droit de commander aux hommes, des loix politiques & civiles sans cesse en contradiction avec la religion dominante qui condamne l'inégalité & l'ambition, une administration inquiete & entreprenante, qui, pour dominer avec plus d'empire, oppose continuellement une partie de l'état à l'autre partie; tout cela doit entretenir dans les esprits une fermentation violente : & il n'est pas surprenant que parmi tant de mouvemens & de tumulte il s'éleve un cri de la nature qui s'écrie : *l'homme est né libre.*

Mais, sous le joug d'une religion qui consacre la tyrannie, en fondant le trône sur l'autel, qui semble imposer silence à l'ambition en permettant la volupté, qui favorise la paresse naturelle en interdisant les opérations de l'esprit, il n'y a point d'espérance pour les grandes révolutions. Aussi les Turcs qui égorgent si souvent leur maître n'ont-ils jamais pensé à changer leur gouvernement. Cette idée est au dessus de leurs ames énervées & corrompues. C'en étoit donc fait de la liberté du monde entier, elle étoit perdue, si le peuple le plus superstitieux & peut-être le plus esclave de la chrétienté, n'eut arrêté les progrès du fanatisme des Musulmans, & brisé le cours impétueux de leurs conquêtes, en leur coupant le nerf des richesses. Albuquerque fit plus. Après avoir pris des mesures efficaces pour qu'aucun vaisseau ne put passer de la mer d'Arabie dans les mers des Indes, il chercha à se donner l'empire du golfe Persique.

Au débouché du détroit de Mollandour, qui conduit dans ce bras de mer, est située l'isle de Gerun. C'est sur ce rocher stérile qu'un conquérant Arabe bâtit dans le onzieme siecle la ville d'Ormuz, devenue avec le tems la capitale d'un royaume qui, d'un côté s'étendoit assez avant dans l'Arabie, & de l'autre dans la Perse. Ormuz avoit deux bons ports: il étoit grand, peuplé, fortifié. Il ne devoit ses richesses & sa puissance qu'à sa situation: il servoit d'entrepôt au commerce de la Perse avec les Indes; & avant les découvertes des Portugais, le commerce de Perse étoit plus grand qu'il ne l'a été depuis, parce que les Persans faisoient passer les marchandises de l'Inde en Europe par les ports de Sirie ou par Caffa. Dans les saisons qui permettoient l'arrivée des marchands étrangers, Ormuz étoit la ville la plus brillante & la plus agréable de l'orient. On y voyoit des hommes de presque toutes les parties de la terre faire un échange de leurs denrées, & traiter leurs affaires avec une politesse & des égards peu connus dans les autres places de commerce.

Ce ton étoit donné par les marchands du port, qui communiquoient aux étrangers une partie de leur affabilité. Leurs manieres, le bon ordre qu'ils entretenoient dans leur ville, les commodités, les plaisirs de toute espece qu'ils y rassembloient: tout concouroit avec les intérêts du commerce à y attirer les négocians. Le pavé des rues étoit couvert de nattes très-propres, & en quelques endroits de tapis. Des toiles qui s'avançoient du haut des maisons rendoient les ardeurs du soleil supportables: on voyoit des cabinets des Indes ornés de vases dorés ou de porcelaine, dans lesquels étoient des arbrisseaux & des herbes de senteur. On trouvoit dans les places des chameaux chargés d'eau.

On

On prodiguoit les vins de Perse, ainsi que les parfums & les alimens les plus exquits. On entendoit la meilleure musique de l'orient. Ormuz étoit remplie de belles filles de différentes contrées de l'Asie, instruites dès l'enfance dans tous les arts qui varient & augmentent la volupté. On y goûtoit enfin toutes les délices que peuvent attirer & réunir l'abord des richesses, un commerce immense, un luxe ingénieux, un peuple poli & des femmes galantes.

A son arrivée dans les Indes, d'Albuquerque commença par ravager les côtes, par piller les villes dépendantes d'Ormuz. Ces dévastations qui sont plus d'un brigand que d'un conquérant, n'étoient pas en général de son goût; mais il se les permettoit dans l'espérance d'engager à se présenter d'elle-même au joug une puissance qu'il n'étoit pas en état de réduire par la force. Lorsqu'il crut avoir inspiré une terreur convenable à ses desseins, il se présenta devant la capitale, dont il somma le roi de se rendre tributaire du Portugal, comme il l'étoit de la Perse. Cette proposition fut reçue ainsi qu'elle devoit l'être. Une flotte composée de vaisseaux Ormuziens, Arabes & Persans, vint combattre l'Escadre d'Albuquerque, qui détruisit toutes ses forces avec cinq navires. L'Indien découragé consentit que le vainqueur construisît une citadelle qui devoit également dominer la ville & ses deux ports.

D'Albuquerque qui connoissoit le prix du tems ne perdit pas un moment pour hâter cette construction. Il travailloit comme le dernier des siens. Cette activité n'empêcha pas qu'on ne remarquât le peu de monde qu'il avoit. Atar qui, par des révolutions communes en orient, étoit parvenu de l'esclavage au ministere, rougit d'avoir sacrifié l'état à une poignée d'étrangers. Plus habile à manier les ressorts de la politique que ceux de la guerre, il résolut de réparer par des artifices le mal qu'il avoit fait par sa lâcheté. Il sut gagner, corrompre, désunir & brouiller si bien les Portugais entr'eux & avec leur chef, qu'ils furent cent fois sur le point d'en venir aux mains. Cette animosité qui fit un grand éclat, & qui augmentoit toujours, les détermina à se rembarquer au moment qu'on les avertit qu'il y avoit un complot pour les égorger. D'Albuquerque qui s'affermissoit dans ses idées par les contre-tems & par les murmures, prit le parti d'affamer la place & de fermer le passage à tous les secours. Sa proie ne lui pouvoit échapper, lorsque trois de ses capitaines l'abandonnerent honteusement avec leurs vaisseaux. Pour justifier leur désertion, ils ajouterent à la noirceur de leur infidélité, celle de charger leur général des plus atroces calomnies.

Cette trahison força d'Albuquerque à renvoyer l'exécution de son projet au tems qu'il savoit n'être pas éloigné, où il auroit à sa disposition toutes les forces de sa nation. Dès qu'il fut devenu viceroi, il reparut devant Ormuz avec un appareil auquel une cour corrompue, un peuple amolli ne se crurent pas en état de résister. On se soumit. Le souverain de la Perse envoya demander un tribut au vainqueur. D'Albuquerque fit apporter devant les ambassadeurs des boulets, des grenades & des sabres. *Voilà*, leur dit-il, *la monnoie des tributs que paye le roi de Portugal.*

Après cette expédition, la puissance Portugaise se trouva assez solidement établie dans les golfes d'Arabie & de perse, sur la côte de Malabar, pour qu'on put songer à l'étendre dans l'orient de l'Asie.

philosophique & politiue. 67

Il se présentoit d'abord à Albuquerque l'isle de Ceylan, qui a quatre-vingt lieues de long sur trente dans sa plus grande largeur. Elle étoit fort peuplée. Deux nations différentes en mœurs, en gouvernement, en religion l'habitoient. Les Bedas établis à la partie septentrionale de l'isle & dans le pays le moins abondant, sont partagés en tribus qui se regardent comme une seule famille, & qui n'obéissent qu'à un chef dont l'autorité n'est pas absolue. Ils sont presque nuds : ce sont les mêmes mœurs & le même gouvernement qu'on trouve dans les montagnes d'Ecosse. Ces tribus unies pour la défense commune ont toujours vaillamment combattu pour leur liberté, & n'ont jamais attenté à celle de leurs voisins. On sait peu de chose de leur religion, & il est douteux qu'elles ayent un culte. Elles ont peu de communication avec les étrangers. On garde à vue ceux qui traversent les cantons qu'elles habitent. Ils y sont bien traités & promptement renvoyés. La jalousie des Bedas pour leurs femmes est cause en partie de ce soin d'éloigner les étrangers, & ne contribue pas peu à les séparer de tous les peuples. Ils semblent être les habitans primitifs de l'isle.

Une nation plus nombreuse & plus puissante, qu'on appelle les Chingulais, est maîtresse de la partie méridionale. En la comparant à l'autre, nous l'appellerions une nation polie. Ils ont des habits & des despotes. Ils ont comme les Indiens la distinction des Castes, mais une religion différente. Ils reconnoissent un être suprême, & ensuite des divinités du second, du troisieme ordre. Toutes ces divinités ont leurs prêtres. Ils honorent particulierement dans les dieux du second ordre un Buddou, qui est descendu sur la terre pour se rendre médiateur entre Dieu & les hommes. Les prêtres de Bubdou sont des personnages fort importans à Ceylan. Ils ne peuvent jamais être punis par le prince, quand même ils auroient attenté à sa vie. Les Chingulais entendent bien la guerre. Ils ont su faire usage de la nature de leur pays de montagnes, pour se défendre contre les Européens qu'ils ont souvent vaincus. Ils sont fourbes, intéressés, complimenteurs comme tous les peuples esclaves : ils ont deux langues, celle du peuple & celle des savans. Par-tout où cet usage est établi, il a donné aux prêtres & au gouvernement un moyen de plus pour tromper les hommes.

Les deux peuples jouissoient des fruits, des grains, des pâturages qui abondoient dans l'isle. On y trouvoit des éléphans sans nombre, des pierres précieuses, la seule canelle qui ait jamais été estimée. C'étoit sur la côte septentrionale & sur la côte de la pêcherie, qui en est voisine, que se faisoit la pêche des perles la plus abondante de l'orient. Ses ports étoient les meilleurs de l'Inde, & sa position étoit au dessus de tant d'avantages.

Si nous ne nous trompons, les Portugais auroient dû établir toute leur puissance dans cette isle. Elle est le centre de l'orient. C'est le passage qui conduit dans les régions les plus riches. Tous les navires qui viennent d'Europe, d'Arabie & de Perse ne peuvent s'empêcher de lui rendre hommage, & les mouçons alternatives permettent d'y aborder & d'en sortir dans tous les tems de l'année. Avec peu de dépense en hommes & en argent, on seroit parvenu à la bien peupler, à la bien fortifier. Des escadres nombreuses parties de tous les ports de cette isle auroient fait respecter le nom de ses maîtres dans toute l'Asie ; & les vaisseaux qui auroient croisés dans les parages auroient intercepté la navigation des autres nations.

Le vice-roi n'en jugea pas ainsi, & il ne parut pas s'occuper davantage de la côte de Coromandel quoique plus riche que celle de Malabar. Cette derniere n'offroit que des marchandises de médiocre qualité, beaucoup de vivres, un peu de mauvaise canelle, assez de poivre & du cardamome, sorte d'épicerie dont les Orientaux font un grand usage. La côte de Coromandel fournit les plus belles toiles de coton de l'univers. Ses habitans, la plupart naturels du pays, & moins mêlés d'Arabes & d'autres nations, sont les peuples les plus doux & les plus industrieux de l'Indostan. D'ailleurs, en remontant la côte de Coromandel vers le nord, on trouve les mines de Golconde. De plus, cette côte est admirablement placée pour recevoir les marchandises de Bengale & d'autres contrées.

Cependant d'Albuquerque n'y fit point d'établissement. Ceux de Saint-Thomé & de Negapatan ne furent formés qu'après lui. Il savoit que cette côte est dépourvue de ports, qu'elle est inabordable dans certains tems de l'année, & qu'alors des flottes n'y pourroient pas secourir des colonies. Enfin il pensa qu'étant maîtres de Ceylan, ouvrage commencé par son prédécesseur d'Almeyda, & porté depuis à sa perfection, les Portugais le seroient du commerce de Coromandel, s'ils s'emparoient de Malaca. C'est à cette conquête qu'il se détermina.

Le pays dont cette ville étoit la capitale, est une langue de terre fort étroite qui peut avoir cent lieues de long. Il ne tient au continent que par la côte du nord, où il confine à l'état de Siam, ou plutôt au royaume de Johor, qui en a été démembré. Tout le reste est baigné par la mer, qui le sépare de l'isle de Sumatra par un canal connu sous le nom du détroit de Malaca.

La nature avoit pourvu au bonheur des Malais. Un climat doux, sain & raffraîchi par les vents & les eaux sous le ciel de la zone torride : une terre prodigue de fruits délicieux, qui pourroient suffire à l'homme sauvage, ouverte à la culture de toutes les productions nécessaires à la société : des bois d'une verdure éternelle : des fleurs qui naissent à côté des fleurs mourantes : un air parfumé des odeurs vives & suaves qui s'exhalant de tous les végétaux d'une terre aromatique, allument le feu de la volupté dans les êtres qui respirent la vie. La nature avoit tout fait pour les Malais, mais la société avoit tout fait contre eux.

Le gouvernement le plus dur avoit formé le peuple le plus atroce dans le plus heureux pays du monde. Les loix féodales nées parmi les rochers & les chênes du nord avoient poussé des racines jusques sous l'équateur, au milieu des forêts & des campagnes amoureuses, où tout invitoit à jouir en paix d'une vie qui ne devoit s'abréger & se perdre que dans les délices propres à la transmettre. C'est-là qu'un peuple esclave obéissoit à un tyran sous l'anarchie de plusieurs. Le despotisme d'un sultan sembloit s'être appesanti sur la multitude, en se divisant entre les mains des grands vassaux.

Cet état de guerre & d'oppression avoit mis la férocité dans tous les cœurs. Les bienfaits de la terre & du ciel versés à Malaca n'y avoient fait que des ingrats & des malheureux. Des maîtres vendoient leur service, c'est-à-dire, celui de leurs esclaves, à qui pouvoit l'acheter. Ils arrachoient leurs serfs à l'agriculture, pour les mener à un brigandage sur mer & sur terre qui leur convenoit mieux que le travail. Ce peuple avoit conquis un archipel immense célebre dans tout l'orient sous le nom d'isles Malaises. Il avoit porté dans ses nombreuses colonies ses loix, ses mœurs, ses usages, & ce qu'il y avoit de singulier, la langue la plus douce de l'Asie.

Cependant Malaca étoit devenu par sa situation le plus considérable marché de l'Inde. Son port étoit toujours rempli de vaisseaux. Les uns y arrivoient du Japon, de Chine, des Philippines, des Moluques, des côtes orientales moins éloignées. Les autres s'y rendoient de Bengale, de Coromandel, de Malabar, de Perse, d'Arabie & d'Afrique. Tous ces navigateurs y traitoient entr'eux & avec les habitans dans la plus grande sécurité. L'attrait des Malais pour le brigandage avoit cédé à un intérêt plus sûr que les succès toujours vagues, toujours douteux de la piraterie.

Les Portugais voulurent prendre part à ce commerce de toute l'Asie. Ils se montrerent d'abord à Malaca comme simples négocians. Leurs usurpations dans l'Inde avoient rendu leur pavillon si suspect, & les Arabes leurs ennemis se donnerent tant de mouvemens pour les rendre odieux, qu'on s'occupa du soin de les détruire. On leur tendit des piéges où ils tomberent. Plusieurs d'entr'eux furent massacrés, d'autres mis aux fers : ce qui put échapper, regagna les vaisseaux qui se sauverent au Malabar.

D'Albuquerque n'avoit pas attendu cette violence pour songer à s'emparer de Malaca. On peut penser cependant qu'elle lui fut agréable, parce qu'elle donnoit à son entreprise un air de justice propre à diminuer la haine qu'elle devoit naturellement attirer au nom Portugais. Le tems auroit affoibli une impression qu'il croyoit lui être avantageuse, & il ne différa pas d'un instant sa vengeance. Cette activité avoit été prévue, & il trouva en arrivant devant la place, au commencement de 1511 des dispositions faites pour le recevoir.

Un obstacle plus grand que cet appareil formidable enchaîna pendant quelques jours la valeur du général Chrétien. Son ami Araûjo étoit du nombre des prisonniers de la première expédition. On menaçoit de le faire périr au moment où commenceroit le siege. Albuquerque étoit sensible, & il étoit arrêté par le danger de son ami, lorsqu'il en reçut ce billet : *Ne pensez qu'à la gloire & à l'avantage du Portugal; si je ne puis être un instrument de votre victoire, que je n'y sois pas au moins un obstacle.* La place fut attaquée & prise après bien des combats douteux, sanglans & opiniâtres. On y trouva une artillerie nombreuse, des trésors immenses, de grands magasins, tout ce qui pouvoit rendre la vie délicieuse, & il y fut construit une citadelle pour garantir la stabilité de la conquête.

Comme les Portugais se bornerent à la possession de la ville, ceux des habitans, tous sectateurs d'un Mahométisme fort corrompu, qui ne voulurent pas subir le nouveau joug, s'enfoncerent dans les terres, où se répandirent sur la côte : l'intérêt ne les obligeant plus à aucune dissimulation, ils ont repris toute la violence de leur caractere. Ce peuple ne marche jamais sans un poignard, qu'il appelle *crid*. Il semble avoir épuisé toute l'invention de son génie sanguinaire à forger cette arme meurtriere. Rien de si dangereux que de tels hommes avec un tel instrument. Embarqués sur un vaisseaux, ils poignardent tout l'équipage au moment de la plus profonde sécurité. Depuis qu'on a connu leur perfidie, tous les Européens ont pris la précaution de ne pas se servir des Malais pour matelots. Mais ces barbares enchérissans sur leurs anciennes mœurs, où le fort se faisoit honneur d'attaquer le foible, aujourd'hui animés par une fureur inexplicable de périr ou de tuer, vont avec un bateaux de trente homme, aborder nos vaisseaux de quarante canons, & quelquefois ils les enlevent. Sont-ils repoussés, ce n'est pas du moins sans emporter avec eux la consolation de s'être abreuvés de sang.

Un peuple à qui la nature a donné cette inflexibilité de courage peut être exterminé, mais non soumis par la force. Il n'y a que l'humanité, l'attrait des richesses ou de la liberté, l'exemple des vertus & de la modération, une administration douce, qui puissent le civiliser. Il faut le rendre ou le laisser à lui-même, avant de former avec lui des liaisons qu'il repousse. La voie de la conquête seroit peut-être la derniere qu'il faudroit tenter : elle ne feroit qu'exalter en lui l'horreur d'une domination étrangere, & qu'effaroucher tous les sentimens de la sociabilité. La nature a placé certains peuples au milieu de la mer comme les lions dans les déserts pour être libres. Les tempêtes, les sables, les montagnes & les cavernes sont l'asyle & les remparts de tous les êtres indépendans. Malheur aux nations policées qui voudront s'élever contre les forces & les droits des peuples insulaires & sauvages. Elles deviendront cruelles & barbares sans fruit ; elles semeront la haine dans la dévastation, & ne recueilleront que l'opprobre & la vengeance.

Après la prise de Malaca, les rois de Siam, de Pegu, plusieurs autres consternés d'une victoire si fatale à leur indépendance, envoyerent à Albuquerque des ambassadeurs pour le féliciter, lui offrir leur commerce, & lui demander l'alliance du Portugal.

Une escadre détachée dans ces circonstances de la grande flotte prit la route des Moluques. Ces isles situées près du cercle équinoxial dans l'océan Indien, sont, en y comprenant comme on le fait communément celles de Banda, au nombre de dix. La plus grande n'a pas douze lieues de circuit, & les autres beaucoup moins.

On ignore comment elles furent d'abord peuplées ; mais il paroît prouvé que les Chinois, les Javanois & les Malais leur ont donné successivement des loix. Les habitans étoient au commencement du seizieme siecle des especes de sauvages, dont les chefs, quoique décorés du nom de rois, n'avoient qu'une autorité bornée & tout-à-fait dépendante des caprices de leurs sujets. Ils avoient ajouté depuis peu les superstitions du Mahométisme à celles du paganisme qu'ils avoient long-tems professé. Leur paresse étoit excessive. La chasse & la pêche étoient leur occupation unique, & ils ne connoissoient aucune espece de culture. Cette inaction étoit favorisée par les ressources que leur fourniroient le cocotier.

Le cocotier est un arbre dont les racines sont si menues & si peu profondes, que les vents le renversent souvent. Son tronc qui s'éleve à la hauteur de trente à quarante pieds, est droit, d'une grosseur médiocre, & égale dans toute sa longueur. Il est si spongieux, que son bois ne peut ni servir à la construction des navires, ni être employé dans des édifices un peu solides. Sa tête se couronne de dix ou douze feuilles larges, longues, épaisses, qui servent à former les toits des maisons. De cette touffe qui se renouvelle trois fois chaque année, sortent autant de fois des bourgeons gros comme le bras, à chacun desquels on voit suspendus dix ou douze cocos qui, avec leurs écorces, ne sont guere moins grands que la tête de l'homme. La premiere écorce du coco est filandreuse : on en fabrique quelques étoffes grossieres & des cables pour les vaisseaux. La seconde qui est fort dure fournit des petits vases & des ustensiles de ménage. L'intérieur de cette coquille est tapissé d'une poulpe blanche & épaisse dont on exprime au pressoir une huile qui est du plus grand usage aux Indes. Elle est assez douce lorsqu'elle est récente ; mais elle contracte de l'amertume en vieillissant, & alors elle n'est bonne qu'à brûler ; le marc qui reste dans le pressoir sert à nourrir les bestiaux, la volaille, & même le plus bas peuple dans des tems de calamités. La poulpe du coco renferme de l'eau extrêmement fraîche qui sert à désaltérer le cultivateur & le voyageur. Cette boisson est fort saine, mais d'une douceur fade.

En coupant la pointe des bourgeons, on en fait distiller une liqueur blanche, qui est reçue dans un vase attaché à leur extrêmité. Ceux qui la recueillent avant le lever du soleil, & qui la boivent dans sa nouveauté, lui trouvent le goût d'un vin doux. C'est la manne du désert. Qui sait même si l'idée de celle-ci n'a pas été prise dans des livres plus orientaux que ceux de l'Arabie ou de l'Egypte. L'Inde est, dit-on, le berceau de beaucoup de fables, d'allégories, de religions. Les curiosités de la nature sont une source féconde pour l'imposture, elles convertit des phénomenes singuliers en prodiges. L'histoire naturelle d'un pays devient surnaturelle dans un autre.

Les faits comme les plantes s'alterent en s'éloignant de leur source : les vérités se changent en erreurs, & la distance des tems & des lieux faisant disparoître les causes occasionnelles des fausses opinions, donne aux mensonges populaires un droit imprescriptible sur la confiance des ignorans, & sur le silence des savans. Les uns n'osent douter, les autres disputer.

Quoiqu'il en soit des rapports qu'il peut y avoir entre la nourriture des Israélites & la boisson des Indiens, si la liqueur du coco ne s'évavanouit pas au soleil comme la manne, elle ne tarde pas à s'aigrir & à se convertir en un vinaigre fort utile. Distillée dans sa plus grande force, elle donne une eau-de-vie très-spiritueuse, & en la faisant bouillir avec un peu de chaux vive, on en tire du sucre de médiocre qualité, avec lequel on fait des confitures. Les arbres dont on exprime cette liqueur ne porte aucun fruit, parce qu'elle est le suc dont les noix se forment & se nourrissent.

Indépendamment de ce cocotier répandu dans toutes les contrées de l'Inde, les Moluques en avoient un particulier, qu'on nommoit sagu. Cet arbre nourrit les hommes, non de ses fruits, qui ne sont que la superfluité de la reproduction, mais de son tronc & de la substance même de sa vie. Il vient sans culture dans les forêts, se multipliant de lui-même par ses grains & ses rejettons. Il s'éleve jusqu'à la hauteur de trente pieds sur une grosseur d'environ six pieds. Le contour de cette circonférence est une écorce épaisse d'un pouce. L'intérieur de cette écorce est composé d'un tissu de fibres longues & entrelassées les unes dans les autres. Cette double enveloppe contient une espece de moëlle ou de gomme qui se réduit en farine. L'arbre qui ne semble croître que pour les besoins de l'homme, lui indique cette farine par une poussiere fine & blanche dont se couvre la feuille. C'est une marque certaine de la maturité du sagu. Les Indiens coupent alors cet arbre par le pied, & le dépecent en tronçons qui sont fendus par quartiers, pour en tirer la moëlle ou la farine qu'ils renferment. On délaye cette substance dans de l'eau, on la coule ensuite par une toile qui laisse passer la farine, & ne retient que les fibres ou le tissu capillaire. Après que l'eau s'est évaporée, on jette la pâte plus compacte dans des moulles de terre, où on la fait sécher ou durcir pour des années entieres. On mange le sagu simplement délayé avec de l'eau, quelquefois cuit & bouilli. L'humanité de Indiens réserve la fleur de cette farine aux vieillards & aux malades. Elle est quelquefois réduite en une gelée blanche & très-délicate.

Un peuple ennemi du travail, sobre, indépendant, avoit vécu des siecles avec la farine de sagu & l'eau de cocotier, quand les Chinois ayant abordé par hasard aux Moluques dans le moyen âge, y découvrirent le girofle & la muscade, deux épiceries précieuses que les anciens n'avoient pas connues. Le goût en fut bientôt établi aux Indes, d'où il passa en Perse & en Europe. Les Arabes qui tenoient alors dans leurs mains presque tout le commerce de l'univers, n'en négligerent pas une si riche portion. Ils se jetterent en foule vers ces isles devenues célebres, & ils s'en étoient approprié les productions, lorsque les Portugais qui les poursuivoient par-tout, vinrent leur arracher cette branche de leur industrie. Les intrigues imaginées pour faire échouer ces conquérans, n'empêcherent pas qu'on ne consentît à leur laisser bâtir un fort. Dès ce moment la cour de Lisbonne mit les Moluques au nombre de ses provinces, & elles ne tardèrent pas en effet à le devenir.

Tandis que les lieutenans d'Albuquerque enrichissoient leur patrie de productions uniques, ce général achevoit de soumettre le Malabar, qui avoit voulu profiter de son absence pour recouvrer quelque liberté. Tranquille après ses nouveaux succès dans le centre de ses conquêtes, il reprima la licence des Portugais : il rétablit l'ordre dans toutes les colonies ; il affermit la discipline militaire, & parut toujours actif, prévoyant, sage, juste, désintéressé, humain. L'idée de ses vertus avoit fait une impression si profonde sur l'esprit des Indiens, que long-tems après sa mort, ils alloient à son tombeau pour lui demander justice des vexations de ses successeurs. Il mourut à Goa en 1515, sans richesses, & dans la disgrace d'Emanuel auquel on l'avoit rendu suspect.

Si l'on doit être étonné du nombre de ses victoires & de la rapidité de ses conquêtes, quel droit n'ont pas à notre admiration les hommes intrépides auxquels il avoit l'honneur de commander ? Avoit-on vû jusqu'alors une nation avec aussi peu de puissance faire de si grandes choses ? Il n'y avoit pas quarante mille Portugais sous les armes, & ils faisoient trembler l'empire de Maroc, tous les barbares d'Afrique, les Mammelus, célèbre milice du soudan d'Egypte, les Arabes & tout l'orient, depuis l'isle d'Ormuz jusqu'à la Chine. Ils n'étoient pas un contre cent, & ils attaquoient des troupes qui souvent avec des armes égales disputoient leurs biens & leur vie jusqu'à l'extrêmité. Quels hommes devoient donc être alors les Portugais, & quels ressorts extraordinaires en avoient fait un peuple de héros ?

Il y avoit près d'un siecle qu'ils combattoient contre les Maures, lorsque le comte Henri de la maison de Bourgogne débarqua en Portugal avec plusieurs chevaliers François, dans le dessein d'aller faire la guerre en Castille sous le célebre Cid dont la réputation les avoit attirés. Les Portugais les inviterent à les seconder contre les Infideles ; les chevaliers y consentirent, & la plupart même s'établirent en Portugal. L'institution de la chevalerie, une de celles qui ont le plus élevé la nature humaine ; cet amour de la gloire substitué à celui de la patrie ; cet esprit épuré de la lie des siecles barbares, né des vices même du gouvernement féodal, pour en réparer ou tempérer les maux : la chevalerie reparut alors sur les bords du Tage avec tout l'éclat qu'elle avoit eu dans sa naissance en France & en Angleterre. Les rois chercherent à la conserver, à l'étendre par l'établissement de plusieurs ordres formés sur le modele des anciens, & dont l'esprit étoit le même, c'est-à-dire, un mélange d'héroisme, de galanterie & de dévotion.

Les rois élevoient encore l'esprit de la nation par la sorte d'égalité avec laquelle ils traitoient la noblesse, & par les limites qu'ils donnerent eux-mêmes à leur autorité. Ils assembloient souvent les états généraux. Ce fut d'eux qu'Alphonse reçut le sceptre après la prise de Lisbonne. Ce fut avec eux que ses successeurs donnerent longtems des loix. Plusieurs de ces loix étoient propres à inspirer l'amour des grandes choses. La noblesse étoit accordée à des services de distinction, à celui qui avoit tué ou pris un général ennemi, ou son écuyer, à celui qui, prisonnier chez les

Maures, avoit refusé de racheter sa liberté par le sacrifice de la religion. On l'ôtoit à quiconque insultoit une femme, rendoit un faux témoignage, manquoit de fidélité, *ou déguisoit la vérité au roi*.

Les guerres que les Portugais avoient soutenues pour défendre leurs biens & leur liberté étoient en même tems des guerres de religion. Ils étoient remplis de ce fanatisme féroce, mais brillant, que les papes avoient répandu dans le tems des croisades. Les Portugais étoient donc des chevaliers armés pour leurs biens, leurs femmes, leurs enfans & leurs rois, chevaliers comme eux. C'étoient des croisés qui combattoient pour leur patrie. Ajoutez encore qu'ils étoient une petite nation, une puissance foible, & ce n'est que dans les petits états souvent en danger qu'on sent pour la patrie un enthousiasme que n'ont jamais connu les grands peuples qui jouissent de plus de sécurité.

Les principes d'activité, de force, d'élévation, de grandeur qui étoient réunis à la fois dans cette nation, ne se perdirent pas après l'expulsion des Maures. On alla chercher ces ennemis de l'état & de la foi en Afrique. On eut quelques guerres contre les rois de Castille & de Léon; & pendant le tems qu'ils précéderent les expéditions de l'Inde, la noblesse éloignée des villes & de la cour conservoit dans ses châteaux les portraits & les vertus de ses peres.

Dès qu'il fut question de tenter des conquêtes en Afrique & dans l'Inde, une passion nouvelle s'unit à tous les ressorts dont nous venons de parler, pour ajouter encore de la force au génie des Portugais. Cette passion qui devoit d'abord exalter toutes les autres, mais anéantir bientôt leur principe généreux, fut la cupidité. Ils partitirent en foule pour aller s'enrichir, servir l'état & faire des conversions. Ils parurent dans l'Inde plus que des hommes jusqu'à la mort d'Albuquerque. Alors les richesses qui étoient l'objet & le fruit de leurs conquêtes corrompirent tout. Les passions nobles disparurent avec le luxe & les jouissances, qui ne manquent jamais d'énerver les forces du corps & les vertus de l'ame. La foiblesse des successeurs du grand Emmanuel, les hommes médiocres qu'il choisit lui-même pour vice-rois des Indes, firent dégénérer peu-à-peu les Portugais.

Cependant Lopès Soarez qui prit la place d'Albuquerque succéda à ses projets. Il abolit une coutume barbare établie dans le pays de Travancor près de Calicut. Ces peuples consultoient des sorciers sur la destinée de leurs enfans. Si les devins promettoient à ces enfans une destinée heureuse, on les laissoit vivre : s'ils les menaçoient de quelques grands malheurs, on les égorgeoit. Soarez fit conserver ces enfans. Il eut à lutter quelque tems contre les mouvemens dont sa nation étoit menacée aux Indes. Lorsqu'il fut délivré de cette inquiétude, il ne songea plus qu'à s'ouvrir la route de la Chine.

Le grand Albuquerque en avoit formé le dessein. Il avoit rencontré à Malaca des vaisseaux & des négocians Chinois, & il avoit pris la plus haute idée d'une nation dont les derniers matelots avoient plus de politesse, d'égards, d'attachement aux bienséances, de douceur & d'humanité, qu'il n'y en avoit alors en Europe dans la noblesse même, & qu'il n'y en a peut-être aujourd'hui. Il invita les Chinois à continuer leur commerce dans Malaca. Il apprit d'eux des détails sur la puissance, la richesse, les mœurs de leur vaste empire, & il fit part de ses découvertes à la cour de Portugal.

On n'avoit aucune idée en Europe de la nation Chinoise. Le Vénitien Marc-Paul qui avoit fait par terre le voyage de la Chine, en avoit donné une relation qui avoit passé pour fabuleuse. Elle étoit conforme cependant à ce que manda depuis d'Albuquerque. On ajouta foi à celle-ci, & à ce qu'il disoit du riche commerce qu'on pourroit faire dans cette contrée.

Une escadre partit de Lisbonne en 1518 pour y porter un ambassadeur. Quand elle fut arrivée aux isles voisines de Canton, elle ne tarda pas à être entourée de vaisseaux Chinois qui vinrent la reconnoître. Ferdinand d'Andreade qui en étoit le chef ne se mit point en défense : il se laissa visiter tant qu'on voulut ; il fit part aux Mandarins qui commandoient à Canton du sujet de son arrivée, & il leur remit l'ambassadeur, qui fut conduit à Pékin.

Cet ambassadeur rencontroit dans sa route des merveilles qui l'étonnoient à tout moment. La régularité, la grandeur des villes, la multitude des villages, la beauté des chemins, la quantité de canaux, dont les uns sont navigables & traversent l'empire, & les autres contribuent à la fertilité des terres ; l'art de cultiver ces terres, leurs productions, l'architecture si différente de la nôtre, la simplicité dans les édifices particuliers, la magnificence dans les édifices publics, l'extérieur sage & doux des peuples, ce commerce continuel de bons offices dont les campagnes, les grands chemins donnent le spectacle ; le bon ordre au milieu d'un peuple sans nombre & dans un mouvement continuel, qui entretient une industrie toujours en activité : tout cela dût étonner l'ambassadeur Portugais accoutumé aux mœurs barbares & ridicules de l'Europe.

Cet empire borné au nord par la Tartarie Russienne, au midi par les Indes, à l'occident par le Thibet, à l'orient par l'Océan, embrasse presque toute l'extrêmité orientale du continent de l'Asie. On lui donne une durée suivie de quatre mille ans, & cette antiquité n'a rien de surprenant. C'est la guerre, le fanatisme, le malheur de notre situation, qu'il faut accuser de la briéveté de notre histoire, & de la petitesse de nos nations, qui se sont succédées & détruites avec rapidité; comme ces torrens périodiques qui, se précipitant tous les ans des montagnes, ne laissent que des sables & des cailloux dans les plaines qu'ils traversent. Mais les Chinois enfermés & garantis de tous côtés par les eaux & les déserts, ont pu comme l'ancienne Egypte former un état durable. Dès que les bords de la mer & le milieu de leur continent ont été peuplés & cultivés, tout ce qui les environnoit a dû se réunir comme à un centre d'attraction, & les petites peuplades errantes ou cantonnées ont dû s'attacher de proche en proche à une nation qui ne parle presque jamais des conquêtes qu'elle a faites, mais des guerres qu'elle a souffertes : plus heureuse d'avoir policé ses vainqueurs, que si elle eut détruit ses ennemis.

Tout ce qu'elle possede porte l'empreinte de la création, & les traces antiques & profondes de l'industrie. Le globe y présentoit ces inégalités que sa surface offre dans tout le contour de sa circonférence. Les plaines y ont été réduites au niveau par les travaux des hommes, & ne conservent que la pente qu'exigeoit le cours des eaux pour la facilité des arrosemens regardés avec raison comme un des grands moyens de l'agriculture.

Ce premier des arts y est tellement subordonné à la population, qu'on ne voit dans les champs ni fossés ni haies, & qu'on n'y voit que peu d'arbres mêmes utiles : ils déroberoient trop de suc à la semence des grains. Comment y trouroit-on ces jardins remplis de fleurs, de gazons, de bosquets, de jets-d'eau, dont la vue rejouissant des spectateurs oisifs, semble interdire au peuple & cachée à ses yeux, comme un larcin qu'on a fait à sa subsistance ? Encore moins y plante-t-on ces parcs & ces forêts immenses qui fournissent moins de bois qu'ils ne détruisent de guerêts & de moissons par les bêtes qu'on y enferme pour le plaisir des grands & les larmes du peuple. Jamais un usage si contraire à l'esprit public & social n'auroit pu plaire à un Mandarin, à un ministre, à l'empereur même. Le charme de leurs maisons de plaisance se réduit à une situation heureuse & à des cultures agréablement diversifiées.

Les côteaux que les Européens couvrent de vignobles, à la Chine sont forcés de rapporter du grain. Ce n'est pas qu'on n'y connoisse la vigne ; mais le gouvernement croiroit être barbare de priver le peuple de la denrée la plus nécessaire, pour procurer une boisson agréable aux gens les plus riches. L'état veut multiplier les hommes, & c'est par ce principe d'humanité qu'il s'occupe de la culture des grains, à l'exclusion des vignes. Les collines d'un bout de l'empire à l'autre sont coupées par étages du pied jusqu'au sommet, comme un amphitéâtre formé de terrasses. Elles montent en se rétrécissant, séparées les unes des autres par une muraille séche qui les soutient. On y pratique des réservoirs où se ramassent les eaux des pluies & des sources. Souvent même la riviere qui baigne le pied de la colonie en arrose la cime & la croupe, par un effet de cette industrie qui, simplifiant & multipliant les machines, a diminué le nombre des bras, & fait avec deux hommes ce que mille ne savent point faire ailleurs.

Les montagnes qui se refusent à la culture sont couvertes d'arbres grands, forts & droits propres à la charpente des édifices, à la construction des vaisseaux. Plusieurs sont remplies de mines de fer, d'étain, de cuivre, de mercure, d'or & d'argent. Ces dernieres ne sont plus exploitées depuis long-tems, soit qu'elles ne se soient pas trouvées assez abondantes pour payer les travaux qu'elles exigeoient, soit qu'on ait estimé la vie des hommes plus que l'argent. Quant à l'or, les Chinois n'en ont jamais recueilli que ce que les torrens en rouloient parmi le sable, & c'est un profit considérable qui coûte peu de peine.

La mer qui change de bords comme les rivieres de lit, mais dans des espaces proportionnés aux masses d'eau; la mer qui fait un pas en dix siecles, mais dont chaque pas fait cent révolutions sur ce globe, couvroit autrefois les sables qui forment aujourd'hui le Nankin & le Tche-kiang. Ce sont les plus belles provinces de l'empire. Les Chinois ont repoussé, contenu, maîtrisé l'océan, comme les Egyptiens domptèrent le Nil. Ils ont rejoint au continent des terres que les eaux en avoient séparées. Ils luttent encore contre ce mouvement supérieur qui, tenant au systême des cieux, chasse la mer d'orient en occident. Les Chinois opposent à l'action de l'univers la réaction de l'industrie ; & tandis que les nations les plus célebres ont secondé par la fureur des conquêtes les mains dévorantes du tems dans la dévastation du globe, ils combattent & retardent les progrès successifs de la destruction universelle par des efforts qui paroîtroient surnaturels, s'ils n'étoient continuels & sensibles.

A la culture de la terre, cette nation ajoute pour ainsi dire la culture des eaux. Du sein des rivieres qui communiquant entr'elles par des canaux coulent le long des villes innombrables de l'empire, on voit s'élever des cités flottantes formées du concours d'une infinité de bateaux remplis d'un peuple qui ne vit que sur les eaux, & ne s'occupe que de la pêche. L'océan lui-même est couvert & sillonné de ces milliers de barques dont les mâts ressemblent de loin à des forêts mouvantes. Anson reproche aux pêcheurs établis sur ces bâtimens de ne s'être pas distraits un moment de leur travail, pour considérer son vaisseau, le plus grand qui jamais eut mouillé dans ces parages. Mais cette insensibilité pour une chose qui paroissoit inutile aux matelots Chinois, quoiqu'elle ne fut pas étrangere à leur profession, prouve peut-être le bonheur d'un peuple qui compte pour tout l'occupation, & la curiosité pour rien : l'une est l'aliment de l'ame, l'autre n'en est que la faim.

Les Chinois s'attachent de préférence aux objets de l'utilité la plus directe. Comme ils travaillent sans cesse la terre, ils la font travailler sans relâche. Quoiqu'ils ayent comme les autres nations des terreins bons & mauvais, ils suppléent partout à la nature par la culture. Où le soc ne suffit pas, la bêche est employée ; & des sillons profondément creusés récompensent au double la peine du laboureur. Les terres du nord produisent ordinairement du bled ; celles du midi du ris, toutes une abondance prodigieuse de légumes.

Les prairies ne sont pas en honneur à la Chine. On y a calculé qu'un champ rendoit autant de paille pour les bestiaux, qu'un pré de la même grandeur auroit fourni de foin ; & l'on a conclu qu'il valoit mieux avoir trop de bled, & nourrir quelques animaux du superflu des grains, que de laisser mourir de faim un seul homme devant un tas de fourage. Cependant on éleve des buffles pour le labourage, mais on a moins de bœufs & de chevaux que nous. Le bœuf pourroit servir à la nourriture des hommes, qui doit être considérable dans un pays où elle est proportionnée à la grandeur, à la continuité des travaux ; mais on la trouve dans le poisson, les légumes & les confitures. Le cheval est commode pour voiturer les marchandises & les hommes ; mais les canaux creusés dans tout l'empire de la Chine, & multipliées d'un fleuve à l'autre, rendent les transports & les voyages d'une facilité surprenante. Dans les villes, l'empereur & les magistrats sont portés en palanquin par des citoyens qui rendent en êtres libres des services d'esclaves. On ne regarde point comme avilissante une fonction dont on pourroit charger des animaux, mais dont un homme peut vivre. Pour le faire subsister, tout engrais est conservé, tout engrais est mis à profit avec une vigilance extrême, & ce qui sort de la terre féconde y rentre pour la féconder encore. Le grand système de la nature qui se reproduit dans ses débris est mieux entendu, mieux suivi à la Chine que dans tous les autres pays du monde. On n'y dit pas que les cieux ont été faits pour l'homme, mais que la terre est à son usage, & que cet usage dépend de son travail.

Il n'y a donc point d'état où l'agriculture soit aussi florissante qu'à la Chine. Cet avantage, le plus grand dont puisse jouir une société, sort de plusieurs sources également respectables.

La premiere est le caractere de la nation la plus laborieuse que l'on connoisse, & l'une de celles dont la constitution physique exige le moins de repos. Tous les jours de l'année sont pour elle des jours de travail, excepté le premier destiné aux visites réciproques des familles, & le dernier consacré à la mémoire des ancêtres. L'un est un devoir de société, l'autre un culte domestique. Chez ce peuple de sages, tout ce qui lie & civilise les hommes est religion, & la religion elle-même n'est que la pratique des vertus sociales. C'est un peuple mûr & raisonnable, qui n'a besoin que du frein des loix pour être juste. Le culte intérieur est l'amour de ses peres vivans ou morts; le culte public est l'amour du travail, & le travail le plus religieusement honoré, c'est l'agriculture.

On y révere la générosité de deux empereurs, qui préférant l'état à leur famille, écarterent leurs propres enfans du trône, pour y faire asseoir des hommes tirés de la charrue. On y vénere la mémoire de ces laboureurs, qui jetterent les germes du bonheur & de la stabilité de l'empire dans le sein fertile de la terre, source intarissable de la reproduction des moissons, & de la multiplication des hommes.

A l'exemple de ces rois agricoles, tous les empereurs de la Chine le sont devenus par état. Une de leurs fonctions publiques est d'ouvrir la terre au printems avec un appareil de fête & de magnificence qui attire des environs tous les cultivateurs. Ils courent en foule pour être témoins de l'honneur solemnel que le prince rend au premier de tous les arts. Ce n'est plus comme dans les fables de la Grece, un Dieu qui garde les troupeaux d'un roi : c'est le pere des peuples qui, la main appesantie sur le soc, montre à ses enfans les véritables trésors de l'état. Bientôt après il revient au champ qu'il a labouré lui-même y jetter les semences que la terre demande. Dans le même tems les vice-rois répétent dans toutes les provinces les mêmes cérémonies en présence d'une multitude de laboureurs. Les Européens qui ont été témoins de ces solemnités à Canton, ne peuvent en parler sans attendrissement. Ils nous font regretter que cette fête politique dont le but est d'encourager au travail, ne soit pas substituée dans nos climats à tant de fêtes religieuses, qui semblent inventées par la fainéantise pour la stérilité des campagnes.

Ce n'est pas qu'on doive se persuader que la cour de Pékin se livre sérieusement à des travaux champêtres : les arts de luxe sont trop avancés à la Chine, pour que ces démonstrations ne soient pas une pure cérémonie. Mais la loi qui force le prince à honorer ainsi la profession des laboureurs, doit tourner au profit de l'agriculture. Cet hommage rendu par le souverain à l'opinion publique, contribue à la perpétuer ; & l'influence de l'opinion est le premier de tous les ressorts du gouvernement.

Cette influence est entretenue à la Chine par les honneurs accordés à tous les laboureurs qui se distinguent dans la culture des terres. Si quelqu'un d'eux a fait une découvertes utile à sa profession, il est appellé à la cour pour éclairer le prince, & l'état le fait voyager dans toutes les provinces pour former les peuples à ses méthodes. Enfin, dans un pays où la noblesse n'est pas un souvenir héréditaire, mais une récompense personnelle : dans un pays où l'on ne distingue ni la noblesse, ni la roture, mais le mérite, la plupart des magistrats & des hommes élevés aux premieres charges de l'empire, sont choisis dans des familles de laboureurs, qui le plus souvent ont assez d'aisance pour donner de l'éducation à leurs enfans.

Ces encouragemens qui tiennent aux mœurs sont encore appuyés par les meilleures institutions politiques. Tout ce qui de sa nature ne peut être partagé, comme la mer, les fleuves, les canaux, est commun, tous en ont la jouissance, personne n'en a la propriété. La navigation, la pêche, la chasse sont libres. Les biens sont indépendans comme les hommes. Il n'y a ni servitude réelle, ni servitude personnelle. Un citoyen qui possede un champ acquis ou transmis ne se le voit pas disputer par les abus tyranniques des loix féodales. Les prêtres même si hardis par-tout à former des prétentions, ne l'ont jamais tenté à la Chine. Un peuple éclairé n'auroit pas manqué de voir un fou dans un bonze, qui auroit soutenu que les aumônes qu'il recevoit étoient une prérogative inséparable de son caractere. Le ciel n'a donné dans ce pays d'autre droit que celui du travail sur la subsistance.

La modicité des impôts acheve d'assurer les progrès de l'agriculture. Tout ce que les productions de la terre payent à l'état se réduit depuis le dixieme jusqu'au trentieme du revenu, suivant la qualité du sol. La monarchie n'a jamais connu d'autre tribut. Les chefs ne songent pas à l'augmenter ; ils n'oseroient combattre à ce point l'usage & l'opinion, qui font tout à la Chine. Sans doute quelques empereurs, quelques ministres auront tenté de changer l'ordre à cet égard; mais comme c'est une entreprise longue, & qu'il n'y a pas d'homme qui puisse se flatter de vivre assez pour en voir le succès, on y aura renoncé. Les méchans veulent jouir sans délai, & c'est ce qui les distingue des bons citoyens. Ceux-ci méditent des projets, répandent des vérités utiles, sans espérance de les voir eux-mêmes prospérer; mais ils aiment les générations à naître comme celle qui existe.

Ainsi, par des circonstances heureuses, la Chine ignore l'oppression de l'impôt. Des Mandarins le perçoivent en nature. Sa destination prévient les infidélités. On fait qu'une partie de cette redevance est employée à la nourriture du magistrat & du soldat. Le prix de la portion qu'on en a vendu est porté dans le trésor de l'état, d'où il ne sort que pour les besoins publics. Enfin, il en reste dans les magasins pour les tems de disette, où l'on rend au public ce qu'il avoit comme prêté dans les tems d'abondance.

Une administration si simple, si paternelle répand un air d'aisance dans tout l'empire. Les Chinois sont bien nourris & vêtus convenablement. Des toiles grossieres de coton teintes quelquefois en noir, & plus souvent en bleu, forment l'habillement ordinaire du bas peuple. Les citoyens au-dessus sont vêtus de soie. La laine est d'un usage assez commun dans les provinces septentrionales. On n'est pas parvenu à en fabriquer de beaux draps dans un pays où la soie est née & couvre les campagnes; mais les étoffes ordinaires de laine ne sont guere inférieures aux nôtres.

Au dernier dénombrement, la Chine avoit

59, 798, 364 hommes en état de porter les armes, sans compter les Mandarins & les Bonzes. Il n'y a point dans l'univers de région qui contienne autant de monde dans la même étendue de terrein. La population y est si excessive, que la politique devroit peut-être prendre autant de soins pour l'arrêter, qu'elle en prend ailleurs pour l'augmenter. Les annales de cet empire attestent qu'il y a peu de mauvaises récoltes qui n'occasionnent des révoltes. Les désordres que ces émeutes entraînent ne peuvent qu'accroître de mille manieres le mal qui les a fait naître. Il se perd beaucoup de ces subsistances qu'on se dispute les armes à la main. L'état, comme un corps soulagé, mais affoibli, se trouve au sortir de ces agitations moins peuplé qu'il ne pourroit l'être sans danger. A la vérité, ce qui reste d'habitans après les massacres, repeuple aisément dans les douceurs d'une paix qu'aucun voisin ne trouble ; mais la population devenant encore surabondante, l'empire trop épris de son pays, de ses loix & de ses mœurs, pour fonder des colonies qui tôt ou tard dégénéroient en secouant le joug, retombe dans les convulsions qui résultent de sa vigueur même, & vit ainsi dans une fermentation continuelle.

Il ne faut pas chercher ailleurs les causes qui bornent à la Chine les progrès du despotisme. Ces révolutions fréquentes supposent un peuple assez éclairé pour sentir que le respect pour le droit de propriété, que la soumission aux loix ne sont que des devoirs du second ordre subordonnés aux droits imprescriptibles de la nature, qui n'a dû former les sociétés que pour les besoins de tous les hommes qui les composent. Lorsque ces choses de premiere nécessité viennent à manquer, les Chinois ne reconnoissent plus une puissance qui ne les nourrit pas. C'est le pouvoir de conserver qui fait le droit des rois. Ni la religion, ni sa morale ne dictent d'autres maximes à la Chine.

L'empereur sait qu'il regne sur une nation qui n'est attachée aux loix qu'autant qu'elles font son bonheur. Il sait que s'il se livroit un moment à cet esprit de tyrannie, ailleurs si commun, des secousses violentes le précipiteroient du trône. Ainsi placé à la tête d'un peuple qui l'observe & qui le juge, il ne s'érige pas en phantôme religieux à qui tout est permis. Il ne déchire pas le contrat inviolable qui l'a mis sur le trône. Il est si convaincu que le peuple connoît ses droits & les sait défendre, que lorsqu'une province murmure contre le Mandarin qui la gouverne, il le révoque sans examen, & le livre à un tribunal qui le poursuit s'il est coupable. Mais fut-il innocent, il ne seroit pas remis en place. C'est un crime en lui d'avoir pu déplaire au peuple. On le traite comme un instituteur ignorant qui priveroit un pere de l'amour que ses enfans lui portent.

Cette nécessité où est le prince d'être juste doit le rendre plus sage & plus éclairé. Il est à la Chine ce qu'on veut faire croire aux autres princes qu'ils sont par-tout, l'idole de la nation. Il semble que les mœurs & les loix y tendent de concert à établir cette opinion fondamentale, que la Chine est une famille dont l'empereur est le chef. Ce n'est pas comme conquérant, ce n'est pas comme législateur, qu'il a de l'autorité, c'est comme pere : c'est en pere qu'il est censé gouverner, récompenser & punir. Ce sentiment délicieux lui donne plus de pouvoir que tous les soldats du monde & les artifices des ministres n'en peuvent donner aux despotes des autres nations. On ne sauroit imaginer quel respect, quel amour les Chinois ont pour leur empereur, c'est à-dire, pour le pere, ou comme ils le disent, pour le grand pere, pour le pere universel.

Ce culte public est fondé sur celui qui est établi par l'éducation domestique. A la Chine, un pere, une mere conservent une autorité absolue sur leurs enfans, à quelque âge, à quelque dignité qu'ils soient parvenus. Le pouvoir paternel & l'amour filial sont le ressort de cet empire : c'est le soutien des mœurs : c'est le lien qui unit le prince aux sujets, les sujets au prince, & les citoyens entr'eux. Le gouvernement des Chinois est revenu par les dégrés de sa perfection au point d'où tous les autres sont partis, & semblent s'éloigner au gouvernement patriarchal, qui est celui de la nature même.

L'empire ne passe pas à l'aîné des princes, mais à celui que l'empereur & le conseil suprême des Mandarins en jugent le plus digne. Ainsi l'émulation de la gloire & de la vertu regne-t-elle jusques dans la famille impériale. C'est le mérite qui brigue le trône, & c'est par les talens qu'un héritier y parvient. Des empereurs ont mieux aimé chercher des successeurs dans une maison étrangere, que de laisser les rênes du gouvernement en des mains foibles.

Les vice-rois & les magistrats participent à l'amour du peuple comme à l'autorité du monarque. Le peuple a même une mesure d'indulgence pour les fautes d'administration qui leur échappent, comme il en a pour celles du chef de l'empire. Il n'est pas enclin aux séditions, comme on doit l'être dans nos contrées. On ne voit pas à la Chine un corps de noblesse qui puisse former *philosophique & politique.*

ou conduire des factions. Les Mandarins sont des philosophes de la secte de Confucius, qui ne tenant point à des familles riches & puissantes, n'ont d'autre appui que celui que leur donne le trône. Ils sont élevés dans une doctrine qui inspire l'humanité, l'amour de l'ordre, la bienfaisance, le respect pour les loix. Ils répandent sans cesse ces sentimens dans le peuple, & lui font aimer chaque loi, parce qu'ils lui en montrent l'esprit & l'utilité. Le prince même ne donne pas un édit qui ne soit une instruction de morale & de politique. Le peuple s'éclaire nécessairement sur ses intérêts & sur les opérations du gouvernement qui s'y rapportent. Plus éclairé, il doit être plus tranquille.

La superstition qui par-tout ailleurs agite les nations, affermit le despotisme ou renverse les trônes : la superstition est sans pouvoir à la Chine. Les loix la tolèrent : mais elle ne donne jamais des loix. Pour avoir part au gouvernement, il faut être de la secte des lettrés, qui n'admet aucune superstition. On ne permet pas aux Bonzes de fonder sur les dogmes de leurs sectes les devoirs de la morale, & par conséquent d'en dispenser. La Chine est pourtant remplie de ces hommes vils, révérés de la populace, & méprisés de la cour ; mais s'ils corrompent une partie de la nation, ce n'est pas du moins celle dont l'exemple & l'autorité influent sur les mœurs.

Rien n'est plus difficile que de les changer, parce qu'elles sont inspirées par l'éducation, peut-être la meilleure que l'on connoisse. On ne se presse point d'instruire les enfans avant l'âge de cinq ans. Alors on leur apprend à écrire, & ce sont d'abord des mots, ou des hiérogliphes, qui leur rappellent des choses sensibles, dont on tâche en même tems de leur donner des idées justes. Ensuite on leur fait apprendre une suite de vers qui contiennent des maximes de morale, dont on leur montre l'application dans un âge plus avancé : on leur fait apprendre la philosophie de Confucius. Telle est l'éducation des hommes du peuple. Celle des enfans qui peuvent prétendre aux honneurs commence de même ; mais on y ajoute bientôt d'autres études qui ont pour objet la conduite de l'homme dans les différens états de la vie.

Les mœurs à la Chine sont prescrites par les loix, & maintenues par les manieres que prescrivent aussi les loix. Les Chinois sont le peuple de la terre qui a le plus de préceptes sur les actions les plus ordinaires. Le code de leur politesse est fort long, & les dernieres classes des citoyens en sont instruits, & s'y conforment comme les Mandarins & la cour.

Les loix de ce code sont instituées ainsi que toutes les autres pour perpétuer l'opinion que la Chine n'est qu'une famille, & pour prescrire aux citoyens les égards & les prévenances mutuelles que des freres doivent à des freres. Ces rites, ces manieres rappellent continuellement aux mœurs. Elles mettent quelquefois, il est vrai, la cérémonie, à la place du sentiment; mais combien souvent ne le font-elles pas revivre. Elles sont une sorte de culte qu'on rend sans cesse à la vertu. Ce culte frappe les yeux des jeunes gens. Il nourrit en eux le respect pour la vertu même, & si, comme tous les cultes, il fait des hypocrites, il entretient aussi un zele véritable. Il y a des tribunaux érigés pour punir les fautes contre les manieres, comme il y en a pour juger des crimes & des vertus. On punit le crime par des peines douces & modérées ; on récompense la vertu par des honneurs. Ainsi l'honneur est un des ressorts qui entrent dans le gouvernement de la Chine. Ce n'est pas le ressort principal, il y est plus fort que la crainte, & plus foible que l'amour.

Avec de pareilles institutions, la Chine doit être le pays de la terre où les hommes sont le plus humains. Aussi voit-on l'humanité des Chinois jusques dans ces occasions où la vertu semble n'exiger que de la justice, & la justice que de la rigueur. Les prisonniers sont détenus dans des logemens propres & commodes, où ils sont bien traités jusqu'au moment de leur sentence. Souvent toute la punition d'un homme riche se réduit à l'obligation de nourrir ou de vêtir pendant quelque tems chez lui des vieillards & des orphelins. Nos romans de morale & de politique sont l'histoire des Chinois. Ils ont tellement réglé les actions de l'homme, qu'ils n'ont presque pas besoin de sentimens. Cependant ils inspirent les uns pour donner du prix aux autres.

L'esprit patriotique, ce que les Anglois appellent *public spirit*, cet esprit, sans lequel les états sont des peuplades, & non pas des nations, est plus fort, plus actif à la Chine, qu'il ne l'est peut-être dans aucune république. C'est une chose commune que de voir des Chinois réparer les grands chemins par un travail volontaire, des hommes riches y bâtir des abris pour les voyageurs ; d'autres y planter des arbres. Ces actions publiques qui ressentent plutôt l'humanité bienfaisante que l'ostentation de la générosité, ne sont pas rares à la Chine.

Il y a des tems où elles ont été communes, d'autres tems où elles l'ont été moins ; mais la corruption amenoit une révolution, & les mœurs se réparoient. La derniere invasion des Tartares les avoit changées : elles s'épurent à mesure que les princes de cette nation conquérante quittent les superstitions de leur pays, pour adopter l'esprit du peuple conquis, & qu'ils sont instruits par les livres que les Chinois appellent canoniques.

On ne doit pas tarder à voir tout-à-fait revivre le caractere estimable de la nation; cet esprit de fraternité, de famille; ces liens aimables de la société qui forment dans le peuple la douceur des mœurs & l'attachement inviolable aux loix. Cette espérance est due à l'usage où on est de n'élever aux emplois que des hommes de la secte des lettrés, dont l'unique occupation est de s'instruire des principes de la morale & du gouvernement. Tant que les vraies lumieres seront honorées, tant qu'elles conduiront aux honneurs, il y aura dans le peuple de la Chine un fonds de raison & de vertu qu'on ne verra pas dans les autres nations.

Si l'on prenoit pour l'ouvrage de l'enthousiasme ce tableau des mœurs & du gouvernement d'un peuple heureux, il suffiroit de citer un grand fait qui prouveroit tous les autres. La population n'est-elle pas la mesure de la sagesse de l'administration, & la marque infaillible de la prospérité d'une nation ? La population est excessive à la Chine. Le reste de la terre nous offre des contrées immenses où la tyrannie a étouffé dans tous les tems le germe de la vie; quelques-unes qu'elle a changées en déserts; d'autres où l'on fait aujourd'hui des efforts violens pour lever les obstacles qui s'opposent à la multiplication; tous ces gouvernemens démontrent l'excès du mal. La Chine trop peuplée pour nourrir ses laborieux habitans, est le seul pays du monde qui prouve qu'il peut y avoir un excès dans le bien.

Cependant il faut avouer que la plupart des connoissances fondées sur des théories un peu compliquées, n'y ont pas fait les progrès qu'on devoit naturellement attendre d'une nation ancienne, active, appliquée, & qui depuis très-long-tems en tenoit le fil. Cette énigme n'est pas inexplicable. La langue des Chinois demande une étude longue & pénible qui occupe des hommes tout entiers durant leur vie. Les rites, les cérémonies qui les font mouvoir donnent plus d'exercice à la mémoire qu'au sentiment. Leurs manieres arrêtent les mouvemens de l'ame, & en affoiblissent les ressorts. Trop occupés des objets d'utilité, ils ne peuvent pas s'élancer dans la carriere de l'imagination. Un respect outré pour l'antiquité les asservit à tout ce qui est établi. Toutes ces causes réunies ont dû ôter aux Chinois l'esprit d'invention. Il leur faut des siecles pour perfectionner quelque chose, & quand on pense à l'état où on trouva chez eux les arts & les sciences il y a trois cens ans, on est convaincu de l'étonnante durée de cet empire.

Un des arts que les Chinois ont le moins perfectionné est celui de la guerre. Ils ont une milice innombrable, mais ignorante, & qui ne fait qu'obéir, elle manque de tactique plus que de courage. Dans les guerres contre les Tartares, les Chinois n'ont point su combattre, & se sont fait tuer. L'amour pour leur gouvernement, pour leur patrie, pour leurs loix, doit leur tenir lieu d'esprit guerrier, mais il ne leur tient pas lieu de bonnes armes & de la science de la guerre.

Tel est l'empire de la Chine dont on parle tant, sans le connoître assez. Tel il étoit lorsque les Portugais y aborderent. Ils pouvoient y prendre des leçons de sagesse & de gouvernement ; mais ils ne penserent qu'à en tirer des richesses & à y répandre leur religion. Thomas Perès, leur ambassadeur, trouva la cour de Pékin disposée en faveur de sa nation, dont la gloire remplissoit l'Asie. Elle avoit l'estime des Chinois, & la conduite de Ferdinand d'Andreade qui commandoit l'escadre Portugaise devoit encore augmenter cette estime. Il parcourut les côtes de la Chine ; il y fit le commerce. Lorsqu'il voulut partir, il fit publier dans les ports où il avoit relâché, que si quelqu'un avoit à se plaindre des Portugais, il eut à le déclarer, & qu'il en auroit satisfaction. Les ports de la Chine alloient leur être ouverts : Thomas Perès alloit conclure un traité, lorsque Simon d'Andreade, frere de Ferdinand, parut sur les côtes avec une nouvelle escadre. Celui-ci traita les Chinois comme depuis quelque tems les Portugais traitoient tous les peuples de l'Asie. Il bâtit sans permission un fort dans l'isle de Taman, & delà il se mit à piller ou à rançonner tous les vaisseaux qui sortoient des ports de la Chine, & ceux qui y arrivoient. Il enleva des filles sur la côte ; il fit des Chinois esclaves ; il se livra au brigandage le plus effréné & à la plus honteuse dissolution. Ses matelots & ses soldats suivirent son exemple. Les Chinois irrités équipperent une flotte nombreuse : les Portugais se défendirent vaillamment, & s'échapperent en se faisant jour à travers la flotte ennemie. L'empereur fit mettre Thomas Perès en prison, où il mourut, & la nation Portugaise fut bannie de la Chine pendant quelques années. Depuis les Chinois s'adoucirent, & il fut permis aux Portugais de faire le commerce dans le port de Sanciam. Ils y apportoient de l'or, qu'ils tiroient d'Afrique, des épiceries des Moluques, & de Ceylan des dents d'éléphant & quelques pierreries. Ils en tiroient des étoffes de soie de toute espece, des porcelaines, des vernis, des plantes médecinales, & le thé, qui est depuis devenu si nécessaire en Europe aux nations du nord.

Les Portugais se contentoient des loges & des comptoirs qu'ils avoient à Sanciam, & de la liberté que le gouvernement de la Chine accordoit à leur commerce, lorsqu'il s'offrit une occasion de se procurer un établissement plus solide & moins dépendant des Mandarins qui commandoient sur la côte.

Un pirate nommé Tehang-si-lao, devenu puissant par ses brigandages, s'étoit emparé de la petite isle de Macao, d'où il tenoit bloqués les ports de la Chine. Il fit même le siege de Canton. Les Mandarins des environs eurent recours aux Portugais, qui avoient des vaisseaux à Sanciam; ils accoururent au secours de Canton, & ils en firent lever le siege. Ils remporterent une victoire complette sur le pirate, qu'ils poursuivirent jusques dans Macao, où il se tua.

L'empereur de la Chine informé du service que les Portugais venoient de lui rendre en eut de la reconnoissance, & leur fit présent de Macao. Ils accepterent cette grace avec joie, & ils bâtirent une ville qui devint florissante. Cette place fut avantageuse au commerce qu'ils firent bientôt dans le Japon.

Ce fut dans ce tems qu'une tempête jetta par bonheur sur les côtes de ces isles un vaisseau Portugais. Ceux qui le montoient furent accueillis. On leur donna tout ce qu'il falloit pour se rafraîchir & se radouber. Arrivés à Goa, ils rendirent compte de ce qu'ils avoient vu, & ils apprirent au vice-roi qu'une nouvelle contrée fort riche & fort peuplée s'offroit au zele des missionnaires, à l'industrie des négocians. Les uns & les autres prirent la route du Japon.

Ils trouverent un grand empire qui ne cédoit point à celui de la Chine par ses richesses, par la magnificence de ses édifices, & par la fertilité de ses terres. Les Japonois sembloient même plus industrieux que les Chinois en beaucoup de choses. Dans l'art de travailler leurs métaux, & sur-tout l'acier, ils avoient une intelligence que les Chinois n'avoient pas. Leur police étoit à peu près aussi parfaite ; mais le gouvernement & les mœurs des deux nations ne se ressembloient pas.

Les grandes isles qui composent cet empire, placées sous un ciel orageux, environnées de tempêtes, agitées par des volcans, sujettes à ces grands accidens de la nature qui impriment la terreur, étoient remplies d'un peuple que la superstition dominoit. Elle s'y divise en plusieurs sectes. Celle du Sintos est la religion du pays, l'ancienne religion. Elle reconnoît un être suprême, l'immortalité de l'ame, & elle rend un culte à une multude de dieux, de saints ou de camis, c'est-à-dire, aux ames des grands hommes qui ont servi & illustré la patrie. Le grand prêtre de cette religion, sous le nom de Dairi, gouvernoit le Japon. Il étoit de la race des dieux, & en cette qualité il regnoit despotiquement sur ses sujets. Empereur & grand pontife, il avoit rendu à quelques égards la religion utile à ses peuples, ce qui n'est pas impossible dans les pays où le sacerdoce est uni à l'empire.

Dans ces isles extraordinairement peuplées & peu fertiles en pâturages, il étoit défendu par la religion de se nourrir de la chair des animaux, & sur-tout de ceux qu'employe l'agriculture.

On ne voit pas que la secte du Sintos ait eu la manie d'ériger en crimes des actions innocentes en elles-mêmes, manie si dangereuse pour les mœurs. Loin de reprendre ce fanatisme sombre & cette crainte des dieux qu'on trouve dans presque toutes les religions, le Sintos avoit travaillé à prévenir ou à calmer cette maladie de l'imagination par des fêtes qu'on célébroit trois fois chaque mois. Elles étoient consacrées à visiter ses amis & à passer le jour en festins & en réjouissances. Les prêtres du Sintos disoient que les plaisirs innocens des hommes étoient agréables à la divinité, & que la meilleure maniere d'honorer les camis, c'étoit d'imiter leurs vertus, & de jouir dès ce monde du bonheur dont ils jouissent dans l'autre. En conséquence de cette opinion, les Japonois après avoir fait la priere dans des temples, toujours situés dans des lieux agréables, alloient chez des courtisanes qui habitent des maisons ordinairement bâties auprès des temples. Ces femmes étoient des religieuses soumises à un ordre de moines qui retiroient une partie de l'argent qu'elles avoient gagné.

Dans les pays où la religion ne peut reprimer les excès de l'amour, c'est peut-être une sagesse de le changer en culte Eh! quel culte que celui où les hommes animés du feu de la divinité concourent pour ainsi dire à la suite de la création, en perpétuant ses ouvrages par les plaisirs immortels de la génération. Qu'on se figure des êtres qui, joignant tout-à-coup dans l'effervescence de l'âge l'amour à l'amour, les idées de la religion à celles de la passion, la plus vive que le ciel ait accordé aux humains, voient, sentent, respirent Dieu dans toutes leurs communications, vont l'adorer ensemble, l'invoquer & l'associer à leurs plaisirs, se le rendre palpable & sensible par cette effusion des ames & des sens où tout est mystere, joie & faveur céleste. Quel sujet de reconnoissance éternelle envers l'être des êtres, que d'attendre & de recevoir comme un présent de sa main le premier objet par qui l'on goûte une nouvelle vie, l'épouse ou l'époux qu'on doit chérir, les enfans qui naissent d'une source de délices où ils vont se reproduire & se perdre à leur tour. Que de biens dont la religion pourroit faire des vertus, & les récompenses de la vertu ; mais qu'elle profane & dénature, quand elle les représente comme un sentier de crimes, de malheurs & de peines ! Oh ! que les hommes se sont éloignés des fondemens de la morale, en s'écartant des premiers sentimens de la nature. Ils ont cherché les liens de la société dans des erreurs périssables & funestes. Si l'homme avoit besoin d'illusion pour vivre en paix avec l'homme, que ne les prenoit-il dans les plus délicieux penchans de son cœur ! Quel moraliste, quel législateur sublime que celui qui trouveroit dans les besoins de la conservation & de la reproduction les moyens les plus sûrs de multiplier les individus, & de les rendre heureux ! Qu'il faut plaindre les ames froides, insensibles, malheureuses & dures à qui ces considérations paroîtroient un délire ou même un attentat.

La chasteté n'étoit pas une vertu dans la religion du Sintos & dans les mœurs Japonoises, comme elle l'est à la Chine. Cependant au Japon l'adultere étoit puni de mort, & à la Chine il n'étoit qu'une faute légere, même aux yeux du mari.

La sévérité avec laquelle on punissoit l'adultere au Japon, venoit de l'esprit de rigueur qui regne dans toutes les loix de cet empire. Elles sont cruelles & sans aucune proportion entre la faute & le châtiment.

L'empereur étant une personne sacrée, un descendant, un représentant des dieux, la plus légere désobéissance à la moindre de ses loix étoit regardée comme un crime énorme que les plus grands supplices pouvoient à peine expier. Le coupable même n'étoit pas puni seul. On enveloppoit dans son châtiment sa famille entiere.

Il s'étoit introduit au Japon depuis quelques siecles une autre secte, qu'on appelloit celle des Bubsdoistes, du nom de Bubs, son fondateur. Son dogme est à peu près le même que celui de la religion du Sintos; mais les Bubsdoistes adorent de plus un Amida, espece de médiateur entre Dieu & les hommes. Ils adorent d'autres divinités médiatrices entre les hommes & Amida. C'est par la multitude de ses préceptes, par l'excès de son austérité, ses pratiques & ses mortifications, que cette religion s'est flattée d'obtenir la préférence sur le Sintos.

L'esprit du Bubsdoisme est terrible. Il n'inspire que pénitence, crainte excessive, rigorisme cruel. C'est le fanatisme le plus affreux. Les moines de cette religion persuadent à leurs dévots de passer une partie de leur vie dans les supplices, pour expier des fautes imaginaires : ils leur infligent eux-mêmes la plupart de ces supplices avec un despotisme & une cruauté dont les inquisiteurs d'Espagne pourroient donner l'idée, avec cette différence que les moines Japonois sont eux-mêmes les bourreaux des victimes volontaires de la superstition, au lieu que les inquisiteurs ne sont que les juges des crimes & des peines dont ils ont été les inventeurs & les arbitres. Les moines Bubsdoistes tiennent continuellement les esprits de leurs sectateurs dans un état violent de remords & d'expiations. Cette religion est si surchargée de préceptes, qu'il est impossible de les accomplir. Elle peint les dieux toujours avides de vengeance & toujours offensés.

On peut s'imaginer quels effets une si horrible superstition peut avoir sur le caractere du peuple, & à quel dégré d'atrocité elle l'a conduit. Les lumieres d'une saine morale, un peu de philosophie, une éducation sage, pouvoient être le remede à ces loix, à ce gouvernement, à cette religion.

À la Chine, on met entre les mains des enfans des livres didactiques, qui les instruisent en détail de leurs devoirs, & qui leur démontrent la vertu : aux enfans Japonois, on fait apprendre par cœur des poëmes où sont célébrées les actions de leurs ancêtres, où l'on inspire le mépris de la vie, où le suicide est vanté comme l'action la plus héroïque. Ces chants, ces poëmes qu'on dit pleins d'énergie & de grace, enfantent l'enthousiasme. L'éducation des Chinois regle l'ame, la dispose à l'ordre : celle des Japonois l'enflamme & la porte à l'héroïsme. On les conduit toute leur vie par l'imagination, par le sentiment ; & les Chinois par la raison & les usages. Les Japonois aiment l'éloquence & la poësie. Ils sont orateurs, ils peignent vivement. Les Chinois dans leurs livres cherchent la vérité, ils ont plus de tranquillité & de bonheur ; & le Japonois avide de jouissances est toujours prêt à sacrifier sa vie. Il semble qu'en général les Chinois tendent à prévenir la violence & l'impétuosité de l'ame; les Japonois son engourdissement & sa foiblesse.

La secte de Confucius avoit fait quelques progrès au Japon parmi la noblesse; mais les prêtres de Bubsdoisme & du Sintos ne lui étoient pas favorables. Ils ne le furent pas davantage au Christianisme, lorsqu'on vint l'y prêcher. Cependant les missionnaires firent beaucoup de prosélites, & les marchands un commerce immense. Les Portugais y transportoient les marchandises de l'Inde, qu'ils tiroient de Goa, & Macao leur servoit d'entrepôt pour les marchandises qu'ils tiroient de l'Europe. Elles consistoient la plupart en bagatelles, qu'achetoit chèrement un peuple riche & curieux de nouveautés. Aussi emportoit-on tous les ans du Japon treize ou quatorze millions en or, qui passoient en grande partie à Lisbonne. Les Portugais épousoient au Japon de riches héritieres, & s'allioient aux familles les plus puissantes. Ils commerçoient librement dans tous les ports & dans toutes les provinces du royaume.

Leur cupidité devoit être satisfaite, ainsi que leur ambition. Ils étoient les maîtres des côtes de Guinée, de la Perse, & des deux presqu'isles de l'Inde. Ils regnoient aux Moluques, à Ceylan, dans les isles de la Sonde, & leur établissement à Macao leur assuroit le commerce de la Chine & du Japon. Les Romains dans leur plus grande prospérité n'avoient pas eu un empire beaucoup plus étendu. Au milieu de tant de gloire, de trésors & de conquêtes, les Portugais n'avoient pas négligé cette partie de l'Afrique situé entre le cap de Bonne-espérance & la mer rouge, qui avoit été renommée dans tous les tems par la richesse de ses productions. Plusieurs raisons les avoient portés à s'en occuper. Les Arabes s'y étoient établis & fort multipliés depuis plusieurs siecles. Ils y avoient formé sur la côte de Zanguebar plusieurs petites souverainetés indépendantes dont quelques-unes avoient de l'éclat, presque toutes de l'aisance. Ces établissemens devoient leur prospérité aux mines qui étoient dans les terres. Elles fournissoient l'or & l'argent qui servoient à l'achat des marchandises de l'Inde. Dans leurs principes, les Portugais devoient chercher à s'emparer de ces richesses & à les ôter à leurs concurrens. Ces marchands Arabes furent aisément subjugués vers l'an 1508. Sur leurs ruines s'éleva un empire, qui s'étendoit depuis Sofala jusqu'à Melinde, & auquel on donna pour centre l'isle de Mozambique. Elle n'est séparée du continent que par un petit canal, & n'a pas deux lieues de tour. Son port qui est excellent, & auquel il ne manque qu'un air plus pur, devint un lieu de relâche & un entrepôt pour tous les vaisseaux du vainqueur. C'est-là qu'ils attendoient ces vents réglés, qui dans certains tems de l'année soufflent régulièrement des côtes de l'Afrique à celles de l'Inde, comme dans d'autres tems des vents opposés soufflent des côtes de l'Inde à celles d'Afrique.

Tant d'avantages pouvoient former une masse de puissance inébranlable; mais les vices & l'ineptie de quelques commandans, l'abus des richesses, celui de la puissance, l'ivresse des succès, l'éloignement de leur patrie, avoient changé les Portugais. Le fanatisme de religion qui avoit donné plus de force & d'activité à leur courage, ne leur donnoit plus que de l'atrocité. Ils ne se faisoient aucun scrupule de piller, de tromper, d'asservir des idolâtres. Ils pensoient que le pape, en donnant aux rois de Portugal les royaumes d'Asie, n'avoit pas refusé à leurs sujets les biens des particuliers. Tyrans des mers de l'orient, ils y rançonnoient les vaisseaux de toutes les nations. Ils ravageoient les côtes; ils insultoient les princes, & ils devinrent dans peu l'horreur & le fléau des peuples.

Le roi de Tidor fut enlevé dans son palais, & massacré avec ses enfans qu'il avoit confiés aux Portugais.

A Ceylan, les peuples ne cultivoient plus la terre que pour leurs nouveaux maîtres qui les traitoient avec barbarie.

Ils avoient établi l'inquisition à Goa, & quiconque étoit riche devenoit la proie des ministres de cet infame tribunal.

Faria envoyé contre des corsaires, Malais, Chinois & autres, alla piller les tombeaux des empereurs de la Chine dans l'isle de Calampui.

Souza faisoit renverser toutes les pagodes sur les côtes de Malabar, & on égorgeoit inhumainement les malheureux Indiens qui alloient pleurer sur les ruines de leurs temples.

Correa terminoit une guerre vive avec le roi de Pegu, & les deux partis devoient jurer l'observation du traité sur les livres de leurs religions. Correa jura sur un recueil de chansons, & crut éluder un engagement par ce vil stratagême.

Nuguès d'Acughna voulut se rendre maître de l'isle de Daman sur la côte de Cambaie: les habitans offrirent de la lui abandonner, s'il vouloit leur permettre d'emporter leurs richesses. Cette permission fut refusée, & Nuguès les fit tous passer au fil de l'épée.

Diego de Silveyra croisoit dans la mer rouge. Un vaisseau richement chargé le salua. Le capitaine vint à son bord, & lui présenta de la part d'un général Portugais une lettre qui devoit lui servir de passeport. Cette lettre ne contenoit que ces mots : *je supplie les capitaines des vaisseaux du roi de Portugal de s'emparer du navire de ce Maure comme de bonne prise.* Silveyra s'empara du navire.

Bientôt les Portugais n'eurent pas les uns pour les autres plus d'humanité & de bonne foi, qu'ils n'en avoient pour les naturels du pays. Presque tous les états où ils commandoient étoient divisés en factions.

Il regnoit par-tout dans leurs mœurs un mélange d'avarice, de débauche, de cruauté & de dévotion. Ils avoient la plupart sept ou huit concubines qu'ils faisoient travailler avec la derniere rigueur, & auxquelles ils arrachoient l'argent qu'elles avoient gagné par leur travail. Il y a loin de cette maniere de traiter les femmes aux mœurs de la chevalerie.

Les commandans, les principaux officiers admettoient à leur table une foule de ces chanteuses & de ces danseuses dont l'Inde est remplie. La molesse s'étoit introduite dans les maisons & dans les armées. C'étoit en palanquin que les officiers marchoient à l'ennemi. On ne leur trouvoit plus ce courage brillant qui avoit soumis tant de peuples. Il étoit devenu difficile de faire combattre les Portugais lorsqu'il n'y avoit pas l'apparence d'un riche butin. Bientôt le roi de Portugal ne toucha plus le produit des tributs que lui payoient plus de cent cinquante princes de l'orient. Cet argent se perdoit en passant d'eux jusqu'à lui. Il regnoit un tel brigandage dans les finances, que les tributs des souverains, le produit des douanes qui devoit être immense, les impôts qu'on levoit en or, en argent, en épiceries fur les peuples du continent & des ifles, ne fuffifoient pas pour l'entretien de quelques citadelles, & l'équipement des vaiffeaux néceffaires.

Il eft trifte d'arrêter fes yeux fur les momens du déclin des nations. Hatons-nous de parler de l'adminiftration de Dom Juan de Caftro, qui rendit aux Portugais une partie de leur vertu.

Caftro étoit fort inftruit pour fon fiecle. Il avoit l'ame noble & élevée; & la lecture des anciens y avoit entretenu cet amour de la gloire & de la patrie, fi commun chez les Grecs & chez les Romains.

Dès les premiers tems de fa fage & brillante adminiftration, Cojè-Sophar, miniftre de Mahmoud, roi de Cambaie, fut infpirer à fon maître le deffein d'attaquer les Portugais. Cet homme né, à ce qu'on affure, d'un pere Italien & d'une mere Grecque, étoit parvenu de l'efclavage au miniftere & au commandement des armées. Il s'étoit fait Mufulman, il n'avoit aucune religion; mais il favoit faire ufage de la haine que le mépris des Portugais pour les religions du pays infpiroit au peuple. Il attira auprès de lui des officiers expérimentés, des foldats aguerris, de bons ingénieurs, des fondeurs même qu'il fit venir de Conftantinople. Ses préparatifs parurent deftinés contre le Mogol ou contre les Patanes; & lorfque les Portugais s'y attendoient le moins, il attaqua Diu, s'en rendit maître, & fit le fiege de la citadelle.

Cette place fituée dans une petite ifle fur les côtes de Guazarate avoit toujours été regardée comme la clef des Indes dans les tems que les navigateurs ne s'écartoient pas des côtes, & que

Surate étoit le plus grand entrepôt de l'orient. Depuis l'arrivée de Gama, elle avoit été constamment l'objet de l'ambition des Portugais, & elle étoit enfin tombée sous leur domination du tems de Dacughna. Mascaregnas qui en étoit gouverneur au tems dont nous parlons, devoit avoir neuf cens hommes, & n'en avoit que trois cens. Le reste de sa garnison par un abus dès-lors fort commun, faisoit le commerce dans les villes de la côte. Il alloit succomber, s'il n'eut reçu de prompts secours. Castro lui en fit passer sous la conduite de son fils, qui fut tué. Cojè-Sophar le fut aussi, & sa mort ne rallentit pas le siege.

Castro établit des jeux funéraires à l'honneur de ceux qui étoient morts en combattant pour la patrie. Il fit faire des complimens à leurs parens de la part du gouvernement. Il en reçut lui-même pour la mort de son fils aîné. Le second de ses fils présidoit aux jeux funéraires, & partit aussi-tôt pour Diu, comme pour aller mériter les honneurs qu'il venoit de rendre à son frere. La garnison repoussoit tous les assauts, se signaloit chaque jour par des actions extraordinaires. Aux yeux des Indiens, les Portugais étoient au-dessus de l'homme. *Heureusement*, disoit-on, *la providence avoit voulu qu'il y en eut peu comme des tigres & des lions, afin qu'ils ne détruisissent pas l'espece humaine.*

Castro amena lui-même un plus grand secours que ceux qu'il avoit envoyés. Il entra dans la citadelle avec des vivres & plus de quatre mille hommes. Il fut délibéré si on livreroit bataille. Le pour & le contre furent discutés. Garcie de Sa, vieil officier imposa silence, & dit : *j'ai écouté, il faut combattre.* C'étoit l'avis de Castro. Les Portugais marcherent aux retranchemens, & remporterent portèrent une grande victoire. Apres avoir délivré la citadelle, il falloit la réparer, les fonds manquoient, & Castro les emprunta en son nom.

Il voulut à son retour dans Goa donner à son armée les honneurs du triomphe, à la maniere des anciens. Il pensoit que ces honneurs serviroient à ranimer le génie belliqueux des Portugais, & que le faste de cette cérémonie imposeroit à l'imagination des peuples. Les portes à son entrée furent ornées d'arcs triomphaux; les rues étoient tapissées; les femmes parées magnifiquement étoient aux fenêtres, & jettoient des fleurs & des parfums sur les vainqueurs. Le peuple dansoit au son des instrumens. On portoit l'etendard royal à la tête des soldats qui marchoient en ordre. Le vice-roi couronné de branches de palmier étoit monté sur un char superbe; les généraux ennemis suivoient son char, les soldats prisonniers marchoient après eux. On portoit les drapeaux qu'on leur avoient enlevés; ils étoient renversés & traînans sur la poussiere; on faisoit suivre l'artillerie & les bagages pris sur les vaincus. Des représentations de la citadelle délivrée & de la bataille gagnée relevoient la pompe de cet appareil. Vers, chansons, harangues, feux de joie, rien ne fut oublié pour rendre cette fête magnifique, agréable, imposante.

La rélation de ce triomphe fut répandue en Europe. Les petits esprits le trouverent ridicule, & les bigots le trouverent profane. La reine de Portugal dit à cette occasion que *Castro avoit vaincu en héros Chrétien, & qu'il avoit triomphé en héros payen.*

La vigueur des Portugais que Castro avoit ranimés ne se soutint pas long-tems, & la corruption augmentoit de jour en jour dans toutes les

Tome I. H

classes des citoyens. Un vice-roi imagina d'établir dans les villes principales des troncs où tous les particuliers pouvoient jetter des mémoires & lui donner des avis. Un semblable établissement pourroit être fort utile, & réformer les abus chez une nation éclairée, où il y auroit encore des mœurs ; mais chez une nation superstitieuse & corrompue, quel bien pouvoit-il faire ?

Il ne restoit plus aucun des premiers conquérans de l'Inde, & leur patrie épuisée par un trop grand nombre d'entreprises & de colonies, ne pouvoit les remplacer. Les défenseurs des établissemens Portugais étoient nés en Asie. L'abondance, la douceur du climat, le genre de vie, peut-être les alimens avoient fort altéré en eux l'intrépidité de leurs peres. Ils ne conserverent pas assez de courage pour se faire craindre, en se livrant à tous les excès qui font haïr. Ils étoient des monstres : le poison, les incendies, les assassinats, tous les crimes leur étoient devenus familiers. Ce n'étoit pas seulement des particuliers qui s'en rendoient coupables : les hommes en places leur en donnoient l'exemple. Ils égorgeoient les naturels du pays ; ils se déchiroient entr'eux. Le gouverneur qui arrivoit mettoit aux fers son prédécesseur pour le dépouiller. L'éloignement des lieux, les faux témoignages, l'or versé à pleines mains assuroient l'impunité à tous les crimes.

L'isle d'Amboine fut le premier pays qui se fit justice. Dans une fête publique, un Portugais saisit une très belle femme, & sans aucun égard pour les bienséances, il lui fit tous les outrages possibles. Un des insulaires nommé Génulio arma ses concitoyens : il assembla ensuite les Portugais, & il leur dit : „ Pour venger des affronts aussi „ cruels que ceux que nous avons reçus de vous,

„ il faudroit des effets, & non des paroles. Ce-
„ pendant, écoutez, vous nous prêchez un Dieu,
„ qui se plaît, dites-vous, dans les actions géné-
„ reuses des hommes, & le vol, le meurtre,
„ l'impudicité, l'ivrognerie sont vos habitudes :
„ tous les vices inondent vos cœurs. Nos mœurs
„ & les vôtres ne peuvent s'accorder : la nature
„ l'avoit prévu, en nous séparant par des mers
„ immenses, & vous avez franchi ces barrieres.
„ Cette audace dont vous osez vous enorgueil-
„ lir, est une preuve de la corruption de vos
„ cœurs. Croyez-moi, laissez en paix des peuples
„ qui vous ressemblent si peu ; allez habiter chez
„ des nations aussi féroces que nous : votre com-
„ merce nous seroit plus fatal que tous les fléaux
„ dont votre Dieu pourroit vous accabler. Nous
„ renonçons pour toujours à votre alliance : vos
„ armes sont meilleures que les nôtres ; mais nous
„ sommes plus justes que vous, & nous ne vous
„ craignons pas. Les Itons sont aujourd'hui vos
„ ennemis ; fuyez leur pays, & gardez-vous d'y
„ reparoître. «

Ce discours qui trente ans auparavant auroit entraîné la ruine d'Amboine, fut écouté avec une patience qui montroit le changement des Portugais.

Egalement détestés par-tout, ils virent se former une confédération pour les chasser de l'orient. Toutes les grandes puissances de l'Inde entrerent dans la ligue, & pendant trois ou quatre ans firent en secret des préparatifs. La cour de Lisbonne en fut informée. Le roi Sebastien qui, sans son fanatisme, auroit été un grand roi, fit partir pour l'Inde Ataïde & tous les Portugais qui s'étoient distingués dans les guerres de l'Europe.

A leur arrivée, l'opinion générale étoit, qu'il falloit abandonner les possessions éloignées, & rassembler ses forces dans le Malabar & aux environs de Goa. Quoique Ataïde pensât qu'on avoit formé un trop grand nombre d'établissemens, il ne voulut pas avoir l'air de les sacrifier. *Compagnons*, dit-il, *je veux tout conserver, & tant que je vivrai, les ennemis ne gagneront pas un pouce de terrein.* Aussi-tôt il expédia des secours pour toutes les places menacées, & fit les dispositions nécessaires à la défense de Goa.

Le Zamorin attaqua Mangalor, Cochin, Cananor. Le roi de Cambaie attaqua Chaul, Daman, Bachaim. Le roi d'Achem fit le siege de Malaca. Le roi de Ternate fit la guerre dans les Moluques. Agalachem, tributaire du Mogol, arrêta les Portugais qui négocioient à Surate. La reine de Garcopa tenta de les chasser d'Onor.

Ataïde, au milieu des soins & des embarras du siege de la capitale, envoya cinq vaisseaux à Surate. Ils firent relâcher les Portugais détenus par Agalachem. Treize vaisseaux partirent pour Malaca : le roi d'Achem & ses alliés enleverent le siege. Ataïde voulut même faire appareiller les vaisseaux qui portoient tous les ans à Lisbonne quelques tributs ou des marchandises. On lui représenta qu'au lieu de se priver du secours des hommes qui monteroient cette flotte, il falloit les garder pour la défense de l'Inde. *Nous suffirons*, dit Ataïde, *l'état a besoin, & il ne faut pas tromper son espérance.* Cette réponse étonna, & la flotte partit dans le tems que la place étoit le plus vivement pressée par Idalcan. Ataïde envoya des troupes au secours de Cochin, & des vaisseaux à Ceylan. L'archevêque dont l'autorité étoit sans borne voulut s'y opposer. *Monsieur*, lui dit Ataïde, *vous n'entendez rien à nos affaires, bornez-vous à les recommander à Dieu.* Les Portugais arrivés d'Europe firent à ce siege des prodiges de valeur. Ataïde eut souvent de la peine à les empêcher de prodiguer inutilement leur vie. Plusieurs malgré ses défenses sortoient en secret la nuit pour aller attaquer les assiégeans dans leurs lignes.

Le vice-roi ne comptoit pas si absolument sur la force de ses armes, qu'il ne crut devoir employer la politique. Il fut instruit qu'Idalcan étoit gouverné par une de ses maîtresses, & qu'elle étoit au camp. Les femmes qui se dévouoient aux plaisirs des princes ne sont communément que les esclaves de l'ambition, & ne connoissent pas les vertus que peut inspirer l'amour. La maîtresse d'Idalçan se laissa corrompre, & vendit à d'Ataïde les secrets de son amant. Idalcan s'apperçut de la trahison, mais il ne put découvrir le traître. Enfin, après dix mois de combats & de travaux, ce prince qui voyoit ses tentes ruinées, ses troupes diminuées, ses éléphans tués, sa cavalerie hors d'état de servir, vaincu par le génie d'Ataïde, leva le siege, & se retira la honte & le désespoir dans le cœur.

Ataïde vole sur le champ au secours de Chaul, assiégé par Nizamaluc, roi de Cambaie, qui avoit plus de cent mille hommes. La défense de Chaul avoit été aussi intrépide que celle de Goa. Elle fut suivie d'une grande victoire qu'Ataïde à la tête d'une poignée de Portugais remporta sur une armée nombreuse, & aguerrie par un long siege.

D'Ataïde marcha ensuite contre le Zamorin, le battit, & fit avec lui un traité par lequel ce prince s'engageoit à ne plus avoir de vaisseaux de guerre.

Les Portugais redevenoient dans tout l'orient ce qu'ils étoient auprès d'Ataïde. Un seul vaisseau commandé par Lopès Carasco se battit pendant trois jours contre la flotte entiere du roi d'Achem. Au milieu du combat, on vint dire au fils de Lopès que son pere avoit été tué : *c'est*, dit-il, *un brave homme de moins, il faut vaincre, ou mériter de mourir comme lui.* Il prit le commandement du vaisseau, & traversant en vainqueur la flotte ennemie, se rendit devant Malaca.

On retrouvoit alors dans les Portugais d'autres vertus que leur courage, tant est puissant sur les nations même les plus corrompues l'ascendant d'un grand homme. Thomas de Sosa venoit de faire esclave une belle femme, promise depuis peu à un jeune homme qui l'aimoit. Celui-ci instruit du malheur de sa maîtresse alla se jetter à ses pieds & partager ses fers. Sosa fut témoin de leur entrevue : ils s'embrassoient, ils fondoient en larmes. *Je vous affranchis*, leur dit le général Portugais, *allez vivre heureux ailleurs.*

Ataïde mit de la réforme dans la régie des deniers publics, & réprima l'abus le plus nuisible aux états, l'abus le plus difficile à réprimer. Mais ce bon ordre, cet héroïsme renaissant, ce beau moment, n'eurent de durée que celle de son administration.

A la mort du roi Sebastien, le Portugal tomba dans une espece d'anarchie, & fut soumis peu-à-peu à Philippe II. Alors les Portugais de l'Inde cesserent de se croire une patrie. Quelques-uns se rendirent indépendans, d'autres se firent corsaires, & ne respecterent aucun pavillon. Plusieurs se mirent au service des princes du pays, & ceux-là devinrent presque tous ministres ou généraux, tant leur nation avoit encore d'avantages sur celles de l'Inde. Chaque Portugais ne travailloit plus qu'à sa fortune : ils agissoient sans zele & sans concert pour l'intérêt commun. Les Indes étoient partagées en trois gouvernemens, qui ne se prêtoient aucun secours: & dont les projets & les intérêts devinrent différens. Les soldats & les officiers étoient sans discipline, sans subordination, sans amour de la gloire. Les vaisseaux de guerre ne sortoient plus des ports, ou n'en sortoient que mal armés. Les mœurs se dépraverent plus que jamais. Aucun chef ne pouvoit réprimer les vices, & la plupart de ces chefs étoient des hommes corrompus. Les Portugais perdirent enfin leur grandeur., lorsqu'une nation libre, éclairée & tolérante se montra dans l'Inde, & leur en disputa l'empire.

Il paroît que dans le tems des découvertes des Portugais, les principes politiques sur le commerce, sur la puissance réelles des états, sur les avantages des conquêtes, sur la maniere d'établir & de conserver des colonies, & sur l'utilité qu'en peut tirer la métropole n'étoient point encore connus.

Le projet de trouver un chemin autour de l'Afrique, pour se rendre aux Indes, & en rapporter des marchandises, étoit sage. Les bénéfices que faisoient les Vénitiens par des voies plus détournées, devoient exciter l'émulation des Portugais; mais leur ambition devoit avoir des bornes.

Cette petite nation se trouvant tout-à-coup maîtresse du commerce le plus riche & le plus étendu de la terre, ne fût bientôt composée que de marchands, de facteurs & de matelots que détruisoient de longues navigations. Elle perdit ainsi le fondement de toute puissance réelle, l'agriculture, l'industrie nationale & la population. Il n'y eut pas de proportion entre son commerce & les moyens de le continuer.

Elle fit plus mal encore : elle voulut être conquérante, & embrassa une étendue de terrein qu'aucune nation de l'Europe ne pourroit conserver sans s'affoiblir.

Ce petit pays, médiocrement peuplé, s'épuisoit sans cesse en soldats, en matelots, en colons.

Son intolérance ne lui permit pas d'admettre au rang de ses citoyens les peuples de l'Orient & de l'Afrique, & il lui falloit par-tout & à tout moment combattre ses nouveaux sujets.

Comme le gouvernement changea bientôt ses projets de commerce en projets de conquêtes, la nation qui n'avoit jamais eu l'esprit de commerce, prit celui de brigandage.

L'horlogerie, les armes à feu, les fins draps, & quelques autres marchandises qu'on a apportées depuis aux Indes, n'étant pas à ce degré de perfection où elles sont parvenues, les Portugais ne pouvoient porter que de l'argent. Bientôt il s'en lasserent, & ils ravirent de force aux Indiens ce qu'ils avoient commencé par acheter d'eux.

C'est alors qu'on vit en Portugal à côté de la plus excessive richesse la plus excessive pauvreté. Il n'y eut de riches que ceux qui avoient possédé quelque emploi dans les Indes, & le laboureur qui ne trouvoit pas des bras pour l'aider dans son travail, les artisans qui manquoient d'ouvriers, abandonnant bientôt leurs métiers, furent réduits à la plus extrême misere.

Quand le Portugal n'auroit pas été soumis à l'Espagne, il n'auroit conservé ni sa richesse réelle, ni sa puissance. On en a vu les raisons principales. Il y en a d'autres que la conduite mesurée & réfléchie des Hollandois va rendre extrêmement sensibles.

Fin du Livre premier.

HISTOIRE
PHILOSOPHIQUE
ET
POLITIQUE,

Des établiſſemens & du commerce des Européens dans les deux Indes.

LIVRE SECOND.

A Germanie à qui l'Europe doit tous les maux de ſes gouvernemens, qui a tout détruit ſans rien réparer, qui ſur les débris du deſpotiſme de la république Romaine, a élevé l'anarchie & la tyrannie féodales : la Germanie qui après avoir ruiné l'empire d'un peuple vainqueur du monde, ſe laiſſa tromper, gouverner & piller par les miniſtres d'une religion née ſur les ruines de Rome : la Germanie eut dans les premiers tems ſept dieux qui étoient honorés ſucceſſivement un jour de la ſemaine. Le culte qu'on leur rendoit fut d'abord fort simple. L'usage des temples, des idoles, des libations, s'introduisit peu-à-peu. On déclara sacrée la personne des prêtres : & des attentats de tous les genres suivirent un privilege si dangereux.

Toutes les parties de ce vaste continent n'étoient pas gouvernées de la même maniere : le peuple avoit retenu l'autorité dans quelques-unes ; la noblesse s'en étoit emparée dans d'autres : il y en avoit où l'adresse & la force avoient placé des rois électifs ou héréditaires. Telle étoit cependant l'horreur des Germains pour la servitude : que sous ces différentes constitutions ils avoient conservé leur liberté.

Ils n'avoient point de droit écrit ; & la tradition seule les instruisoit de leurs obligations. Les mœurs régnoient au lieu des loix : la simple équité régloit les actions ; & le bon sens décidoit les différens. On pendoit les traîtres : on noyoit les lâches : tous les autres crimes se rachetoient par des amendes au profit de la société & des offensés.

La premiere vertu, c'étoit le courage, aux yeux de cette nation guerriere : elle méprisoit les dangers, elle haïssoit le repos, & ne pouvoit supporter le travail. Accoutumé à regarder comme une lâcheté, d'obtenir par des soins continuels ce qu'elle pouvoit emporter de force, elle attaquoit sans cesse ses voisins. Dans une expédition, le chef devoit vaincre ou mourir, & les soldats juroient de ne point survivre à leur général.

L'infanterie laissoit dans ses rangs des vuides qui étoient remplis par la cavalerie. Les cavaliers & les fantassins chargeoient ensemble ; & l'agilité des soldats égaloit la vîtesse des chevaux. La lance, une épée courte, étoient les armes offensives des Germains. Quelques-uns avoient pour leur défense des cuirasses : tous, des casques & des boucliers. Formés en corps d'armée, ils présentoient un front uni, ferme & serré. Leurs escadrons passoient à la nage les fleuves les plus rapides sans rompre leurs rangs. Ils commençoient le combat par une nuée de fleches & de javelots, & fondoient tout de suite sur l'ennemi avec une impétuosité à laquelle on résistoit difficilement. Leur bataille étoit fermée par un grand nombre de chariots qui portoient leurs femmes. Elles pansoient les blessés, donnoient des rafraîchissemens aux combattans épuisés de fatigue, ranimoit les courages qui mollissoient, & rappelloient souvent par leurs discours la victoire prête à s'envoler. Un guerrier qui perdoit son bouclier étoit exclu des assemblées; & s'il avoit eu le malheur de fuir, rarement tardoit-il à s'en punir de ses propres mains. La jeunesse d'une cité qui étoit en paix alloit chercher des dangers chez un autre. La gloire du général consistoit alors dans la valeur & le nombre de ceux qui l'accompagnoient.

Les femmes & les vieillards étoient chargés des soins domestiques. La course, la nage, la chasse, la table prenoient tout le tems des hommes. Le vêtement des deux sexes étoit à peu près le même. Pour ne pas gêner la nature, on laissoit les enfans nuds jusqu'à l'âge de puberté : une éducation si dure formoit le corps à la fatigue. La taille des Germains étoit haute, & leurs membres robustes : ils résistoient au froid & à la faim; mais ils ne pouvoient supporter ni la soif ni la chaleur.

Le lien du mariage étoit sacré par les mœurs : il ne pouvoit se former entre deux personnes, que de l'aveu de leurs familles. L'époux donnoit pour dot à son épouse une paire de bœufs sous le joug, un cheval sous les harnois, & des armes.

Les bœufs avertissoient la femme de la soumission qu'elle devoit à son maître, le cheval, de l'obligation qu'elle contractoit de partager ses peines, les armes, de la nécessité de le suivre à la guerre. Si, malgré la simplicité des mœurs & la pudeur du sexe, il se trouvoit un adultere, le mari auquel seul appartenoit le châtiment de cette violation du contrat, assembloit les parens de l'infidelle, la dépouilloit en leur présence, lui coupoit les cheveux, & la chassoit de son habitation à coups de verge. Toutes les affections, tous les soins des femmes étoient concentrés dans l'intérieur de leurs maisons, parce que les secondes nôces leur étoient interdites, & qu'on les punissoit de la perte de leurs enfans comme d'un crime.

Les Germains ne connoissoient pas la propriété des terres. Le magistrat en distribuoit tous les ans à chaque famille, suivant ses besoins, & les lots n'étoient jamais les mêmes. Ces échanges continuels empêchoient des commodités, des embellissemens, qui auroient énervé les corps, ou amolli les courages, & faisoient que l'intérêt personnel n'étoit rien au prix de la chose publique. Au premier bruit de guerre, la moitié des habitans prenoit les armes, l'autre moitié continuoit ses occupations paisibles. Tout changeoit la campagne suivante : le soldat devenoit cultivateur, & le cultivateur soldat. De cette maniere les combats n'enfantoient pas la famine, & l'agriculture n'avoit pas le tems d'émousser la valeur.

Les alimens des Germains étoient grossiers. Des viandes presque crues & des fruits sauvages faisoient leur nourriture. Ceux qui habitoient les bords du Rhin ou de la Moselle buvoient du vin : les autres étoient obligés de se contenter d'une liqueur composée avec du froment & avec de l'orge. La table étoit leur plus grand plaisir : ils y passoient les nuits & les jours à s'enivrer : c'étoit le tems qu'ils choisissoient pour traiter les affaires générales, convaincus que les boissons fortes ouvrent l'esprit & le cœur. Leurs festins finissoient les plus souvent par des querelles, qui ne se terminoient pas sans effusions de sang.

L'hospitalité des Germains étoit sans bornes. Ils prodiguoient tout à l'étranger qui les visitoit. Lorsque leurs provisions étoient finies, ils le menoient chez des voisins, où les caresses, les profusions étoient les mêmes. Tout ce qu'il desiroit, on le lui donnoit avec empressement ; mais avoit-il quelque chose de rare, on le lui demandoit avec confiance. La générosité mutuelle n'exigeoit point de reconnoissance pour des présens. Tous les biens étoient trop vils, où les ames trop grandes pour attacher du prix, ou même un nom, aux bienfaits, aux services. La liberté se seroit offensée de cette ombre de chaînes.

Le goût du jeu étoit extrême chez ces peuples, au point qu'après avoir perdu tout ce qu'ils possédoient, ils se jouoient eux-mêmes. L'indépendance qu'ils estimoient mille fois plus que la vie étoit sacrifiée sans balancer à cette passion aveugle. C'est une des inconséquences qu'on explique difficilement dans les mœurs des peuples anciens.

Des chevaux, des armes, des bestiaux étoient toute leur richesse. Leur commerce se faisoit par échange. Après avoir appris de leurs voisins l'usage de la monnoie, ils préférerent encore quelque tems le volume à la valeur, le cuivre à l'or & à l'argent. L'usure leur parut toujours odieuse, parce qu'ils trouvoient injuste d'exiger un produit d'une chose qui ne produisoit rien par elle-même. Cette opinion, reste précieux d'une heureuse simplicité, les mit à l'abri de bien des malheurs dont les loix les plus sages n'ont pas toujours garanti les nations les mieux policées.

Les successions passoient aux héritiers naturels sans aucune sorte de formalité. Le nombre des enfans faisoit l'honneur d'une famille, & la stérilité, son malheur. Les inimitiés personnelles devenoient communes entre parens ; mais elles n'étoient pas implacables. L'homicide même se rachetoit par une amende que les Commices évaluoient.

La jeunesse s'assembloit les jours de fête, & dansoit toute nue au son d'un fifre. Elle sautoit avec une adresse surprenante au milieu des lances & des épées. Le bruit des applaudissemens étoit l'aiguillon & la récompense de ceux qui se distinguoient dans un exercice si périlleux, mais si utile.

Chez les Germains, les cérémonies funebres étoient aussi simples que les plaisirs. L'espece de bois dont on faisoit le bûcher distinguoit les rangs. On brûloit le cheval, les armes, le cadavre du mort. Une butte couverte de gazon étoit élevée sur ses cendres. Les femmes fondoient en pleurs : les hommes chantoient les vertus & les exploits dont ils avoient été les témoins & les compagnons.

Tels étoient les usages & les mœurs qui durent s'établir dans l'isle que forme le Waal & le Rhin, lorsque les Battes dégoûtés de la Hesse allerent occuper environ un siecle avant l'ere Chrétienne, ce terrein marécageux, qui n'avoit point, ou qui n'avoit que peu d'habitans. Ils donnerent à leur nouvelle patrie le nom de Batavie. Leur gouvernement fut un mêlange de monarchie, d'aristocratie, de démocratie. On y voyoit un chef, qui n'étoit proprement que le premier des citoyens, & qui donnoit moins des ordres que des conseils. Les grands qui jugoient les procès de leur district, & commandoient les troupes, étoient choisis comme les rois dans les assemblées générales. Cent personnes prises dans la multitude servoient de surveillans à chaque comté, & de chef aux différens hameaux. La nation entiere étoit en quelque sorte une armée toujours sur pied. Chaque famille y composoit un corps de milice, qui servoit sous le capitaine qu'elle se donnoit.

Telle étoit la situation de la Batavie, lorsque César passa les Alpes. Ce général battit les Helvétiens; plusieurs peuples des Gaules, les Belges, les Germains qui avoient passé le Rhin, & poussa ses conquêtes au-delà du fleuve. Cette expédition, dont l'audace & le succès tenoient du prodige, fit rechercher la protection du vainqueur.

Des écrivains trop passionnés pour leur patrie assurent que les Bataves firent alors alliance avec Rome; mais ils se soumirent, à condition qu'ils se gouverneroient eux-mêmes, qu'ils ne payeroient aucun tribut, & qu'ils seroient assujettis seulement au service militaire. Les historiens contemporains énoncent si formellement les conditions du traité, qu'il est impossible de se refuser à leur témoignage.

Quoiqu'il en soit de cette stipulation, César ne tarda pas du moins à distinguer les Bataves des peuples vaincus & soumis aux Romains. Quand ce conquérant des Gaules, rappellé à Rome par le crédit de Pompée, eut refusé d'obéir au sénat: quand, assuré de l'empire absolu que le tems & son caractere lui avoient donné sur les légions & les auxiliaires, il attaqua ses ennemis en Espagne, en Italie, en Asie. Ce fut alors que reconnoissant les Bataves pour les plus sûrs instrumens de ses victoires, il leur accorda le titre glorieux d'*amis & de freres du peuple Romain*.

Ils se montrerent dans la suite encore plus dignes de cette distinction glorieuse. Ces braves alliés accompagnerent Drusus, Tibere, Germanicus, tous les généraux Romains qui furent envoyés successivement pour réprimer ou pour soumettre les Germains. Leur fidélité étoit si connue, que leur isle devint le rendez-vous ordinaire des armées Romaines : quelques nuages, des guerres ouvertes même troublerent une ou deux fois cette harmonie ; mais les cœurs des deux peuples se rapprocherent, pour ne se diviser que lors de la revolution qui changea la face de l'Europe.

Des que Rome, parvenue à un point de grandeur, que nul état n'avoit encore atteint, où nul état n'est parvenu depuis, se fut relâchée des vertus mâles, des principes austeres qui avoient posé les fondemens de son élevation ; lorsque ses loix eurent perdu leur force, ses armées leur discipline, ses citoyens leur amour pour la patrie, les Barbares que la terreur du nom Romain avoit poussé vers le nord, & que la violence y avoit contenus, se déborderent vers le midi : l'empire s'écroula de tous côtés : ses plus belles provinces devinrent la proie des nations qu'il n'avoit jamais cessé d'avilir ou d'opprimer. Les Francs en particulier lui arracherent les Gaules, & la Batavie fit partie du vaste & brillant royaume que ces conquérans fonderent dans le cinquieme siecle avec tant de gloire.

La nouvelle monarchie éprouva les inconvéniens presqu'inséparables des états naissans, & trop ordinaires encore dans les gouvernemens les plus affermis. Tantôt elle obéit à un seul prince ;

& tantôt elle gémit sous le caprice de plusieurs tyrans. Elle fut toujours occupée de guerres étrangeres, ou en proie à la fureur des guerres domestiques. Quelquefois elle porta la terreur chez ses voisins; & plus souvent des peuples venus du nord porterent le ravage dans ses provinces. Elle eut également à souffrir, & de l'imbécillité de plusieurs de ses rois, & de l'ambition déréglée de leurs favoris & de leurs ministres. Des pontifes orgueilleux sapperent les fondemens du trône, & avilirent par leur audace les loix & la religion. L'anarchie & le despotisme se succéderent avec une rapidité qui ôtoit aux plus confians jusqu'à l'espoir d'un avenir supportable. L'époque brillante du regne de Charlemagne ne fut qu'un éclair. Comme ce qu'il avoit fait de grand étoit l'ouvrage de son talent, & que les bonnes institutions n'y avoient point de part, les affaires retomberent après sa mort dans le cahos d'où elles étoient sorties sous Pepin son pere, & plus encore sous lui. L'empire François dont il avoit trop étendu les limites, fut divisé. Un de ses petits-fils eut en partage la Germanie, dont le Rhin étoit la barriere naturelle, & qui, par des dispositions bizarres, emporta la Batavie, à laquelle les Normands, dans leurs excursions, avoient donné depuis peu le nom de Hollande.

La branche Germanique des Carlovingiens finit au commencement du dixieme siecle. Comme les autres princes François n'avoient ni la tranquillité, ni le courage, ni les forces nécessaires pour faire valoir leurs droits, les Germains briserent aisément un joug étranger : ceux de leur nation qui, sous l'autorité du monarque, régissoient les cinq cercles dont l'état étoit composé, choisirent un d'entr'eux pour chef : il se contenta de la foi &

Tome I.   I

de l'hommage de ces hommes puiſſans, que des devoirs plus gênans auroient pu pouſſer à une indépendance entiere. Leurs obligations ſe réduiſirent au ſervice féodal.

Les comtes de Hollande qui, comme les autres gouverneurs de province, n'avoient exercé juſqu'alors qu'une juriſdiction précaire & dépendante, acquirent à cette époque mémorable les mêmes droits que tous les grands vaſſaux d'Allemagne. Ils augmenterent dans la ſuite leurs poſſeſſions par les armes, par les mariages, par les conceſſions des empereurs, & réuſſirent avec le tems à ſe rendre tout-à-fait indépendans de l'empire. Les entrepriſes injuſtes qu'ils formerent contre la liberté publique, n'eurent pas le même ſuccès. Leurs ſujets ne furent, ni intimidés par les violences, ni ſéduits par les careſſes, ni corrompus par les profuſions. La guerre, la paix, les impôts, les loix, tous les traités furent toujours l'ouvrage des trois pouvoirs réunis, du comte, des nobles & des villes. L'eſprit républiquain étoit encore l'eſprit dominant de la nation, lorſque des événemens extraordinaires la firent pouſſer ſous la domination de la maiſon de Bourgogne.

Guillaume VI, vingt-quatrieme comte de Hollande, mourut en 1417. Jacqueline, ſa fille unique, lui ſuccéda: veuve très-jeune d'un dauphin qui ne l'avoit pas rendue mere, elle épouſa Jean, duc de Brabant. Comme ce prince n'avoit ni le don de plaire, ni le talent de regner, ni la volonté de ſe laiſſer gouverner par d'autres que par ſes miniſtres, la princeſſe s'en dégoûta. Quelques formalités qui avoient manqué à ſon mariage, lui firent penſer, ou dire, qu'elle étoit libre; & elle diſpoſa de ſa main en faveur du duc de Gloceſtre. L'ambitieux Anglois trouva cet engagement sérieux tout le tems qu'il put se promettre d'en tirer un établissement solide : il perdit son amour en perdant son espérance, & il forma d'autres nœuds. Jacqueline se vit alors réduite à abandonner l'administration de ses états à Philippe, duc de Bourgogne, son oncle & son héritier naturel : elle s'obligea même à lui en céder la propriété, si elle se marioit sans son consentement. Cet acte, quoique ratifié par ses sujets, ne l'arrêta pas. Un particulier, pour qui elle prit une passion violente, devint son époux : le voile dont on couvrit d'abord ce mystere, fut bientôt levé, & Philippe ajouta sur le champ & sans contradiction à ses possessions, le Hainault, la Zélande, la Frise, la Hollande, quatre provinces qui formoient l'héritage de son imprudente & malheureuse niece.

La réunion entiere ou presqu'entiere des Pays-bas rendit la maison de Bourgogne très-puissante. Les gens éclairés qui calculoient les probabilités, prévoyoient que cet état formé successivement de plusieurs autres états seroit d'un grand poids dans le système politique de l'Europe : le génie de ses habitans, l'avantage de sa situation, ses forces réelles, tout lui préfageoit un aggrandissement presque sûr & fort considérable. Un événement qui, quoique très-ordinaire, confond toujours l'ambition, déconcerta des projets & des espérances qui ne devoient pas tarder à se réaliser. La ligne masculine s'éteignit dans cette maison ; & Marie, son unique héritiere porta en 1477 dans la maison d'Autriche le fruit de plusieurs hazards heureux, de beaucoup d'intrigues & de quelques injustices.

A cette époque si célebre dans l'histoire, chacune des dix-sept provinces des Pays-bas avoit des loix particulieres, des priviléges fort étendus, un gouvernement presqu'isolé. Tout s'éloignoit de cette unité précieuse de laquelle dépendent également le bonheur & la sûreté des empires & des républiques. Une longue habitude avoit familiarisé les peuples avec cette espece de cahos; & ils ne soupçonnoient pas qu'il pût y avoir d'administration plus raisonnable. Le préjugé étoit si ancien, si général & si affermi, que Maximilien, Philippe & Charles, les trois premiers princes Autrichiens qui jouirent de l'héritage de la maison de Bourgogne ne crurent pas devoir entreprendre de rien innover: ils se flatterent que quelqu'un de leurs successeurs trouveroit des circonstances favorables pour exécuter avec sûreté ce qu'ils ne pouvoient pas seulement tenter sans risque.

Alors se préparoit en Europe une grande révolution dans les esprits. La renaissance des lettres, un commerce étendu, les inventions de l'Imprimerie & de la boussole amenoient le moment où la raison humaine devoit secouer le joug d'une partie des préjugés qui avoient pris naissance dans les tems de barbarie.

Beaucoup de bons esprits étoient guéris des superstitions Romaines: ils étoient blessés de l'abus que les papes faisoient de leur autorité, des tributs qu'ils levoient sur les peuples, de la vente des expiations, & sur-tout de ces subtiles absurdités dont ils avoient chargé la religion simple de Jesus-Christ.

Mais ce ne furent pas ces bons esprits qui commencerent la révolution: un moine turbulent eut cet honneur. Son éloquence barbare souleva les nations du nord. Quelques hommes éclairés aiderent à détromper les autres peuples. Parmi les princes de l'Europe, les uns adopterent la religion des réformateurs; d'autres se tinrent unis à Rome. Les premiers entraînerent assez aisément leurs sujets dans leurs opinions: les autres eurent de la peine à empêcher les leurs d'embrasser les opinions nouvelles. Ils employerent plusieurs moyens, mais de préférence, ceux de la rigueur. On vit renaître l'esprit de fanatisme qui avoit détruit les Saxons, les Albigeois, les Hussites. On releva les gibets, on ralluma les bûchers, pour y envoyer les novateurs.

Aucun souverain ne fit plus d'usage de ces moyens que Philippe II. Son despotisme s'étendoit sur toutes les branches de sa vaste monarchie, & le zele de la religion y persécutoit par-tout ceux auxquels on donnoit les noms d'hérétiques & d'infideles. On voulut ôter aux peuples des pays-bas leurs priviléges: on y fit mourir sur l'échaffaud des milliers de citoyens. Ces peuples se révolterent. On vit se renouveller le spectacle que les Vénitiens avoient donné au monde plusieurs siecles auparavant; un peuple fuyant la tyrannie, ne trouvant plus d'asyle sur la terre, aller le chercher sous les eaux. Sept petites provinces au nord du Brabant & de la Flandre, inondées plutôt qu'arrosées par de grandes rivieres, souvent submergées par la mer qu'on contenoit à peine avec des digues, n'ayant pour richesses que le produit de quelques pâturages, & une pêche médiocre, fonderent une des plus riches & des plus puissantes républiques du monde, & le modele peut-être des états commerçans. Les premiers efforts de leur union ne furent point heureux; mais si les Hollandois commencerent par des défaites, ils finirent par des victoires. Les troupes Espagnoles qui les combattoient étoient les meilleures de l'Europe: elles eurent d'abord des avantages que leur firent perdre peu-à-peu les nouveaux républiquains : ils réfisterent avec constance : ils s'inftruifirent par leurs fautes même, & par l'exemple de leur ennemi ; & ils le furpafferent enfin dans la fcience de la guerre. La néceffité de difputer pied à pied le terrein étroit de la Hollande, fit perfectionner l'art de fortifier les pays & les villes.

La Hollande, cet état fi foible dans fa naiffance, chercha des armes & de l'appui par-tout où elle put en efpérer. Elle donna des afyles aux pirates de toutes les nations, dans le deffein de s'en fervir contre les Efpagnols ; & ce fut là le fondement de fa puiffance maritime. Des loix fages, un ordre admirable, une conftitution qui conferve l'égalité parmi les hommes, une excellente police, la tolérance firent bientôt de cette république un état puiffant. En 1590, elle avoit humiliée plus d'une fois la marine Efpagnole. Elle avoit déja du commerce, & celui qui convenoit le mieux à fa fituation. Ses vaiffeaux faifoient alors ce qu'ils font encore aujourd'hui : ils fe chargeoient des marchandifes d'une nation pour les porter à l'autre. Les villes Anféatiques & quelques villes d'Italie étoient en poffeffion de ces tranfports : les Hollandois, en concurrence avec elles, eurent bientôt l'avantage : ils le durent à leur frugalité. Leurs flottes militaires protégeoient leurs flottes marchandes. Leurs négocians prirent de l'ambition, & afpirerent à étendre de plus en plus leur commerce. Ils s'étoient emparés de celui de Lisbonne, où ils achetoient les marchandifes des Indes, pour les revendre dans toute l'Europe.

En 1594, le roi d'Efpagne fit confifquer les effets des Hollandois commerçans dans fes ports, & défendit aux Portugais toute correfpondance avec eux. Les Hollandois chercherent d'autres moyens de se procurer les marchandises de l'orient : il semble que le meilleur moyen étoit d'équipper des vaisseaux, & de les envoyer aux Indes ; mais on n'avoit ni pilotes qui connûssent les mers d'Asie, ni facteurs qui en entendissent le commerce. On craignit les dangers d'une longue navigation sur des côtes dont l'ennemi étoit le maître : on craignit de voir les vaisseaux interceptés dans une route de cinq à six mille lieues. Il parut plus raisonnable de travailler à découvrir un passage à la Chine & au Japon par les mers du nord. La route devoit être plus courte, moins mal-saine & plus sûre. Les Anglois avoient fait cette tentative sans succès : les Hollandois la renouvellerent, & ne furent pas plus heureux.

Pendant qu'ils étoient occupés de cette recherche, Corneille Houtman, marchand de leur nation, homme de tête & d'un génie hardi, arrêté pour ses dettes à Lisbonne, fit dire aux négocians d'Amsterdam que s'ils vouloient le tirer de prison, il leur feroit part d'un grand nombre de découvertes qu'il avoit faites, & qui pouvoient leur être utiles. Il s'étoit en effet instruit dans le plus grand détail, & de la route qui menoit aux Indes, & de la maniere dont s'y faisoit le commerce. On accepta ses propositions : on paya ses dettes. Les lumieres étoient telles qu'il les avoit promises. Ses libérateurs qu'il éclaira formerent une association sous le nom de compagnie des pays lointains, & lui confierent quatre vaisseaux pour les conduire aux Indes par le cap de Bonne-espérance.

Le principal objet de ce voyage étoit d'étudier les côtes, les nations, les productions, les différens commerces de chaque lieu, en évitant autant qu'il seroit possible les établissemens des Portugais. Houtman reconnut les côtes d'Afrique & du Brésil, s'arrêta à Madagascar, relâcha aux Maldives, & se rendit aux isles de la Sonde. Il y vit les campagnes couvertes de poivre, & en acheta, ainsi que d'autres épiceries plus précieuses. Sa sagesse lui procura l'alliance du principal souverain de Java ; mais les Portugais, quoique haïs & sans établissement dans l'isle, lui susciterent des ennemis. Il sortit victorieux de quelques petits combats qu'il fut contraint de donner, & repartit avec sa petite flotte pour la Hollande, où il apporta peu de richesses & beaucoup d'espérances. Il ramenoit avec lui des negres, des Chinois, des Malabares, un jeune homme de Malaca, un Japonois & Abdul, pilote de Guzarate, plein de talens, & qui connoissoit parfaitement les différentes côtes de l'Inde.

D'après la relation d'Houtman & les lumieres qu'on devoit à son voyage, les négocians d'Amsterdam conçurent le projet d'un établissement à Java, qui leur donneroit le commerce du poivre, qui les approcheroit des isles où croissent des épiceries plus précieuses, qui pourroit leur faciliter l'entrée de la Chine & du Japon, & qui de plus seroit éloigné du centre de la puissance qui dominoit dans l'Inde. L'amiral Van-neck chargé avec huit vaisseaux d'une opération si importante, arriva dans l'isle de Java, où il trouva les habitans indisposés contre sa nation. On combattit ; on négocia : le pilote Abdul, les Chinois, & plus encore la haine qu'on avoit contre les Portugais, servirent les Hollandois. On leur laissa faire le commerce ; & bientôt ils firent partir quatre vaisseaux chargés d'épiceries & de quelques étoffes. L'amiral avec le reste de sa flotte fit voile pour les Moluques, où il apprit que les naturels du pays avoient chaffé les Portugais de quelques endroits, & qu'ils n'attendoient qu'une occafion favorable pour les chaffer des autres. Il établit des comptoirs dans plufieurs de ces ifles : il fit des traités avec quelques fouverains, & il revint en Europe chargé de richeffes.

La joie que fon retour caufa fut extrême. Le fuccès de fon voyage excita une nouvelle émulation. Il fe forma des fociétés dans la plupart des villes maritimes & commerçantes des Provinces-unies. Bientôt ces affociations trop multipliées fe nuifirent les unes aux autres par le prix exceffif où la fureur d'acheter fit monter les marchandifes dans l'Inde, & par l'aviliffement où la néceffité de vendre les fit tomber en Europe. Elles étoient toutes fur le point de périr par leur propre concurrence, & par l'impuiffance où étoit chacune d'elles féparément de réfifter à un ennemi puiffant qui fe faifoit un point capital de les détruire, lorfque le gouvernement quelquefois plus éclairé que des particuliers vint à leur fecours.

Les Etats-généraux unirent en 1602 ces différentes fociétés en une feule, fous le nom de Compagnie des grandes Indes. Son premier fonds, quoique médiocre, étoit fuffifant; & on établit foixante directeurs pour en faire la régie. La Compagnie eut le droit de faire la paix ou la guerre avec les princes de l'orient, de bâtir des forterefles, de choifir les gouverneurs, d'entretenir des garnifons, & de nommer des officiers de police & de juftice. Les directeurs fe remplacent par élection : ce font eux qui décident des envois & des retours des vaiffeaux, & du moment des ventes, ainfi que de la politique qu'on doit avoir avec les fouverains d'Afie : mais c'eft au nom de la république que se font les traités; & c'est à elle que les officiers prêtent serment.

Cette compagnie, sans exemple dans l'antiquité, modele de toutes celles qui l'ont suivie, commençoit avec de grands avantages. Les sociétés particulieres qui l'avoient précédée, lui étoient utiles par leurs malheurs, par leurs fautes mêmes. Le trop grand nombre de vaisseaux qu'elles avoient équipés, avoit donné des lumieres sûres sur toutes les branches du commerce, avoit formé beaucoup d'officiers & de matelots, avoit encouragé les bons citoyens à ces expéditions éloignées, en n'exposant d'abord que des gens sans aveu & sans fortune.

Tant de moyens réunis ne pouvoient pas demeurer oisifs dans des mains actives. Le nouveau corps devint bientôt une grande puissance. Ce fut un nouvel état placé dans l'état même, qui l'enrichissoit, & augmentoit sa force au-dehors, mais qui pouvoit diminuer avec le tems le ressort politique de la démocratie, qui est l'amour de l'égalité, de la frugalité, des loix & des citoyens.

Aussi-tôt après son établissement, la Compagnie fit partir pour les Indes quatorze vaisseaux & quelques yachts, sous les ordres de l'amiral Warwick, que les Hollandois regardent comme le fondateur de leur commerce & de leurs puissantes colonies dans l'orient : il bâtit un comptoir fortifié dans l'isle de Java : il en bâtit un dans les états du roi de Johor : il fit des alliances avec plusieurs princes dans le Bengale. Il eut à combattre souvent les Portugais ; & il eut presque toujours l'avantage. Dans les lieux où ils n'étoient que commerçans, il eut à détruire les préventions qu'ils avoient données contre sa nation qu'ils avoient repréfentée comme un amas de brigands ennemis de tous les rois, & infectés de tous les vices. La conduite des Hollandois & celle des Portugais apprit bientôt aux peuples d'Afie laquelle des deux nations avoit fur l'autre l'avantage des mœurs. Elles ne tarderent pas à fe faire une guerre fanglante.

Les Portugais avoient pour eux une parfaite connoiffance des mers, l'habitude du climat & le fecours de plufieurs nations qui les déteftoient, mais que la crainte forçoit à combattre pour leurs tyrans. Les Hollandois étoient animés par l'efpérance de fonder un grand commerce fur les ruines du commerce de leur ennemi. Ils fe conduifoient avec précaution, avec fermeté. Leur douceur & leur bonne foi leur concilioient les peuples. Bientôt plufieurs fe déclarerent contre leurs anciens oppreffeurs.

Les Hollandois envoyoient continuellement en Afie de nouveaux colons, des vaiffeaux & des troupes; & les Portugais étoient abandonnés à leurs propres forces. L'Efpagne à qui le Portugal étoit alors foumis, en defiroit l'abaiffement, & jouiffoit de fes défaites, comme fi elles n'avoient pas augmenté les moyens des Hollandois fes ennemis. Elle fit plus, dans la crainte que le Portugal ne trouvât des reffources en lui-même, elle lui enlevoit fes hommes qu'elle envoyoit en Italie, en Flandre, dans les autres pays de l'Europe, où elle faifoit la guerre.

Cependant la balance fut long-tems égale, & les fuccès plus variés qu'on ne l'avoit prévu: le tems arriva enfin où les Portugais expierent leurs perfidies, leurs brigandages & leurs cruautés. Alors fe vérifia la prophétie d'un roi de Perfe. Ce prince ayant demandé à un amba

Portugais, combien de gouverneurs son maître avoit fait décapiter; depuis qu'il avoit introduit sa domination dans les Indes. *Aucun*, répondit l'ambassadeur: *tant pis*, repliqua le monarque, *sa puissance dans un pays où il se commet tant de vexations & de barbaries ne durera pas long-tems.*

En effet, la révolution de 1740, qui rendit au royaume de Portugal son indépendance, sans rendre au peuple sa liberté, ne mit pas cet état à portée de réparer ses pertes en Asie, pas même de s'y défendre, & bientôt il ne lui resta de ses conquêtes que Diu, Macao & Goa; tant il y a de différence entre une nation qui secoue le joug de ses rois, & celle qui ne fait que changer de maître.

On ne vit pourtant pas durant cette guerre, dans les Hollandois, cette témérité brillante, cette intrépidité inébranlable qui avoient signalé les entreprises des Portugais; mais on leur vit une suite, une persévérance immuables dans leurs desseins. Souvent battus, jamais découragés, ils revenoient faire de nouvelles tentatives avec de nouvelles forces & des mesures plus sages. Ils ne s'exposoient jamais à une défaite entiere. Si dans un combat, ils avoient plusieurs vaisseaux maltraités, ils se retiroient, & comme ils ne perdoient jamais de vue leur commerce, la flotte vaincue en se réparant chez quelques princes de l'Inde y achetoit des marchandises, & retournoit en Hollande. Elle y portoit à la compagnie de nouveaux fonds qui étoient employés à de nouvelles entreprises. Les Hollandois ne faisoient pas toujours de grandes choses; mais ils n'en faisoient pas d'inutiles. Ils n'avoient pas cette fierté, ce point d'honneur qui ne souffrent rien, & qui avoient fait faire aux Portugais plus de guerres peut-être que l'intérêt de leur grandeur. Ils suivirent leur premier dessein sans s'en laisser détourner par des motifs de vengeance ou des projets de conquête.

Ils cherchoient en 1607 à s'ouvrir les ports du vaste empire de la Chine. Ils furent attaqués par une flotte Portugaise qui étoit à Macao, & qui les força de s'éloigner. Ce malheur leur fit sentir l'importance de cette place, & ils l'assiégerent : ils échouerent dans cette entreprise ; mais comme ils ne perdoient jamais le fruit de leurs armemens, ils firent servir celui qu'ils avoient dirigé contre Macao à former une colonie dans les isles des Pêcheurs. Ce sont des rochers qui manquent d'eau dans des tems de sécheresse, & de vivres dans tous les tems. Ces inconvéniens n'étoient pas rachetés par des avantages solides, parce que dans le continent voisin on empêchoit avec une sévérité extrême toute liaison avec ces étrangers qu'on trouvoit dangereux si près des côtes. Les Hollandois étoient déterminés à abandonner un établissement qu'ils désespéroient de rendre utile, lorsqu'ils furent invités en 1624, à s'aller fixer à Formose, avec assurance que les marchands Chinois auroient une liberté entiere d'aller traiter avec eux.

Cette isle, quoique située vis-à-vis la province de Fokien, & à trente lieues de la côte, n'étoit pas soumise à l'empire de la Chine qui n'a point la passion des conquêtes, & qui par une politique inhumaine & mal entendue, aime mieux laisser périr une partie de sa population que d'envoyer la surabondance de ses sujets dans des terres voisines. On trouva que Formose avoit cent trente, ou cent quarante lieues de tour. Ses habitans, à en juger par leurs mœurs & par leur figure, paroissoient descendus des Tartares de la partie la plus septentrionale de l'Asie : vraisemblablement la Corée leur avoit servi de chemin. Ils vivoient la plupart de pêche ou de chasse, & alloient presque nuds.

Les Hollandois, après avoir pris sans obstacle toutes les lumieres que la prudence exigeoit, jugerent que le lieu le plus favorable pour un établissement, étoit une petite isle voisine de la grande. Ils trouvoient dans cette situation trois avantages considérables ; de la facilité à se défendre, si la haine ou la jalousie cherchoient à les troubler ; un port formé par les deux isles ; la facilité d'avoir dans toutes les mouçons une communication sûre avec la Chine, ce qui auroit été impossible dans quelque autre position qu'on eût pu prendre.

La nouvelle colonie se fortifioit insensiblement & sans éclat, lorsque la conquête de la Chine par les Tartares, l'éleva tout d'un coup à une prospérité qui étonna toute l'Asie. Ainsi les torrens engraissent les vallons de la substance des montagnes ravagées. Plus de cent mille Chinois, qui ne vouloient pas se soumettre au vainqueur, se réfugierent à Formose. Ils y porterent l'activité qui leur est particuliere, la culture du ris & du sucre, & y attirerent des vaisseaux sans nombre de leur nation : bientôt l'isle devint le centre de toutes les liaisons que Java, Siam, les Philippines, la Chine, le Japon, d'autres contrées voulurent former : en peu d'années, elle se trouva le plus grand marché de l'Inde. Les Hollandois comptoient sur de plus grands succès encore, lorsque la fortune trompa leurs espérances.

Un Chinois, nommé Equam, né dans l'obscurité, s'étoit fait pirate par inquiétude, & par ses talens étoit parvenu à la dignité de grand amiral. Il soutint long-tems les intérêts de sa patrie contre les Tartares; mais voyant que son maître avoit succombé, il chercha à faire sa paix. Il fut arrêté à Pékin, où on l'avoit attiré, & condamné par l'usurpateur à une prison perpétuelle, dans laquelle on croit qu'il fut empoisonné. Sa flotte servit d'asyle à son fils Coxinga qui jura une haine éternelle aux oppresseurs de sa famille & de sa patrie, & qui imagina qu'il pourroit exercer contre eux des vengeances terribles, s'il réussissoit à s'emparer de Formose. Il l'attaque, & prend à la descente le ministre Hambroeck.

Choisi entre les prisonniers pour aller au fort de Zélande déterminer ses compatriotes à capituler, ce républiquain se souvient de Regulus; il les exhorte à tenir ferme, & tâche de leur persuader qu'avec beaucoup de constance, ils forceront l'ennemi à se retirer. La garnison qui ne doute pas que cet homme généreux de retour au camp ne soit massacré, fait les plus grands efforts pour le retenir : ces instances sont tendrement appuyées par deux de ses filles qui étoient dans la place : *j'ai promis*, dit-il, *d'aller reprendre mes fers; il faut dégager ma parole : jamais on ne reprochera à ma mémoire, que pour mettre mes jours à couvert, j'aie appesanti le joug, & peut-être causé la mort des compagnons de mon infortune.* Après ces mots héroïques, il reprend tranquillement la route du camp Chinois; & le siege commence.

Quoique les ouvrages de la place fussent en mauvais état, que les munitions de guerre & de bouche n'y fussent pas abondantes, que la garnison fut foible, & que les secours envoyés pour attaquer l'ennemi se fussent honteusement retirés, le gouverneur Coyet fit une défense opiniâtre. Forcé au commencement de 1662 de capituler, il se rendit à Batavia, où ses supérieurs, par une de ces iniquités d'état communes à tous les gouvernemens, le flétrirent pour ne pas laisser soupçonner, que la perte d'un établissement si important fut l'ouvrage de leur ineptie ou de leur négligence. Les tentatives qu'on fit pour le recouvrer furent inutiles; & on fut réduit dans la suite, à faire le commerce à Canton, aux mêmes conditions, avec la même gêne, la même dépendance que les autres nations.

Il pourroit paroître singulier qu'aucun peuple de l'Europe depuis 1683 que Formose a subi le joug des Chinois, n'ait songé à s'y établir, du moins aux mêmes conditions que les Portugais le font à Macao; mais outre que le caractere soupçonneux de la nation à laquelle cette isle appartient, ne permettroit pas d'espérer de sa part cette complaisance, on peut assurer que ce seroit une mauvaise entreprise. Formose n'étoit un poste important, que lorsque les Japonois pouvoient y naviguer, & lorsque ses productions étoient reçues sans restriction au Japon.

Cet empire paroissoit fermé pour toujours aux Hollandois: ils désespéroient d'y entrer après les tentatives inutiles qu'ils avoient faites, lorsqu'un de leurs capitaines, qui avoit été jetté par la tempête sur les côtes Japonoises, les avertit que les peuples étoient bien disposés pour eux.

Le gouvernement & la nation étoient las des Portugais qui s'étoient rendus odieux par leur avarice, leur orgueil, leur infidélité dans le commerce, & l'excès de leur zele pour leur religion. Quelques dogmes du Christianisme, assez semblables à ceux des Bubsdoistes, & le même esprit de pénitence dans les deux religions avoient donné des profélites aux missionnaires Portugais. Dès
que

que les nouveaux Chrétiens furent nombreux, ils cabalerent : on commença par les punir ; on finit par les détruire.

Depuis un siecle, le gouvernement avoit changé au Japon. Le Dairi souverain & pontife, avoit vu son grand général se soulever contre lui & se faire empereur. La famille de cet usurpateur s'étoit maintenue sur le trône, & le Dairi, auparavant chef de l'Empire, n'étoit plus que le chef des prêtres. Le Cubo ou empereur laic lui rendoit des honneurs, sans lui laisser de crédit ; & pour ôter aux ecclésiastiques tout leur pouvoir, il cherchoit à faire goûter au peuple le théisme, & les dogmes de Confucius.

Tandis qu'il travailloit à diminuer le fanatisme de la religion nationale, il voyoit avec peine introduire dans le Japon une religion étrangere. Il sentit que celle-ci, soumise à un pontif Européen, devoit être, tôt ou tard, l'ennemi de celle du Dairi, & que ce seroit pour ses états, une source de division. Il résolut donc de l'abolir : elle voulut se défendre ; & l'on fut réduit à la noyer dans des torrens de sang. Ainsi, dans un empire despotique, dès qu'une religion s'affoiblit, une autre naît, & comme le théisme ne peut entrer dans l'esprit des esclaves que l'état rend malheureux, ni la tolérance dans l'ame d'un despote, il faut nécessairement que l'ancienne ou la nouvelle religion soient éteintes par le fer ou par le feu.

Les Portugais qui avoient apporté le Christianisme au Japon, furent bannis en 1638 ; & privés à perpétuité d'un commerce, dont ils tiroient en or, même dans les dernieres années, onze millions de nos livres. Leurs bénéfices avoient été plus considérables, lorsqu'ils portoient seuls au Japon des bagatelles d'Europe & des Indes, que les Japonois naturellement curieux achetoient avec empressement, & que la vivacité de leurs desirs leur faisoit payer aussi cher qu'on vouloit.

Les Hollandois, qui depuis quelque tems, négocioient en concurrence avec eux, ne furent pas enveloppés dans leur disgrace. Comme ces républicains n'avoient pas montré l'ambition de se mêler du gouvernement, qu'ils avoient prêté leur artillerie contre les Chrétiens, qu'on les voyoit en guerre ouverte avec la nation proscrite, que l'opinion de leurs forces n'étoit pas établie, qu'ils paroissoient réservés, souples, modestes, uniquement occupés de leur commerce, on les toléra. Dans la suite, soit que l'esprit d'intrigue & de domination les ait saisis, soit, comme il est plus vraisemblable, qu'aucune conduite ne puisse prévenir la défiance Japonoise; ils ont été dépouillés de la liberté & des privileges dont ils jouissoient. Depuis 1641, ils sont relégués dans une isle artificielle, élevée dans le port de Nangazaki, & qui communique par un pont à la ville. On désarme leurs vaisseaux, à mesure qu'ils arrivent; & la poudre, les fusils, les épées, l'artillerie, le gouvernail même sont portés à terre. Dans cette espece de prison, ils sont traités avec un mépris dont on n'a point d'idée; & ils ne peuvent avoir de communication qu'avec les commissaires chargés de régler le prix & la quantité de leurs marchandises. Il n'est pas possible, que la patience avec laquelle ils souffrent ce traitement depuis de plus d'un siecle, ne les ait avilis aux yeux de la nation qui en est témoin, & que l'amour du gain ait porté à ce point l'insensibilité aux outrages, sans avoir flétri le caractere.

Les principales marchandises que les Hollandois portent au Japon, sont des draps d'Europe, des étoffes de soie, des toiles peintes, du sucre & des bois de teinture. Ces articles formoient autrefois un objet immense. L'année même de la disgrace de la compagnie, ses retours monterent à huit millions de florins en or : des entraves multipliées ont réduit par dégrés sa prospérité à rien. La cargaison des deux vaisseaux qu'elle envoie ne peut pas être vendue au-delà de cinq cens mille florins. On lui donne en paiement, onze mille caisses de cuivre, à vingt florins douze sols la caisse, pésant cent vingt livres. Ses frais, en y comprenant les présens & l'ambassade qu'on envoie tous les ans à l'Empereur, montent communément à cent quarante mille florins, & ses bénéfices ne passent guere cent cinquante-cinq mille; de sorte que, lorsque la compagnie en a gagné vingt mille, l'année passe pour heureuse.

Les plus honnêtes, les plus éclairés de ceux qui conduisent les affaires des Hollandois dans l'Inde, ont proposé souvent & vivement d'abandonner une branche de commerce si honteuse & si peu lucrative. On s'est opiniâtrement refusé en Europe à ces ouvertures. La direction a toujours espéré, espére peut-être encore, que quelque révolution ramenera ces tems fortunés, où l'argent qu'elle tiroit du Japon, mettoit dans ses mains toutes les affaires de l'Asie.

Les Chinois, le seul peuple étranger qui soit admis dans l'Empire avec les Hollandois, ne font pas un commerce plus étendu, & c'est avec les mêmes gênes. On a pris ces précautions contre eux, depuis que, parmi les livres de philosophie & de morale qu'ils vendoient; on a trouvé des ouvrages favorables au Christianisme. Les missionnaires Européens les avoient chargés à Canton de les répandre; & l'appas du gain les avoit déterminé à une infidélité dont leur nation déplorera peut-être toujours les suites.

Il ne seroit pas téméraire de prédire, que les foibles liaisons que les Hollandois & les Chinois ont conservées au Japon, n'auront pas une longue durée. On peut croire que ceux qui ont changé le gouvernement du pays, & qui y ont établi le despotisme le plus absolu que l'on connoisse, regarderont toute communication avec les étrangers comme dangereuse à leur autorité. Cette conjecture paroît d'autant mieux fondée, que tous les sujets ont été dépouillés du droit dont ils jouissoient de sortir de leur patrie, lorsqu'ils le vouloient. La mort la plus violente paroîtroit trop douce pour quiconque oseroit violer une loi qui est devenue la premiere maxime, la maxime fondamentale de l'Empire.

Les Hollandois n'étoient pas encore maîtres du commerce du Japon, qu'ils cherchoient à s'approprier celui des Molucques. Les Portugais qui l'avoient fait d'abord avec un grand succès, s'étoient vu forcés dans la suite, à le partager avec les Espagnols de Manille, & réduits enfin à le leur céder presque entierement. Les deux nations toujours divisées, toujours en guerre, quoique soumises au même monarque, parce que le caractere national est plus fort que le gouvernement, se réunirent pour combattre les sujets des Provinces-unies. Ceux-ci, soutenus des naturels du pays, qui n'apprirent que depuis à les craindre & à les haïr, acquirent peu-à-peu, la supériorité. Les anciens conquérans furent enfin chassés, vers l'an 1627; & remplacés par d'autres, aussi avides, mais moins inquiets & plus éclairés.

Aussi-tôt que les Hollandois se virent solidement établis aux Molucques, ils chercherent à s'approprier le commerce exclusif des épiceries, avantages que ceux qu'ils venoient de dépouiller n'avoient jamais pu se procurer. Ils se servirent habilement des forts qu'ils avoient emportés, l'épée à la main, & de ceux qu'on avoit eu l'imprudence de leur laisser bâtir, pour amener à leur plan les rois de Temate & de Tidor, maîtres de cet Archipel. Ces princes se virent réduits à consentir, qu'on arrachât des isles qu'on laissoit sous leur domination, le muscadier & le giroflier. Le premier de ces esclaves couronnés reçoit pour prix de ce grand sacrifice, une pension de trente-deux mille deux cens cinquante florins ; & le second, une d'environ six mille. Une garnison qui devroit être de sept cens hommes, est chargée d'assurer l'exécution du traité ; & tel est l'état d'anéantissemens où les guerres, la tyrannie, la misere ont réduit les peuples que ces forces seroient plus que suffisantes, pour les maintenir dans cette dépendance, s'il ne falloit pas surveiller les Philippines, dont le voisinage cause toujours quelques inquiétudes. Quoique toute navigation soit interdite aux habitans, & qu'aucune nation étrangere ne soit reçue chez eux ; les Hollandois n'y font qu'un commerce languissant, parce qu'ils n'y trouvent point de moyen d'échange, n'y d'autre argent que celui qu'ils y envoyent, pour payer les troupes, les commis & les pensions. Ce gouvernement, les petits profits déduits, coûte à la compagnie soixante dix mille florins par an.

Elle se dédommage bien de cette perte, à Amboine, où elle a concentré la culture du girofle.

L'arbre qui le donne a la forme & la figure du laurier : son tronc est branchu & révêtu d'une écorce semblable à celle de l'olivier : les rameaux s'étendent au large, à l'extrêmité naissent des fleurs blanches qui, en s'assemblant, forment ce que nous appellons un clou : c'est sa figure qui, sans doute lui a fait donner ce nom. Vers la tête, il se sépare en quatre, & représente une espece de couronne à l'antique. Ce fruit est d'abord, d'un verd pâle ; ensuite il devient jaune, puis rouge, & enfin d'un brun foncé, tel que nous le voyons.

La récolte s'en fait, depuis le mois d'octobre, jusqu'au mois de février. On secoue fortement les branches de l'arbre, ou bien on fait tomber les cloux avec de longs roseaux : ils sont reçus dans de grandes toiles placées à ce dessein ; & on les fait sécher ensuite aux rayons du soleil, ou à la fumée des cannes de bambou.

Les cloux qui échappent à l'exactitude de ceux qui en font la récolte, ou qu'on veut laisser sur l'arbre, continuent à grossir jusqu'à l'épaisseur d'un pouce : ils tombent ensuite, & reproduisent le giroflier qui ne donne des fruits, qu'au bout de huit ou neuf ans. Ces cloux, qu'on nomme matrices, quoiqu'inférieurs aux cloux ordinaires, ont des vertus : les Hollandois ont coutume d'en confire avec du sucre, & dans les longs voyages, ils en mangent après le repas, pour rendre la digestion meilleure, ou ils s'en servent comme d'un remede agréable contre le scorbut.

Le clou de girofle, pour être parfait, doit être bien nourri, pesant, gras, facile à casser, piquant les doigts quand on le manie, d'un goût chaud & aromatique, brûlant presque la gorge, d'une odeur excellente, & laissant une humidité huileuse, quand on le presse. La grande consommation s'en fait dans les cuisines. Il est tellement recherché dans quelques pays de l'Europe, & surtout aux Indes, que l'on y méprise presque toutes les nourritures où il ne se trouve pas. On le mêle dans les mets, dans les vins, dans les liqueurs : on l'emploie aussi parmi les odeurs. On s'en sert peu dans la médecine ; mais on en tire une huile qui y est d'un assez grand usage.

La compagnie a partagé aux habitans d'Amboine quatre mille terreins, sur chacun desquels elle leur permet de planter cent vingt-cinq arbres, ce qui forme un nombre de cinq cens mille girofliers : chacun donne, année commune, au-delà de deux livres de girofle ; & par conséquent, leur produit réuni s'éleve au-dessus d'un milion pesant. Quatre millions toujours en réserve en Europe, & deux millions dans l'Inde, suppléent aux mauvaises récoltes, remplissent le vuide que pourroit occasionner le naufrage des vaisseaux, ou l'avarie des marchandises.

Les dix livres de girofle sont payées au cultivateur, deux florins huit sols. La compagnie solde avec de l'argent qui lui revient toujours, & avec quelques toiles bleues ou crues, tirées de Coromandel. Ce foible commerce auroit reçu quelque accroissement, si les habitans d'Amboine & des petites isles qui en dépendent, avoient voulu se livrer à la culture du poivre & de l'indigo, dont les essais ont été heureux. Tout misérables qu'ils sont, on n'a pas réussi à les tirer de leur indolence, parce qu'on ne les a pas tentés par une récompense proportionnée à leurs travaux. Si la compagnie eût été plus juste & plus éclairée, elle seroit parvenue à épargner les cent quinze mille florins que lui coûte l'entretien de ses forts & de ses garnisons, au-delà des profits qu'elle fait sur la vente de ses marchandises.

L'administration est un peu différente, dans les isles de Banda, situées à trente lieues d'Amboine. Ces isles sont au nombre de cinq, deux sont incultes & presque inhabitées : les trois autres jouissent de l'avantage de produire seules dans l'univers la muscade.

Le muscadier a la hauteur du poirier. Son bois est moëlleux, son écorce cendrée, & ses branches sont flexibles : ses feuilles vertes & lissées croissent deux à deux sur une même tige, & répandent une odeur agréable, quand on les froisse. Aux fleurs semblables à celles du cerisier, succède le fruit. Il est de la grosseur d'un œuf, & a la couleur de l'abricot : sa premiere écorce est fort épaisse & ressemble à celle de nos noix qui sont sur l'arbre; s'ouvrant de même, dans sa maturité, & laissant voir la muscade envéloppée de son macis. C'est le tems de la cueillir, sans quoi le macis ou fleur de muscade se dessécheroit; & la noix perdroit cet huile qui la conserve & qui en fait la force. Celle qu'on cueille avant une parfaite maturité, est confite au vinaigre ou au sucre, & n'est recherchée qu'en Asie.

Ce fruit est neuf mois à se former. Quand on la cueilli, on détache sa premiere écorce, & on en sépare le macis qu'on laisse sécher au soleil. Les noix demandent plus de préparation : elles sont étendues sur des claies, où elles séchent pendant six semaines à un feu modéré, dans des cabanes destinées à cet usage. Séparées alors de leur coque, elles sont jettées dans de l'eau de chaux, précaution nécessaire, pour qu'il ne s'y engendre point de vers.

La muscade est plus ou moins parfaite, suivant l'âge de l'arbre, le terroir, l'exposition & la culture. On estime celle qui est récente, grasse, pesante, & qui, étant piquée, rend un suc huileux. Elle aide à la digestion, dissipe les vents & fortifie les visceres.

philosophique & politique. 153

La compagnie paye neuf sols la livre de macis, & la noix un sol un huitieme: elle s'est engagée à prendre à ces conditions, tout ce qu'on lui fourniroit.

A l'exception de cette précieuse épicerie, les isles de Banda, comme toutes les Molucques, sont d'une stérilité affreuse. On y trouve le superflu qu'aux dépens du nécessaire. La nature s'y refuse à la culture de tous les grains. Le sagu, qui est la moëlle d'un arbre de grandeur médiocre y sert de pain, comme la racine de manioc, dans l'Amérique méridionale : de ses branches il coule un jus, qui fait la boisson ordinaire des habitans, & dont l'usage est agréable & sain.

Comme cette nourriture ne seroit pas suffisante pour les Européens fixés dans les Molucques, on leur permet d'aller chercher des vivres à Java, à Macassar, ou dans l'isle extrêmement fertile de Bali. La compagnie porte elle-même à Banda quelques marchandises. Cependant les dépenses de ce gouvernement excédent de quatre vingt-cinq mille florins les bénéfices de ce commerce, & le produit des impositions.

C'est le seul établissement des Indes orientales qu'on puisse regarder comme une colonie Européenne, parce que c'est le seul où les Européens soient propriétaires des terres. La compagnie trouvant les habitans de Banda sauvages, cruels, perfides, parce qu'ils étoient impatiens du joug, a pris le parti de les exterminer. Leurs possessions ont été partagées à des blancs qui tirent des isles voisines, des esclaves pour la culture : ces blancs sont, la plupart, créoles, ou des esprits chagrins, retirés du service de la compagnie. On y voit aussi, dans la petite isle de Rozegeyn, des bandis flétris par les loix, ou de jeunes gens fans mœurs, dont les familles ont voulu fe débarafler : c'eſt ce qui a fait appeller Banda, l'*Iſle de correction*. Le climat en eſt ſi mal ſein que ces malheureux n'y vivent pas long-tems. Une ſi grande conſommation d'hommes a fait tenter de tranſporter à Amboine, la culture de la muſcade. La compagnie pouvoit y être excitée encore par deux autres puiſſans intérêts, celui de l'économie & celui de la sûreté. Les expériences n'ont pas été heureuſes ; & les choſes ſont reſtées dans l'état où elles étoient.

Pour s'aſſurer le produit excluſif des Moluques, qu'on appelle avec raiſon les *mines d'or* de la compagnie, les Hollandois ont été obligés de former deux établiſſemens, l'un à Timor, l'autre aux Célebes.

La premiere de ces deux iſles a environ ſoixante lieues de long ſur quinze ou dix-huit de large : elle eſt partagée entre pluſieurs petits ſouverains. Les Portugais qui, du tems de leur décadence, s'y refugierent de divers endroits, y ſont encore en grand nombre. Ils furent chaſſés en 1613 de la ville de Koupan, par les Hollandois qui y ont une forterefſe, avec une garniſon de cinquante hommes. La compagnie y envoie tous les ans, quelques groſſes toiles ; & elle en retire de la cire, du caret, du bois de ſandal de médiocre qualité, & du cadiang, petite féve dont on ſe ſert communément dans les vaiſſeaux Hollandois pour varier la nourriture des équipages. Ces objets réunis occupent une ou deux chaloupes expédiées de Batavia. Il n'y a ni à gagner ni à perdre dans cet établiſſement : la recette balance la dépenſe. Il y a long-tems que la compagnie auroit abandonné Timor, ſi elle n'avoit craint de voir s'y fixer quelque nation active, qui, de cette poſition favorable, troubleroit aifément le commerce des Molucques. Le même efprit de précaution l'a attirée aux Célebes.

Cette ifle, dont le diamètre eft d'environ cent trente lieues, eft très-habitable, quoique fituée au milieu de la zone torride. Les chaleurs y font tempérées par des pluies abondantes & par des vents frais. Ses habitans font les plus braves de l'Afie méridionale : leur premier choc eft furieux, mais il n'eft pas de longue durée ; & fi on réfifte à leur impétuofité, ils perdent bientôt courage. La longueur du *cri*, leur arme favorite, eft d'un pied & demi. Il a la forme d'un poignard dont la lame s'allonge en ferpentant, on n'en porte qu'un à la guerre ; mais on en a deux dans les querelles particulieres. Celui qu'on tient à la main gauche, fert à parer les coups, & l'autre à frapper l'ennemi. La bleffure qu'il fait eft très-dangereufe ; & un duel fe termine le plus fouvent par la mort des deux combattans.

Une éducation auftere rend les habitans de Célebes agiles, induftrieux, robuftes. Les nourrices font dans l'habitude de frotter plufieurs fois le jour les membres des enfans, avec de l'huile, ou avec de l'eau tiede. Ces onctions fréquentes aident la nature à fe développer avec liberté. On ne manque jamais de les fevrer au bout d'un an, de peur qu'un plus long ufage du lait maternel n'énerve leur vigueur. La fuite des foins qu'on leur donne répond à ces principes.

Ces peuples ne reconnoiffoient autrefois de Dieux que le foleil & la lune. On ne leur offroit des facrifices que dans les places publiques, parce qu'on ne trouvoit pas de matiere affez précieufe pour leur élever des temples. Dans l'opinion de ces infulaires, le foleil & la lune étoient éternels, comme le ciel dont ils se partageoient l'empire. L'ambition les brouilla. La lune fuyant devant le soleil, se blessa, & accoucha de la terre : elle étoit grosse de plusieurs autres mondes, qu'elle mettra successivement au jour, mais sans violence, pour réparer la ruine de ceux que le feu de son vainqueur doit consumer.

Ces absurdités étoient généralement reçues à Célebes; mais elles n'avoient pas dans l'esprit des grands & du peuple, la consistance que les dogmes religieux ont chez les autres nations. Il y a environ deux siecles que quelques Chrétiens & quelques Mahométans y ayant apporté leurs idées, le principal roi du pays se dégoûta entierement du culte national. Frappé de l'avenir terrible, dont les deux nouvelles religions le ménaçoient également, il convoqua une assemblée générale : au jour indiqué, il monta sur un endroit élevé; & là étendant ses mains vers le ciel, & se tenant de bout, il adressa cette priere à l'Etre suprême.

Grand Dieu, je ne me prosterne point à tes pieds, en ce moment, parce que je n'implore point ta clémence. Je n'ai à te demander qu'une chose juste; & tu me la dois. Deux nations étrangeres, opposées dans leur culte, sont venues porter reur dans mon ame & dans celle de mes sujets. Elles m'assurent que tu me puniras à jamais, si je n'obéis à tes loix : j'ai donc le droit d'exiger de toi, que tu me les fasses connoître. Je ne demande point que tu me révele les mysteres impénétrables qui enveloppent ton Etre & qui me sont inutiles. Je suis venu pour t'interroger avec mon peuple, sur les devoirs que tu veux nous imposer. Parle, ô mon Dieu! puisque tu es l'Auteur de la nature, tu connois le fond de nos cœurs, & tu sais qui leur est impossible de concevoir un projet de désobéissance : mais si tu dédaignes de te faire entendre à des mortels, si tu trouves indigne de ton essence d'employer le langage de l'homme pour dicter des devoirs à l'homme, je prens à témoin ma nation entiere, le soleil qui m'éclaire, la terre qui me porte, les eaux qui environnent mon empire, & toi-même, que je cherche dans la sincérité de mon cœur, à connoître ta volonté; & je te préviens aujourd'hui, que je reconnoîtrai pour les dépositaires de tes oracles, les premiers ministres de l'une ou de l'autre religion que tu feras arriver dans nos ports. Les vents & les eaux sont les ministres de ta puissance; qu'ils soient le signal de ta volonté. Si en suivant le plan que je me propose, je venois à embrasser l'erreur, ma conscience seroit tranquille; & c'est toi qui serois le méchant.

Le peuple se sépare en attendant les ordres du Ciel, & résolu de se livrer aux premiers missionnaires qui arriveroient aux Célebes. Les Apôtres de l'Alcoran furent le plus actifs; & le souverain se fit circoncire avec son peuple. Le reste de l'isle ne tarda pas à suivre cet exemple.

Ce contretems n'empêcha pas les Portugais de s'établir à Célebes. Ils s'y maintinrent, même après avoir été chassés des Molucques. La raison qui les y retenoit & qui y attiroit les Anglois, étoit la facilité de se procurer des épiceries, que les naturels du pays trouvoient le moyen d'avoir, malgré les précautions qu'on prenoit pour les écarter des lieux où elles croissoient.

Les Hollandois que cette concurrence empêchoit de s'approprier le commerce exclusif du girofle & de la muscade, entreprirent en 1660 d'arrêter, comme ils s'exprimoient, cette contrebande. Ils employerent pour y réussir, des moyens que la morale la plus relâchée a en horreur, mais qu'une avidité sans bornes a rendus extrêmement communs en Asie. En suivant sans interruption des principes atroces, ils parvinrent à chasser les Portugais, à écarter les Anglois, à s'emparer du port & de la forteresse de Macassar : à cette époque, ils se trouverent maîtres absolus dans l'isle, sans l'avoir conquise. Les princes qui la partagent furent réunis dans une espece de confédération : ils s'assemblent de tems-en-tems pour les affaires qui concernent l'intérêt général. Ce qui est décidé est une loi pour chaque état. Lorsqu'il survient quelque contestation, elle est terminée par le gouverneur de la colonie Hollandoise, qui préside à cette diette. Il éclaire de près ces différens despotes, qu'il tient dans une égalité entiere, pour qu'aucun d'eux ne s'éleve au préjudice de la compagnie. On les a tous désarmés, sous prétexte de les empêcher de se nuire les uns aux autres ; mais, en effet, pour les mettre dans l'impuissance de rompre leurs fers.

Les Chinois, seuls étrangers qui soient reçus à Célebes, y apportent du tabac, du fil d'or, des porcelaines, & des soies en nature. Les Hollandois y vendent de l'opium, des liqueurs, de la gomme lacque, des toiles fines & grossieres. On en tire un peu d'or, beaucoup de ris, de la cire, des esclaves & des tripams. Les douanes rapportent quarante mille florins à la compagnie. La dîme du ris & les bénéfices de son commerce sont beaucoup plus considérables. Ces objets réunis ne couvrent pas cependant les frais de la colonie : elle coûte soixante-quinze mille florins au-dessus. On sent bien qu'il faudroit l'abandonner, si elle n'étoit regardée, avec raison, comme la clef des isles à épiceries.

L'établissement formé à Borneo a un but moins important. C'est une des plus grandes, & peut-être la plus grande isle que l'on connoisse. Ses anciens habitans en occupent l'intérieur : les côtes sont peuplées de Macassarois, de Javans, de Malais, qui ont ajouté aux vices qui leur sont naturels une férocité qu'on retrouveroit difficilement ailleurs. Les Portugais qui, en 1526, cherchoient à s'y établir, crurent adoucir un roi Maure, en lui offrant quelques pieces de tapisseries à personnages : on prit les figures pour des hommes enchantés, dont on craignit les complots ; & les présens furent renvoyés avec horreur, ainsi que ceux qui les offroient. Ils furent plus heureux dans la suite, si c'est un bonheur d'être reçu dans un pays pour y être massacré. Un comptoir que les Anglois y formerent quelques années après eut la même destinée. Les Hollandois, qui n'avoient pas été mieux traités, reparurent en 1748 avec une escadre. Quoique très-foible, elle en imposa tellement au prince qui possede seul le poivre, qu'il se détermina à leur en accorder le commerce exclusif. Seulement il lui fut permis d'en livrer cinq cens mille livres aux Chinois, qui, de tout tems, fréquentoient ses ports. Depuis ce traité, la compagnie envoie à Banjermassin du ris, de l'opium, du sel, de grosses toiles. Elle en tire quelques diamans, & environ six cens mille pesant de poivre à quinze florins dix sols le cent. Le gain qu'elle fait sur ce qu'elle y porte, peut à peine balancer les dépenses de l'établissement, quoiqu'elles ne montent qu'à seize mille florins. Sumatra lui procure des avantages plus considérables.

Quoique cette isle, avant l'arrivée des Européens aux Indes, fut partagée entre plusieurs souverainetés, tout le commerce se réunissoit à Achem. Le port de ce royaume étoit fréquenté par tous les peuples de l'Asie; & le fut dans la suite par les Portugais, & par les nations qui s'éleverent sur leurs ruines. On y échangeoit toutes les productions de l'orient, contre de l'or, du poivre, quelques autres marchandises qui abondoient dans ce climat plus riche que sain. Les troubles qui bouleverserent ce fameux entrepôt, y firent tomber toute industrie & en écarterent les navigateurs.

Au tems de cette décadence, les Hollandois imaginerent de former des établissemens dans d'autres parties de l'isle qui jouissoient de plus de tranquillité. Ceux qu'il leur fut permis d'avoir dans l'empire d'Indripoura sont réduits à peu de chose, depuis que les Anglois se sont fixés sur la même côte. Le comptoir de Jambi est encore moins utile, parce que les rois voisins de ce prince, l'ont dépouillé de ses possessions. La compagnie se dédommage de ses malheurs à Palimban où, pour trente mille florins, elle entretient un fort, une garnison de quatre-vingt hommes, & deux ou trois chaloupes qui croisent continuellement. On lui livre tous les ans, deux millions pesant de poivre, à dix florins & demi le cent, & un million & demi de calin, à vingt-huit florins trois quart le cent. Ce prix, tout borné qu'il doit paroître, est avantageux au roi qui en donne à ses sujets un encore moindre. Quoiqu'il prenne à Batavia une partie de la nourriture & du vêtement de ses états, on est obligé de solder avec lui en piastres. De cet argent, de l'or qu'on ramasse dans ses rivieres, il a formé un trésor qu'on sait être immense. Un seul vaisseau Européen pourroit s'emparer de tant de richesses; & s'il avoit quelques

ques troupes de débarquement, se maintenir dans un poste qu'il auroit pris sans peine. Il paroît bien extraordinaire qu'une entreprise si utile & si facile n'ait pas tenté la cupidité de quelque avanturier.

Une injustice, une cruauté de plus ne doivent rien coûter à des peuples policés, qui ont foulé aux pieds tous les droits, tous les sentimens de la nature pour s'approprier l'univers. Il n'y a pas une seule nation en Europe qui n'ait les plus légitimes raisons, pour s'emparer des richesses de l'Inde. Au défaut de la religion qu'il n'est plus honnête d'invoquer, depuis que ses ministres en ont trahi eux-mêmes le mistere par une cupidité & une ambition sans bornes, combien ne reste-t-il pas encore de prétextes à la fureur d'envahir : un peuple monarchiste veut étendre au-delà des mers la gloire & l'empire de son maître : ce peuple est trop heureux dans le climat où le ciel l'a fait naître pour ne pas aller exposer sa vie, au bout d'un autre monde, & tâcher d'augmenter le nombre des fortunés sujets qui vivent sous les loix du meilleur des princes. Un peuple libre & maître de lui-même est né sur l'océan, pour y regner : il ne peut s'assurer l'empire de la mer, qu'en s'emparant de la terre ; elle est au premier occupant, c'est-à-dire, à celui qui peut en chasser les plus anciens habitans : il faut les subjuguer par la force ou par la ruse, & les exterminer pour avoir leurs biens. L'intérêt du commerce, la dette nationale, la majesté du peuple l'exigent ainsi. Des républicains ont heureusement secoué le joug d'une tyrannie étrangere, il faut qu'ils l'imposent à leur tour. S'ils ont brisé des fers, c'est pour en forger. Ils haïssent la monarchie ; mais ils ont besoin d'esclaves. Ils

Tome I. L

n'ont point de terres chez eux : comment n'en prendroient-ils pas chez les autres ?

Le commerce que la compagnie fait à Siam a toujours été en déclinant. Comme elle n'y a point de fort, elle n'a pas été en état de soutenir le privilege exclusif qui lui avoit été accordé. Le roi, malgré les présens qu'il exige, livre des marchandises aux navigateurs de toutes les nations, & en reçoit d'eux à des conditions qui lui sont avantageuses. Seulement on les oblige de s'arrêter à l'embouchure du Menan, au lieu que les Hollandois remontent ce fleuve jusqu'à la capitale de l'empire où ils ont toujours un agent. Cette prérogative ne donne pas une grande activité à leurs affaires. Ils n'envoient plus qu'un vaisseau chargé de chevaux de Java, de sucre, d'épiceries & de toiles. Ils en tirent du calin, à trente-cinq florins le cent, de la gomme lacque, à vingt-six florins, quelques dents d'éléphant, à un florin treize sols la livre, un peu d'or, à quatre-vingt-sept florins trois quarts le marc. On peut assurer qu'ils tiennent uniquement à cette liaison par le bois de sapan qu'ils obtiennent à deux florins & demi le cent, & qui leur est nécessaire pour l'arrimage de leurs vaisseaux. Sans ce besoin, ils auroient renoncé depuis long-tems, à un commerce dont les frais excèdent les bénéfices, parce que le roi, seul négociant de son royaume, met les marchandises qu'on lui porte à un très-bas prix. Un plus grand intérêt tourna l'ambition des Hollandois vers Malaca.

Ces républicains, qui connoissoient l'importance de cette place firent les plus grands efforts pour s'en emparer : ils furent deux fois inutiles. Enfin s'il falloit s'en rapporter à un écrivain satyrique, on eut recours à un moyen que les peuples vertueux n'employent jamais, & qui réussit souvent avec une nation dégénérée. On tenta le gouverneur Portugais qu'on savoit avare. Le marché fut conclu ; & il introduisit l'ennemi dans la ville, en 1641 ; les assiégeans coururent à lui & le massacrerent, pour être dispensés de payer les quatre-vingt mille écus qui lui avoient été promis. Dans la vérité, les Portugais ne se rendirent qu'après la défense la plus opiniâtre. Le chef des vainqueurs, par une jactance qui n'est pas de sa nation, demanda à celui des vaincus, quand il reviendroit : *lorsque vos péchés seront plus grands que les nôtres*, répondit gravement le Portugais.

Les conquérans trouverent une forteresse bâtie, comme tous les ouvrages des Portugais, avec une solidité qu'aucune nation n'a depuis imitée, & un climat fort sain, quoique chaud & humide ; mais le commerce y étoit tout-à-fait tombé, depuis que des exactions continuelles en avoient éloigné toutes les nations. La compagnie ne l'y a pas rappellé, soit qu'elle y ait trouvé des difficultés insurmontables, soit qu'elle ait manqué de modération, soit qu'elle ait craint de nuire à Batavia. Ses opérations se réduisent à la vente d'un peu d'opium, de quelques toiles bleues, & à l'achat des dents d'éléphant, du calin, qui lui coûte trente-cinq florins le cent, d'un peu d'or, qu'elle paye quatre-vingt-dix florins le marc. Ces affaires seroient plus vives, plus considérables, si les princes étoient fideles au traité exclusif qu'ils ont fait avec elle. Malheureusement pour ses intérêts, ils ont formé des liaisons avec des Anglois qui fournissoient à meilleur marché à leurs besoins, & qui achetent plus cher leurs marchandises. Elle se dédommage un peu sur ses fermes & sur ses douanes qui lui donnent cent mille florins par an. Cependant ces revenus joints aux bénéfices du commerce, ne suffisent pas pour l'entretien de la garnison & des employés : il en coûte vingt mille florins à la compagnie.

Ce sacrifice put paroître long-tems léger. Avant que les Européens eussent doublé le cap de Bonne-espérance, les Maures, seuls navigateurs dans l'Inde, se rendoient de Surate & de Bengale à Malaca, où ils trouvoient les bâtimens des Molucques, du Japon, & de la Chine. Lorsque les Portugais se furent emparés de cette place, ils allerent eux-mêmes chercher le poivre à Bantam, & les épiceries à Ternate. Pour abréger leur retour, ils imaginerent de le faire par les isles de la Sonde, & y réussirent. Les Hollandois, devenus possesseurs de Malaca & de Batavia se trouverent maîtres des deux seuls détroits connus. Ils y croisoient dans des tems de trouble, & interceptoient les vaisseaux de leurs ennemis. Cette position a cessé d'être respectable, depuis que les François, à la fin de la guerre de 1744, ont découvert le détroit de Baly, & les Anglois, celui de Lamboc, dans la derniere guerre. Batavia continuera toujours d'être l'entrepôt d'un commerce immense ; mais Malaca perd l'unique avantage qui lui donnoit de la considération.

Sans avoir prévu cet événement, la compagnie, en même tems qu'elle s'agrandissoit & s'affermissoit dans l'orient de l'Asie, songeoit à s'assurer de cette partie de l'Inde où les Portugais la traversoient encore, & à leur enlever l'isle de Ceylan. On peut remarquer que cette nation si éclairée sur le commerce, a d'abord pensé à se rendre maîtresse des productions de premiere &

de seconde nécessité, avant de songer aux marchandises de luxe. C'est sur la possession des épiceries qu'elle a fondé sa grandeur en Asie, comme elle l'a fondée en Europe sur la pêche du hareng. Les Molucques lui fournissoient la muscade & le girofle : Ceylan devoit lui donner de la canelle.

Spilberg, le premier de ses amiraux qui osa montrer son pavillon sur les côtes de cette isle délicieuse, trouva les Portugais occupés à bouleverser le gouvernement & la religion du pays, à détruire les uns par les autres, les souverains qui la partageoient, à s'élever sur les débris des trônes qu'ils renversoient successivement. Il offrit les secours de sa patrie à la cour de Candi : ils furent acceptés avec transport. *Vous pouvez assurer vos maîtres*, lui dit le monarque, *que s'ils veulent bâtir un fort, moi, ma femme, mes enfans, nous serons les premiers à porter les matériaux nécessaires.*

Les peuples de Ceylan ne virent dans les Hollandois que les ennemis de leurs tyrans ; & ils se joignirent à eux. Par ces deux forces réunies, les Portugais furent entiérement chassés en 1658, après une guerre longue, sanglante, opiniâtre. Leurs établissemens tomberent tous entre les mains de la compagnie, qui les occupe encore. A l'exception d'un espace assez borné, sur la côte orientale, où on ne trouve point de port, & dont le souverain du pays tiroit son sel, ils formerent autour de l'isle un cordon régulier qui s'étendoit depuis deux jusqu'à douze lieues, dans les terres.

Les forts de Jafanapatan, des isles de Manar & de Calpantin, ont pour but d'empêcher toute liaison avec les peuples du continent voisin. Negumbo, destiné à contenir le district qui produit la meilleure canelle, a un port suffisant pour les chaloupes, mais qui n'est pas fréquenté, parce qu'il y a une riviere navigable qui conduit à Kolombo. Cette place, que les Portugais avoient fortifiée avec un foin extrême comme le centre des richesses, est devenue le chef-lieu de la colonie. Il est vraisemblable, que, sans les dépenses qui y avoient été faites, les vices de sa rade auroient déterminé les Hollandois à établir leur gouvernement & leurs forces à pointe de Gale. On y trouve un port dont, à la vérité, l'entrée est difficile & le bassin fort resserré, mais qui réunit d'ailleurs toutes les perfections qu'on peut desirer. C'est-là que la compagnie fait ses chargemens pour l'Europe.

Maturé lui sert à recueillir les caffés & les poivres, dont elle a introduit la culture. Ses fortifications se réduisent à une redoute située sur une riviere qui ne peut recevoir que des bateaux. Le plus beau, le meilleur port des Indes, c'est Trinquemale: il est composé de plusieurs bayes où les plus nombreuses flottes trouvent un asyle sûr. On n'y fait point de commerce; le pays n'offre aucune marchandise; il fournit même peu de vivres: il est gardé par sa stérilité. D'autres établissemens moins considérables, répandus sur la côte, servent à faciliter les communications, & à écarter les étrangers.

Ces sages précautions ont mis dans les mains de la compagnie toutes les productions de l'isle. Celles qui entrent dans le commerce sont les amétistes, les saphirs, les topazes, & des rubis très-petits & très-imparfaits; ce sont des Maures venus de la côte de Coromandel, qui, en payant un modique droit, les achetent, les taillent, & les font vendre à bas prix, dans les différentes contrées de l'Inde.

Le poivre, que la compagnie achete quatre sols la livre; le caffé, qu'elle ne paye que deux; & le cardamome, qui n'a point de prix fixe: les naturels du pays sont trop indolens, pour que ces cultures, qui sont toutes d'une qualité très-inférieure, puissent jamais devenir fort considérables.

Une centaine de bales de mouchoirs de Pagnes & de Guingamps, d'un très-beau rouge, que les Malabares fabriquent à Jafanapatan, où ils sont établis, depuis très-long-tems.

Quelque peu d'ivoire & environ cinquante éléphants; on les porte à la côte de Coromandel; & cet animal doux & pacifique, mais trop utile à l'homme, pour rester libre dans une isle, va sur le continent augmenter & souffrir les périls de la guerre.

De l'areque, que la compagnie achete, à raison de cinq florins l'ammonan, & qu'elle vend dix-huit ou vingt sur les lieux-mêmes, aux vaisseaux de Bengale, de Coromandel, & des Maldives, qui le payent avec du ris, de grosses toiles, & des cauris. L'areque, qui croît sur une espece de palmier, est un fruit qui n'est pas rare, dans la plupart des contrées de l'Asie, & qui est très-commun à Ceylan: il est ovaire, & ressembleroit assez à la date, s'il n'étoit pas plus serré par les deux bouts. Son écorce est épaisse, lisse & membraneuse. Le noyau qu'elle environne est blanchâtre, en forme de poire, & de la grosseur d'une muscade. Lorsqu'on le mange seul, comme le font quelques Indiens, il appauvrit le sang, donne la jaunisse: cet inconvénient n'est pas à craindre, lorsqu'il est mêlé avec le bétel.

Le bétel est une plante qui rampe & qui grimpe comme le lierre. Ses feuilles sont assez semblables à celles du citronnier, quoique plus longues & plus étroites à l'extrêmité. On la cultive comme la vigne, & on lui donne pour la soutenir, un petit arbre, appellé agati, sur lequel elle se plaît singuliérement. Le bétel croît par-tout & dans toute l'Inde ; mais il ne prospére véritablement que dans des lieux humides.

A toutes les heures du jour, même de la nuit, les Indiens mâchent & crachent des feuilles de bétel, dont l'amertume est corrigée par l'areque qu'elles enveloppent toujours. On y joint constamment du chunam, espece de chaux brûlée faite avec des coquilles. Les gens riches y ajoutent souvent des parfums qui flattent leur vanité ou leur sensualité.

On ne peut pas se séparer avec bienséance, pour quelque tems, sans se donner mutuellement du bétel dans une bourse : c'est un présent de l'amitié qui soulage l'absence. Personne n'oseroit parler à son supérieur, sans avoir la bouche parfumée de bétel ; il seroit même grossier de négliger cette précaution avec son égal. Si quelqu'un se présente par hasard sans avoir mâché du bétel, il a grand soin de mettre sa main devant sa bouche, pour intercepter toute odeur désagréable. Les femmes galantes font le plus grand usage du bétel comme d'un puissant attrait pour l'amour. On prend du bétel après le repas ; on mâche du bétel durant les visites ; on s'offre du bétel en s'abordant, en se quittant toujours du bétel. Si les dents ne s'en trouvent pas bien, l'estomach en est plus sain & plus fort. C'est du moins un préjugé généralement établi aux Indes.

La pêche des perles est encore un des revenus de Ceylan. On peut conjecturer avec vraisemblance que cette isle, qui n'est qu'à quinze lieues du continent, en fut détachée dans des tems plus ou moins reculés, par quelque grand effort de la nature. L'espace qui la sépare actuellement de la terre, est rempli de bas fonds qui empêchent les vaisseaux d'y naviguer. Dans quelques intervalles seulement, on trouve quatre ou cinq pieds d'eau qui permettent à de petits bateaux d'y passer. Les Hollandois, qui s'en attribuent la souveraineté, y tiennent toujours deux chaloupes armées pour exiger les droits qu'ils ont établis. C'est dans ce détroit que se fait la pêche des perles, qui eut autrefois un si grand éclat. Cette source de richesses a été si fort épuisée, qu'il n'est pas possible d'y revenir souvent. On visite à la vérité tous les ans le banc, pour savoir à quel point il est fourni d'huitres; mais communément il ne s'y en trouve assez, que tous les cinq ou six ans. Alors la pêche est affermée; & tout calculé, on peut la faire entrer dans les revenus de la compagnie pour cent mille florins. Il se trouve sur les mêmes côtes une coquille appellée Sjancos, dont les Indiens de Bengale font des bracelets. La pêche en est libre; mais le commerce en est exclusif.

Après tout, le grand objet de la compagnie, c'est la cannelle. La racine de l'arbre qui la donne est grosse, partagée en plusieurs branches, couverte d'une écorce d'un roux grisâtre en dehors, rougeâtre en dedans. Le bois de cette racine est dur, blanc & sans odeur.

Le tronc qui s'éleve jusqu'à huit & dix toises, est couvert ainsi que ses nombreuses branches, d'une écorce d'abord verte & ensuite rouge.

La feuille ne ressembleroit pas mal à celle du laurier, si elle étoit moins longue & moins pointue. Lorsqu'elle est tendre, elle a la couleur de feu : en vieillissant & en sechant, elle prend un verd foncé au dessus, & un verd plus clair au-dessous.

Les fleurs font petites, blanches, difposées en gros bouquets à l'extrêmité des rameaux, d'une odeur agréable & qui approche de celle du muguet.

Le fruit a la forme du gland; mais il eft plus petit. Il mûrit, pour l'ordinaire, au mois de feptembre. En le faifant bouillir dans l'eau, il rend une huile qui furnage & qui fe brûle. Si on la laiffe congeler, elle acquiert de la blancheur, de la confiftance; & l'on en fait des bougies d'une odeur agréable, mais dont l'ufage eft réfervé au roi.

Il n'y a de précieux, dans l'arbre qui produit la cannelle, que la feconde écorce. Pour l'enlever & la féparer de l'écorce extérieure, grife & raboteufe, on ne connoît pas de faifon auffi favorable que le printemps, lorfque la féve eft la plus abondante. On la coupe en lames; on l'expofe au foleil; & en fe fechant, elle fe roule comme nous la voyons.

Les vieux canneliers ne donnent qu'une cannelle groffiere, dont on ne fait point de cas. Pour qu'elle foit bonne, il faut que l'arbre n'ait que trois ou quatre ans. Le tronc qu'on a dépouillé ne prend plus de nourriture; mais la racine ne meurt point & pouffe toujours des rejettons. D'ailleurs, le fruit des canneliers contient une femence qui fert à les reproduire.

La compagnie a des poffeffions, où cet arbre ne croît point: on n'en trouve que dans le territoire de Negumbo, de Kolombo, & de Pointe de Gale. Les forêts du prince rempliffent le vuide qui fe trouve quelquefois dans les magafins. Les montagnes occupées par les Bédas en font remplies, mais ni les Européens, ni les Chingulais n'y font admis, & pour partager leurs richeffes, il faudroit leur déclarer la guerre.

Comme les Chingulais, ainsi que les Indiens du continent sont distribués par castes, qu'ils ne s'allient jamais les uns avec les autres, & qu'ils exercent toujours la même profession, l'art de dépouiller les canneliers est une occupation particuliere, & la plus vile de toutes les occupations; elle est réservée à la caste des Chalias. Tout autre insulaire se croiroit deshonoré, s'il se livroit à ce métier.

La cannelle, pour être excellente, doit être fine, unie, facile à rompre, mince, d'un jaune tirant sur le rouge, odorante, aromatique, d'un goût piquant & cependant agréable. Celle dont les bâtons sont longs, & les morceaux petits, est préférée par les connoisseurs. Elle contribue aux délices de la table, & fournit d'abondans secours à la médecine.

Les Hollandois achetent la plus grande partie de la cannelle, des Indiens qui leur sont soumis: ils se sont engagés à en recevoir une quantité limitée du roi de Candi, à un prix plus considérable. L'une compensée par l'autre, elle ne leur revient pas à six sols la livre; & ils en exportent sept mille balles, chacune de quatre-vingt & quelques livres pesant. Il ne seroit pas impossible aux vaisseaux qui fréquentent les ports de Ceylan, de se procurer l'arbre qui produit la cannelle; mais cet arbre a dégénéré au Malabar, à Batavia, à l'isle de France, par-tout où il a été transplanté.

La compagnie croyoit avoir besoin autrefois, de quatre mille soldats blancs ou noirs, pour s'assurer les avantages qu'elle tire de Ceylan. Ce nombre a diminué de plus de moitié. Ses dépenses annuelles montent cependant à onze cens mille florins; & ses revenus, ses petites branches de commerce ne rendent pas plus d'un million. Ce qui manque est pris sur les bénéfices immenses que donne la cannelle. Elle doit fournir encore aux frais qu'occasionnent les guerres qu'on a de tems en tems contre le roi de Candi, aujourd'hui seul souverain de l'isle.

Les Hollandois ne se dissimulent pas que ces divisions leur sont funestes. Dès qu'elles commencent, les peuples qui habitent les côtes se retirent la plupart dans l'intérieur des terres. Malgré le despotisme qui les attend, ils trouvent encore plus insupportable le joug Européen qui les condamne à travailler, pour une livre de ris par jour, pour des étrangers, à les porter dans des palanquins dans tous leurs voyages, à leur dresser des huttes dans tous les lieux où ils veulent se reposer pendant le jour, ou passer la nuit. Les Chalias n'attendent pas même souvent les hostilités pour s'éloigner : ils prennent quelquefois cette résolution extrême, à la moindre mésintelligence qu'on remarque entre le roi & la compagnie. La perte d'une récolte est alors suivie des dépenses qu'il faut faire, des fatigues qu'il faut essuyer, pour pénétrer, les armes à la main, dans un pays coupé de tous côtés par des rivieres, des bois, des ravins, & des montagnes. Ces malheurs deviendroient plus considérables, si les naturels de l'isle étoient secourus par quelque puissance Européenne, comme on est assuré qu'ils l'auroient été dans les derniers tems par les Anglois, si des affaires plus importantes n'eussent attiré toutes leurs forces dans le Bengale.

Des considérations si puissantes avoient déterminé les Hollandois à avoir toutes sortes de complaisances pour le roi de Candi. Ils lui envoyoient tous les ans un ambassadeur chargé de riches présens. Ils transportoient sur leurs vaisseaux ses prêtres à Siam, pour y étudier la religion qui est la même que la sienne. Quoiqu'ils eussent conquis sur les Portugais les forteresses, les terres qu'ils occupoient, ils se contentoient d'être appellés par ce prince : *les gardiens de ses rivages*. Ils lui faisoient encore d'autres sacrifices.

Cependant, des ménagemens si marqués n'ont pas toujours été suffisans pour maintenir la paix : elle a été troublée, à plusieurs reprises. La guerre qui a fini le 14 février 1766 a été la plus longue, la plus vive de celles que la défiance & des intérêts opposés ont excitées. Comme la compagnie donnoit la loi à un monarque chassé de sa capitale & errant dans les forêts, elle a fait un traité très - avantageux. On reconnoît sa souveraineté sur toutes les contrées dont elle étoit en possession avant les troubles. La partie des côtes qui étoit restée aux naturels du pays lui est abandonnée. Il lui sera permis de peler la cannelle dans toutes les plaines ; & la cour lui livrera la meilleure des montagnes, sur le pied de cinq pagodes, pour dix-huit livres. Ses commis sont autorisés à étendre le commerce par-tout où ils verront jour à le faire avantageusement. Le gouvernement s'engage à n'avoir nulle liaison avec aucune puissance étrangere, à livrer même tous les Européens qui pourroient s'être glissés dans l'isle. Pour prix de tant de sacrifices, le roi recevra annuellement la valeur de ce que les rivages cédés lui produisoient ; & ses sujets pourront y aller prendre, sans rien payer, le sel nécessaire à leur consommation. Si nous ne nous trompons, la compagnie pourroit tirer un grand avantage d'une position si heureuse.

A Ceylan, beaucoup plus encore que dans le reste de l'Inde, les terres appartiennent en propriété au souverain. Ce système destructeur a eu, dans cette isle, les suites funestes qui en sont inséparables. Les peuples y vivent dans l'inaction la plus entiere. Ils sont logés dans des cabanes ; ils n'ont point de meubles : ils vivent de fruits ; & les plus aisés n'ont pour vêtement qu'une piece de grosse toile qui leur ceint le milieu du corps. Que les Hollandois fassent ce qu'on peut reprocher à toutes les nations, qui ont établi des colonies en Asie, de n'avoir jamais tenté : qu'ils distribuent des terreins en propre aux familles. Elles oublieront, détesteront peut-être leur ancien souverain : elles s'attacheront au gouvernement qui s'occupera de leur bonheur : elles travailleront, elles consommeront. Pour les encourager il sera utile, peut-être nécessaire d'inviter des Européens à accepter dans un des plus riches sols que l'on connoisse, des possessions qu'ils feront cultiver par des esclaves de Malabar, de Timor, de Baly, de Macassar, tous forts, robustes & accoutumés aux travaux des terres. Alors l'isle de Ceylan jouira de l'opulence à laquelle la nature l'a destinée. Elle sera à l'abri des révolutions, & en état de soutenir les établissemens de Malabar & de Coromandel qu'elle est chargée de protéger.

Les Portugais dans le tems de leur prospérité avoient formé à la côte de Coromandel quelques établissemens médiocres. Celui de Négapatan leur fut enlevé en 1658, par les Hollandois. Il s'accrut successivement de dix ou douze villages qui se remplirent de tisserands. On trouva convenable en 1690, d'assurer leur tranquillité par la construction d'un fort ; & en 1742, la ville fut entourée de murailles. Elles sont le centre où se réunissent les toiles blanches, bleues, peintes, imprimées, fines & grossieres que la compagnie tire pour sa consommation d'Europe ou des Indes de Bimiliptanan, de Paliacate, de Sadraspatan, de ses comptoirs de la côte de la Pêcherie. Ces marchandises qui forment communément de quatre à cinq mille balles, sont portés à Négapatan sur deux chaloupes fixées dans ces mers pour cet usage.

Les Hollandois vendent à la côte de Coromandel du fer, du plomb, du cuivre, du calin, de la toutenague, du poivre, des épiceries. Ils gagnent sur ces objets réunis cinq cens mille florins, auxquels on peut en ajouter quarante mille que produisent leurs douanes. Les dépenses de leurs divers établissemens montent à quatre cens mille florins, & on peut avancer, sans crainte d'être accusé d'exagération, que le fret des vaisseaux absorbe le reste des bénéfices. Le produit net du commerce de Coromandel n'est donc pour la compagnie que le profit qu'elle peut faire sur les toiles qu'elle en exporte. Son commerce dans le Malabar lui est encore moins avantageux. Il a commencé à peu près dans le même tems, & s'est établi aux dépens de la même nation.

Le motif de cette nouvelle entreprise ne paroît pas difficile à deviner. Depuis que les Portugais avoient perdu Ceylan, ils vendoient en Europe la cannelle sauvage de Malabar à peu près sur le même pied qu'on avoit toujours vendu la véritable. Quoique cette concurrence ne put pas durer, elle donna de l'inquiétude aux Hollandois, qui ordonnerent en 1662 à leur général Van-gœns d'attaquer Cochin.

Il avoit à peine investi la place, qu'il apprit la reconciliation du Portugal & de sa patrie. Cette nouvelle fut tenüe secrette. On précipita les travaux, & les assiégés fatigués par des assauts continuels se soumirent le huitieme jour. Le lendemain une frégate partie de Goa apporta les articles de la paix. Le vainqueur ne justifia pas autrement sa mauvaise foi, qu'en disant que ceux qui se plaignoient avec tant de hauteur, avoient tenu quelques années auparavant la même conduite dans le Bresil.

A cette époque, les Hollandois se crurent solidement établis dans le Malabar. Cochin leur parut propre à protéger Cananor, Cranganor & Coulan, dont ils venoient de faire la conquête, & le comptoir de Porca, qu'ils méditoient dèslors, & qu'ils ont en effet formé depuis. L'événement n'a pas répondu aux espérances qu'on avoit conçues. La compagnie n'a pas réussi, comme elle l'espéroit, à exclure de cette côte les autres nations Européennes : elle n'y trouve que les mêmes marchandises qu'elle a dans ses autres établissemens, & la concurrence les lui fait acheter plus cher que dans les marchés où elle exerce un privilege exclusif.

Ses ventes se réduisent à un peu d'alun, de benjoin, de camphre, de toutenague, de sucre, de fer, de calin, de plomb, de cuivre & de vif-argent. Le vaisseau qui a porté cette médiocre cargaison s'en retourne à Batavia avec un chargement de kaire pour les besoins du port. La compagnie gagne au plus, sur ces objets, cent quatre-vingt mille florins, qui avec soixante mille que lui produisent ses douanes, forme une masse de deux cens cinquante mille. Dans la plus profonde paix, l'entretien de ses établissemens lui coûte deux cens trente-deux mille florins, de sorte qu'il ne lui en reste que dix-huit mille pour les frais de son armement; ce qui est évidemment insuffisant.

La

La compagnie tire du Malabar, il est vrai deux millions pesant de poivre, qui est porté sur des chaloupes à Ceylan, où il est versé dans les vaisseaux qu'on y expédie pour l'Europe. Il est encore vrai que par les capitulations elle ne paye que quatre-vingt roupies le candil de cinq cens livres, que les autres compagnies achetent quatre-vingt-dix ou cent, qui coute même cent vingt aux négocians particuliers; mais le bénéfice qu'elle peut faire sur cet article est plus qu'absorbé par les guerres sanglantes dont il est l'occasion.

Ces observations avoient sans doute échappé à Goloness, directeur général de Batavia, lorsqu'il osa avancer que l'établissement de Malabar qu'il avoit long-tems régi étoit un des plus importans de la compagnie. » Je suis si éloigné de
» penser comme vous, lui dit le général Mossel,
» que je souhaiterois que la mer l'eût englouti
» il y a près d'un siecle. «

Avec plus de lumière, on parviendroit peut-être à la rendre utile. Il ne faudroit pour y réussir qu'acheter le poivre à un prix qui forçât les autres nations de renoncer à ce commerce. Le bénéfice que la compagnie feroit sur la quantité prodigieuse qui lui fournissent presque pour rien les colonies de l'est, la dédommageroit amplement de ce sacrifice. Par cette combinaison, elle se trouveroit seule ou presque seule en possession d'une épicerie dont l'usage est devenu général sur la plus grande partie de notre globe.

Quoiqu'il en soit de ces spéculations, les Hollandois s'apperçurent au milieu de leurs succès qu'il leur manquoit un lieu de relâche où ceux de leurs vaisseaux qui alloient aux Indes ou qui en revenoient pussent trouver des rafraîchissemens. On étoit embarrassé du choix, lorsque le chirurgien Van-Riebeek proposa en 1650 le cap de Bonne-espérance qui avoit été méprisé mal-à-propos par les Portugais. Un séjour de quelques semaines avoit mis cet homme judicieux en état de voir qu'une colonie seroit bien placée à cette extrêmité méridionale de l'Afrique, pour servir d'entrepôt au commerce de l'Europe avec l'Asie. On lui confia le soin de former cet établissement. Ses vues furent dirigées sur un bon plan. Il fit régler qu'il seroit donné soixante acres de terre à tout homme qui s'y voudroit fixer. On devoit avancer des grains, des bestiaux & des ustensiles à ceux qui en auroient besoin : des jeunes femmes tirées des maisons de charité leur seroient associées pour adoucir leurs fatigues & les partager. Il étoit libre à tous ceux qui dans trois ans ne pourroient pas se faire au climat de revenir en Europe, & de disposer de leurs possessions comme ils le voudroient. Ces arrangemens pris, on mit à la voile.

La grande contrée qu'on se proposoit de mettre en valeur étoit habitée par les Hottentots, peuples pasteurs, qui ne connoissoient de bien que leurs troupeaux & leur liberté; peuples simples, à qui la nature avoit donné des mœurs assez douces, la superstition inspiré des coutumes atroces, & l'ignorance laissé des usages barbares dont on ne connoissoit pas l'origine. Ils étoient comme tous les peuples pasteurs, remplis de bienveillance, & tenoient quelque chose de la mal-propreté & de la stupidité des animaux qu'ils conduisoient. La guerre contre les lions & les tigres étoit presque la seule qu'ils connussent. Ils avoient institué un ordre dont on honoroit ceux qui avoient vaincu quelqu'un de ces animaux destructeurs de leurs bergeries; & ils révéroient leur mémoire.

L'apothéose d'Hercule avoit eu la même origine.

Riebeek se conformant aux idées malheureusement reçues, commença par s'emparer du territoire qui étoit à sa bienséance, & il songea ensuite à s'y affermir. Cette conduite déplut aux naturels du pays. *Pourquoi*, dit leur envoyé à ces étrangers, *avez-vous semé nos terres ? Pourquoi les employez vous à nourrir vos troupeaux ? De quel œil verriez-vous ainsi usurper vos champs ? Vous ne vous fortifiez que pour réduire par degrés les Hottentots à l'esclavage.* Ces représentations furent suivies de quelques hostilités, qui ramenerent le fondateur à des principes qui étoient dans son ame. Il acheta le pays qu'il vouloit occuper quarante-cinq mille florins, qu'on paya en marchandises. Tout fut pacifié, & il n'y a eu nul trouble depuis.

Il est prouvé que la compagnie a dépensé depuis vingt-trois millions de florins pour élever la colonie à l'état où elle est aujourd'hui. Quelques détails feront juger de l'emploi de ces profusions.

On compte au Cap environ douze mille Européens, Hollandois, Allemands, ou réfugiés François. Une partie de cette population est concentrée dans la capitale & dans deux bourgs assez considérables : le reste est dispersé dans les campagnes, & s'étend jusqu'à cent cinquante lieues du chef-lieu de la colonie. Le sol sablonneux des Hottentots n'est bon que par intervalles ; & les colons ne veulent se fixer que dans les lieux où ils trouvent réunis l'eau, le bois, un terrein fertile : trois avantages qui se trouvent rarement ensemble.

La compagnie tiroit autrefois de Madagascar des esclaves qui soulageoient les blancs dans leurs travaux. Elle a interrompu cette navigation depuis que la concurrence des François a rendu mauvais ce commerce. Les colons sont réduits aujourd'hui à quelques Malais amenés de l'Inde qui se font difficilement au climat, & qui ne sont guere propres aux ouvrages qu'on en exige.

Si les Hottentots pouvoient se fixer, ce seroit un grand avantage. Leur caractere ne permet pas de l'espérer. On n'est encore parvenu qu'à déterminer les plus misérables d'entr'eux à un, deux, trois ans de service. Ils sont dociles ; ils se prêtent au travail qu'on exige d'eux ; mais, à l'expiration de leur engagement, ils prennent le bétail qu'on est convenu de leur donner pour salaire ; ils vont rejoindre leur horde ; & on ne les revoit que lorsqu'ils ont des bœufs ou des moutons à troquer contre des couteaux, du tabac & de l'eau-de-vie. La vie indépendante & oisive qu'ils menent dans leurs déserts a pour eux des charmes inexprimables : rien ne peut les en détacher. Un d'eux fut pris au berceau : on l'éleva dans nos mœurs & dans notre croyance. Ses progrès répondirent aux soins de son éducation. Il fut envoyé aux Indes, & utilement employé dans le commerce. Les circonstances l'ayant ramené dans sa patrie, il alla visiter ses parens dans leur cabane. La simplicité de ce qu'il voyoit le frappa. Il se couvrit d'une peau de brebis, & alla reporter au fort ses habits Européens. *Je viens*, dit-il au gouverneur, *renoncer pour toujours au genre de vie que vous m'aviez fait embrasser. Ma résolution est de suivre jusqu'à la mort la religion & les usages de mes ancêtres. Je garderai pour l'amour de vous le collier & l'épée que vous m'avez donnés : trouvez bon que j'abandonne tout le reste.* Il n'attendit point de réponse : il se déroba par la fuite, & on ne le revit jamais.

Quoique le caractere des Hottentots ne soit pas tel que les Hollandois le desireroient, la compagnie tire des avantages solides de sa colonie. A la vérité, la dîme du bled & du vin qu'elle perçoit; ses douanes & ses autres droits ne lui rendent pas au-delà de cent vingt mille florins.

Elle n'en gagne pas plus de vingt mille sur les gros draps, les toiles communes de fil & de coton, la clinquaillerie, & le charbon de terre, quelques autres objets peu importans qu'elle y débite.

Ses bénéfices sont encore moindres sur soixante lécres de vin rouge, & quatre-vingt ou quatre-vingt-dix de blanc qu'elle porte tous les ans en Europe. Le lécre pese environ douze cens livres. Deux seules habitations contigues à Constance produisent ce vin. Il devroit entrer tout entier & à très-bas prix dans les caves de la compagnie. Heureusement le gouverneur trouve son intérêt à permettre que les cultivateurs ne le livrent que mêlé avec celui des vignes voisines. Le vin si renommé qui leur reste par cet arrangement, l'excellent vin pur du Cap est vendu deux florins la bouteille aux vaisseaux étrangers que le hasard conduit sur ces côtes : il est ordinairement meilleur que celui que la tyrannie arrache, parce qu'on n'obtient jamais rien de bon que de la volonté.

Les dépenses inséparables d'un si grand établissement absorbent au moins ces petits profits réunis. Aussi son utilité a-t-elle une autre base.

Les vaisseaux Hollandois qui vont aux Indes, ou qui en reviennent, trouvent au Cap un asyle sûr, un ciel agréable, tempéré & pur, les nouvelles importantes des deux mondes. Ils y prennent du beurre, des farines, du vin, une grande abondance de légumes salés pour leur navigation & pour les besoins de leurs colonies. Les ressources y seroient encore plus considérables si, par une avidité aveugle, la compagnie n'arrêtoit continuellement l'industrie des colons. Elle les force de lui livrer leurs denrées à un prix si vil, qu'on les a vus long-tems hors d'état de se procurer des vêtemens, leurs autres besoins les plus essentiels.

Cette tyrannie seroit peut-être supportable, si ceux qui en sont la victime étoient autorisés à vendre le superflu de leurs productions aux navigateurs étrangers que la position & d'autres raisons attireroient dans leurs ports. La jalousie du commerce qui est un des plus grands fléaux qui affligent l'humanité, les a privés de cette ressource : on s'est long-tems flatté qu'en refusant cette commodité aux nations rivales, on parviendroit à les dégoûter des Indes : l'expérience contraire n'a rien fait changer, quoiqu'il fut aisé de voir que toutes les richesses qui entreroient dans la colonie reviendroient tôt ou tard à la compagnie. Le gouverneur seul a été autorisé à fournir aux nécessités les plus urgentes de ceux qui aborderoient au Cap. Cet arrangement vicieux a été, comme il le devoit être, la source de mille vexations.

Il faut rendre justice à M. Tulbach qui, dans le tems où nous écrivons, donne des loix à cet établissement. Cet homme généreux a montré durant la derniere guerre une humanité, un désintéressement dont aucun de ses prédécesseurs ne lui avoit laissé l'exemple. Assez éclairé pour s'élever au-dessus du préjugé, assez ferme pour s'écarter des ordres absurdes qu'il recevoit, il a encouragé les nations qui travailloient à se supplanter, à venir chercher des subsistances dans sa colonie. Elles les obtenoient à un prix assez modéré pour ne se pas rebuter, & assez fort pourtant pour donner de l'activité au cultivateur. Puisse ce sage administrateur jouir long-tems de la douce satisfaction d'avoir fait la fortune de ses concitoyens, & de la gloire d'avoir négligé la sienne.

Si la compagnie adopte ses vues, elle suivra l'esprit de ses fondateurs, qui ne faisoient rien au hazard, & qui n'avoient pas attendu les événemens heureux dont nous avons rendu compte, pour s'occuper du soin de donner un centre à leur puissance. Ils avoient jetté les yeux sur l'isle de Java.

Le peuple de cette isle qui peut avoir trois cens lieues de tour, se croyoit originaire de la Chine, quoiqu'il n'en eut plus ni la religion, ni les mœurs. Un Mahométisme fort superstitieux en étoit le culte dominant. Il y avoit encore dans l'intérieur du pays quelques idolâtres, & c'étoient les seuls hommes de l'isle qui ne fussent point parvenus au dernier dégré de la dépravation. L'isle autrefois soumise à un seul monarque se trouvoit alors partagée entre plusieurs souverains qui étoient continuellement en guerre les uns avec les autres. Ces discensions éternelles avoient entretenu chez ces peuples l'oubli des mœurs & l'esprit militaire. Ennemis de l'étranger, sans confiance entr'eux, on ne voyoit point de nation qui parut mieux sentir la haine. C'est-là que l'homme étoit un loup pour l'homme. Il sembloit que l'envie de se nuire, & non le besoin de s'aider, les eut rassemblés en société. Le Javanois n'abordoit point son frere, sans avoir le poignard à la main, toujours en état de se défendre d'un attentat qu'il étoit toujours prêt à commettre, & qu'il avoit toujours à craindre. Les grands avoient beaucoup d'esclaves qu'ils achetoient, qu'ils faisoient à la guerre, ou qui s'engageoient pour dettes. Ils les traitoient avec inhumanité : c'étoient les esclaves qui cultivoient la terre, & qui faisoient tous les travaux pénibles. Le Javanois mâchoit du bétel, fumoit de l'opium, vivoit avec ses concubines, combattoit ou se reposoit. On trouvoit dans ce peuple beaucoup d'esprit ; mais il y restoit peu de traces des principes moreaux. Il sembloit moins un peuple peu avancé, qu'une nation dégénérée. C'étoient des hommes qui, d'un gouvernement réglé, étoient passés à une espece d'anarchie, & qui se livroient sans frein aux mouvemens impétueux que la nature donne dans ces climats.

Un caractere si corrompu ne changea rien aux vues de la compagnie sur Java. L'obstacle qu'y pouvoient mettre les Anglois alors en possession d'une partie du commerce de cette isle, fut bientôt levé. La foiblesse de Jacques I, & la corruption de son conseil rendoient les Anglois si timides, qu'ils se laisserent supplanter sans faire des efforts dignes de leur courage. Les naturels du pays privés de cet appui se laisserent asservir. Ce fut l'ouvrage du tems & de l'adresse : mais il faut le dire ; la perfidie, la cruauté furent aussi les moyens qu'employerent les Hollandois.

Le gouvernement de l'isle qui avoit pour unique base les loix féodales, sembloient appeller la discorde. On arma le pere contre le fils, le fils contre le pere. Les prétentions du foible contre le fort, du fort contre le foible, furent appuyées suivant les circonstances. Tantôt on prenoit le parti du monarque, & tantôt celui des vassaux. Si quelqu'un montroit sur le trône des talens redoutables, on lui suscitoit des concurrens. Ceux que l'or ou les promesses ne séduisoient pas étoient subjugués par la crainte. Chaque jour amenoit quelque révolution, toujours préparée par les tyrans, & toujours à leur avantage. Ils se trouverent enfin les maîtres des postes importans de l'intérieur, & des forts bâtis sur les côtes.

L'exécution de ce plan d'usurpation n'étoit encore qu'ébauchée, lorsqu'on établit à Java un gouverneur qui eut un palais, des gardes, un extérieur imposant. La compagnie crut devoir s'écarter des principes d'économie qu'elle avoit suivis jusqu'alors. Elle étoit persuadée que les Portugais avoient tiré un grand avantage de la cour brillante que tenoient les vice-rois de Goa; qu'on devoit éblouir les peuples de l'orient pour mieux les subjuguer; & qu'il falloit frapper l'imagination & les yeux des Indiens, plus aisés à conduire par les sens que les habitans de nos climats.

Les Hollandois avoient une autre raison pour se donner un air de grandeur. On les avoit peints à l'Asie comme des pirates, sans patrie, sans loix & sans maître. Ce qu'ils avoient dit pour faire tomber ces calomnies n'avoit pas réussi dans des régions soumises au despotisme, & qui n'avoient, ni ne pouvoient se former aucune idée d'un gouvernement populaire. Ils proposerent à plusieurs états voisins de Java d'envoyer des ambassadeur au prince Maurice d'Orange. L'exécution de ce projet leur procura le double avantage d'imposer aux Orientaux, & de flatter l'ambition du Stadhouder, dont la protection leur étoit nécessaire pour les raisons que nous allons dire.

Lorsqu'on avoit accordé à la compagnie son

privilege exclusif, on y avoit assez mal-à-propos compris le détroit de Magellan, qui ne devoit avoir rien de commun avec les Indes orientales. Isaac Lemaire, un de ces négocians riches & entreprenans, qu'on devroit regarder par-tout comme les bienfaiteurs de leur patrie, forma le projet de pénétrer dans la mer du sud par les terres australes, puisque la seule voie connue alors pour y arriver étoit interdite. Deux vaisseaux qu'il expédia passerent par un détroit qui depuis a porté son nom, situé entre le cap de Horn & l'isle des Etats, & furent conduits par les événemens à Java. Ils y furent confisqués, & ceux qui les montoient envoyés prisonniers en Europe.

Cet acte de tyrannie révolta les esprits déja prévenus contre tous les commerces exclusifs. Il parut absurde, qu'au lieu des encouragemens que méritent ceux qui tentent des découvertes, un état purement commerçant mit des entraves à leur industrie. Le monopole que l'avarice des particuliers souffroit impatiemment, devint plus odieux, quand la compagnie donna plus d'étendue qu'elles n'en devoient avoir, aux concessions qui lui avoient été faites. On sentoit que son orgueil & son crédit augmentant avec sa puissance, les intérêts de la nation seroient sacrifiés dans la suite aux intérêts, aux fantaisies même de ce corps devenu trop redoutable. Il y a de l'apparence qu'il auroit succombé sous la haine publique, & qu'on ne lui auroit pas renouvellé son privilege qui alloit expirer, s'il n'avoit été soutenu par le prince Maurice, favorisé par les états-généraux, & encouragé à faire tête à l'orage par la consistance que lui donnoit son établissement de Java.

Quoique divers mouvemens, plusieurs guerres,

quelques conspirations ayent troublé la tranquillité de cette isle, elle ne laisse pas d'être assujettie aux Hollandois de la maniere dont il leur convient qu'elle le soit.

Bantam en occupe la partie occidentale. Un de ses monarques qui avoit remis la couronne à son fils, fut rappellé au trône par son inquiétude & par une faction puissante. Son parti prévalut par la protection que lui accorderent les Hollandois ; mais il se trouva hors d'état de payer à ses protecteurs les sommes immenses auxquelles ils faisoient monter les secours qu'ils lui avoient fournis pour soutenir la guerre. Cette impossibilité le força de se mettre dans leur dépendance, en leur accordant un commerce exclusif dans ses états. Elle est si entiere, qu'un de ses successeurs fut envoyé en 1749 en exil à Amboine par les intrigues de sa femme, qui obtint du conseil de Batavia le sceptre pour un de ses parens qu'elle espéroit de gouverner. Les peuples mécontens de cette disposition se souleverent ; mais on les battit. Pour achever cependant de les calmer, on éloigna la reine & son favori : on plaça sur le trône un prince de la famille royale banni depuis long-tems à Ceylan. La compagnie maintient cette autorité avec trois cens soixante-huit hommes distribués dans deux mauvais forts, dont l'un sert d'habitation à son gouverneur, & l'autre de palais au roi. Cet établissement ne lui coûte que cinquante mille florins, qu'elle retrouve sur les marchandises qu'elle y débite. Elle a en pur bénéfice ce qu'elle peut gagner sur trois millions pesant de poivre qu'on s'est obligé de lui livrer à douze florins seize sols le cent.

C'est peu de chose, en comparaison de ce

que la compagnie retire du pays de Tjeribon; qu'elle a réduit sans efforts, sans intrigue & sans dépense. A peine les Hollandois s'étoient-ils établis à Java, que le sultant de cet état resserré, mais très-fertile, se mit sous leur protection, pour éviter le joug d'un voisin plus puissant que lui. Il leur livre annuellement mille last de ris à trente-huit florins huit sols le last : chaque last pese trois mille trois cens livres : un million pesant de sucre, dont le plus beau est payé six florins quatorze sols & demi le cent : un million deux cens mille livres de caffé à deux sols la livre : cent quintaux de poivre à deux sols un tiers la livre ; cette culture ne fait que de naître : trente mille livres de fil de coton, dont le plus beau n'est payé que quatorze sols la livre : six cens mille livres d'areque à six florins le cent. Quelques injustes que soient ces prix, ils n'ont jamais mis les armes à la main du peuple de Tjeribon, le plus doux, le plus civilisé de l'isle. Cent Européens suffisent pour le tenir dans les fers. La dépense de cet établissement ne monte pas au dessus de vingt mille cinq cens florins qu'on gagne sur les toiles qu'on y porte.

Il est plus difficile de maintenir dans la dépendance l'empire de Mataran ou de Java, qui donnoit autrefois des loix à toute l'isle. On cherchoit les moyens de l'asservir, lorsque la mort de son souverain excita l'ambition de plusieurs concurrens. La compagnie favorisa le plus incapable : elle le plaça sur le trône : elle choisit le lieu où il devoit fixer sa cour, & s'assura de lui par une citadelle, par une garde qui n'avoit de fonction apparente que celle de veiller à sa conservation. Après toutes ces précautions, elle se fit un art de l'endormir dans le sein des voluptés, d'amuſer ſon avarice par des préſens, de flatter ſa vanité par des ambaſſades éclatantes. Depuis cette époque, le prince & ſes ſucceſſeurs, auxquels on a donné une éducation convenable au rôle qu'ils doivent jouer, n'ont été que les vils inſtrumens du deſpotiſme de la compagnie. Elle n'a beſoin pour le ſoutenir que de trois cens cavaliers & de quatre cens ſoldats, dont l'entretient, avec celui des employés, coûte trois cens quatre-vingt mille florins.

On eſt bien dédommagé de cette dépenſe par les avantages qu'elle aſſure. Les ports de cet état ſont devenus les chantiers où l'on conſtruit tous les petits bâtimens, toutes les chaloupes que la navigation de la compagnie occupe. Elle y trouve toutes les boiſeries néceſſaires pour ſes différens établiſſemens de l'Inde, & pour une partie des colonies étrangeres. Elle y charge encore les productions que le royaume s'eſt obligé à lui livrer, c'eſt-à-dire, cinq mille laſt de ris à vingt-quatre florins le laſt; tout le ſel qu'elle demande à quatorze florins huit ſols le laſt; cent mille livres de poivre à neuf florins douze ſols le cent; tout l'indigo qu'on cueille à un florin & demi la livre; le cadjang dont ſes vaiſſeaux ont beſoin à trente-huit florins huit ſols le laſt; le fil de coton depuis ſix juſqu'à quinze ſols la livre, ſuivant ſa qualité; le peu qu'on y cultive de cardamome à un prix honteux.

L'iſle de Madure qui n'eſt ſéparée des ports du Mataran que par un canal étroit, eſt forcée par une garniſon de quinze hommes d'y livrer ſon ris à un prix très-foible. Elle éprouve ainſi que les autres peuples de Java une vexation plus odieuſe encore. Les commis de la compagnie ſe ſervent de fauſſes meſures, qui groſſiſſent la quantité de denrées qu'on doit fournir. Cette infidélité dont ils profitent seuls, n'a pas été punie, & rien ne fait espérer qu'elle puisse l'être un jour. Il n'y a dans l'isle de Java que le pays de Balambourg qui ne soit pas exposé à ces iniquités. Les Hollandois qui l'ont dédaigné parce qu'il ne fournissoit point d'objet de commerce, n'y ont formé aucune liaison.

Du reste, la compagnie contente d'avoir diminué l'inquiétude des Javanois, en sappant peu-à-peu les mauvaises loix qui l'entretenoient, de les avoir forcés à quelque agriculture, de s'être assuré d'un commerce entiérement exclusif, n'a pas cherché à acquérir des propriétés dans l'isle. Tout son domaine se réduit au petit royaume de Jacatra. Les horreurs qui accompagnerent la conquête qu'en firent les Hollandois, & la tyrannie qui la suivit en firent un désert. Il resta inculte. Les deux derniers généraux Jmohff & Mossel frappés de ce désordre, ont cherché à y remédier. Pour y réussir, ils ont vendu à des Chinois, à des Européens, pour un prix léger, les terres que l'oppression avoit mises dans les mains du gouvernement. Cet arrangement n'a pas produit tout le bien qu'on s'en étoit promis. Les nouveaux propriétaires n'ont guere hazardé sur leurs habitations que des troupeaux, dont ils trouvent un débit facile, sûr & avantageux. On se seroit livré à la culture, qui demande plus de soins, d'avances & de bras, si la compagnie n'exigeoit pas qu'on lui livre les denrées aux mêmes prix qu'elle les paye dans le reste de l'isle. Dans le tems où nous écrivons, toute la population se réduit à cent cinquante mille esclaves dirigés par un petit nombre d'hommes libres. Leurs sueurs fournissent deux millions pesant de caffé, cent cinquante mille livres de poivre, vingt-cinq mille livres de coton, dix mille livres d'indigo, dix millions de sucre, & six mille leggers d'areque. Les deux derniers objets ont été poussés avec plus de vivacité que les autres, parce que les particuliers pouvant les acheter & les exporter, les payent vingt pour cent plus cher que la compagnie.

Ces produits, ainsi que tous ceux de Java, sont portés à Batavia, bâtie sur les ruines de l'ancienne capitale de Jacatra.

Une ville qui devenoit un entrepôt si considérable a dû s'embellir successivement. Elle est bien bâtie. Les maisons, sans être magnifiques, sont agréables, commodes & bien meublées. Ses rues sont larges, tirées au cordeau, bordées de grands arbres, percées de canaux, & toujours propres, quoique la crainte d'augmenter la chaleur par la réverbération ait fait prendre le parti de ne les point paver. Tous les édifices publics ont de la grandeur; & la plupart des voyageurs regardent Batavia comme une des plus belles villes du monde.

La population, en y comprenant celle des fauxbourgs & de la banlieue, ne passe pas cent mille ames. Les esclaves en forment la plus grande partie. On y voit aussi des Malais, des Javanois, des Macassars libres, assez paresseux, & des Chinois qui exercent presque exclusivement tous les métiers, & conduisent toutes les manufactures. Il peut y avoir dix mille Européens. Quatre mille d'entr'eux nés dans l'Inde ont dégénéré à un point qu'on a peine à croire. Cette étrange dégradation peut être attribuée à l'usage généralement reçu, d'abandonner leur éducation à des esclaves.

La corruption de Batavia a été exagérée. Les

mœurs n'y sont pas plus libres que dans les autres établissemens que nous avons formés en Asie. On y boit à la vérité beaucoup : mais le nœud du mariage y est fort respecté. Il n'y a que des hommes sans engagement qui se permettent d'avoir des concubines, le plus souvent esclaves. Les prêtres avoient cherché à rompre le cours de ces liaisons toujours obscures, en refusant de baptiser les enfans qui leur devoient le jour : ils sont devenus plus traitables, depuis qu'un charpentier de la compagnie qui vouloit que son fils eut une religion, se mit en disposition de le faire circoncire.

Le luxe a fait plus de résistance encore que le concubinage. Les femmes qui ont toutes l'ambition de se distinguer par la richesse des habits, par la magnificence des équipages, poussent à l'excès ce goût pour l'éclat & pour le faste. Elles ne sortent jamais qu'avec un cortege nombreux d'esclaves ; traînées dans des chars magnifiques, ou portées dans des superbes palanquins. Leurs robes sont d'un tissu d'or ou d'argent, ou de beaux satins de la Chine, avec des roseaux d'or pour bordure. Leur tête est chargée de perles, de diamans & d'autres pierres précieuses. Le gouvernement voulut en 1758 modérer ces profusions, en proportionnant l'état au grade. Ses réglemens furent reçus avec mépris : ou on les éluda, ou on se soumit à une amende, & il ne se fit aucun changement. C'eût été en effet une étrange singularité, que l'usage des pierreries fût devenu étranger au pays même où elles naissent, & que les Hollandois eussent réussi à régler aux Indes un luxe qu'ils en apportent pour le répandre, ou pour l'augmenter dans toute l'Europe.

La chaleur qui devoit être naturellement excessive à Batavia, y est tempérée par un vent de mer

mer fort agréable, qui s'éleve tous les jours à dix heures, & qui dure jusqu'à quatre. Les nuits sont rafraîchies par des vents de terre, qui tombent à l'aurore. Peut-être les vapeurs d'un sol marécageux y peuvent-elles altérer la salubrité d'un ciel pur & serain. On n'y voit pas cependant beaucoup de maladies. La mortalité qui regne parmi les soldats & les matelots doit être plutôt attribuée à la débauche, à la mauvaise nourriture & à la fatigue, qu'aux intempéries du climat.

Rien n'est plus agréable que les environs de la ville, à une ou deux lieues. La campagne y est couverte de maisons riantes, de bosquets qui donnent un ombrage délicieux, des jardins fort ornés & de très-bon goût. Il est du bon air d'y vivre toute l'année; & les gens en place ne vont à Batavia que pour les affaires du gouvernement. Ces retraites charmantes devoient autrefois leur tranquillité à des forts placés de distance en distance, pour arrêter les courses des Javanois. Depuis que ces peuples ont contracté l'habitude de l'esclavage, ces especes de redoutes ne servent que de quartier de rafraîchissement aux recrues qui arrivent fatiguées par un long voyage.

Batavia est située dans l'enfoncement d'une baye profonde, couverte par plusieurs isles de grandeur médiocre, qui rompent l'agitation de la mer. Ce n'est proprement qu'une rade; mais on y est en sûreté par tous les vents & dans toutes les saisons, comme dans le meilleur port. Le seul inconvénient qu'on éprouve, c'est la difficulté d'aller dans les gros tems à bord des vaisseaux obligés de mouiller à une assez grande distance. Les bâtimens reçoivent les réparations dont ils ont besoin dans la petite isle Donrust, qui, quoiqu'éloignée de deux lieues & demie, est une

Tome I. N

de celles qui contribuent le plus à la bonté de la rade. C'est un excellent chantier, bien fortifié, qui n'est jamais sans trois ou quatre cens charpentiers Européens, & où la facilité des chargemens a fait former les magasins des grosses marchandises qu'on destine à être exportées. Une riviere assez considérable qui, après avoir fertilisé les terres & embelli Batavia, se jette dans la mer, sert à la communication des vaisseaux avec la ville, & de la ville avec les vaisseaux. Les Alleges qui formoient autrefois cette liaison, pouvoient tirer environ douze pieds d'eau : elles sont réduites à la moitié. Des sables & des immondices ont formé un banc qu'on ne peut pas laisser accroître sans se jetter dans des embarras, dans des dépenses fort considérables. L'importance de Batavia, ce chef-lieu des colonies Hollandoises, mérite bien qu'on s'occupe sérieusement de tout ce qui peut soutenir l'éclat & l'utilité de sa rade. Elle est la plus considérable de l'Inde.

On y voit aborder tous les vaisseaux que la compagnie expédie d'Europe pour l'Asie, & à l'exception de ce qui part directement de Bengale & de Ceylan ; ils s'y chargent en retour de tous les objets qui forment ces riches ventes qui nous causent tant de surprise & d'admiration.

Les expéditions pour les différentes échelles de l'Inde ne sont guere moins considérables, le sont peut-être davantage. On y emploie les bâtimens Européens durant le séjour forcé qu'ils sont réduits à faire dans ces mers éloignées.

Cette double navigation a pour base celle qui lie tous les établissemens Hollandois avec Batavia. Ceux de l'est, à raison de leur situation, de la nature de leurs denrées & de leurs besoins, y entretiennent des liaisons plus vives que les autres. Il faut à tous des passeports. Les bâtimens particuliers qui négligeroient cette précaution imaginée pour empêcher les versemens fauduleux, seroient saisis par des chaloupes qui croisent continuellement dans ces parages. Lorsqu'ils sont arrivés à leur destination, ils livrent à la compagnie celles de leurs productions dont elle s'est réservé le commerce exclusif, & vendent les autres à qui bon leur semble. La traite des esclaves forme une des branches principales de ce dernier commerce : on en porte au moins six mille tous les ans des deux sexes à Batavia, destinés au service domestique, au travail des terres, des manufactures, & à partager la couche des Chinois qui ne peuvent ni amener, ni faire venir aucune femme de leur patrie.

Ces importations sont grossies annuellement par celles d'une douzaine de jonques Chinoises parties d'Aymuy, de Limpo & de Canton. Leur charge peut valoir un million & demi de florins ; elle consiste en porcelaines, en étoffe de soie & de coton qui se consomment à Batavia & dans les autres colonies Hollandoises ; en soies écrues que la compagnie achete, si elles forment un objet un peu considérable : lorsqu'il y en a peu, elles sont vendues à ceux qui veulent les faire passer à Macassar, à Sumatra, où on en fait des pagnes pour les grands : en thé, dont la compagnie se chargeoit autrefois, mais qui est abandonné aujourd'hui aux particuliers ; ils l'envoyent en Europe, où il est vendu par la compagnie, qui retient quarante pour cent pour son droit de fret : ce thé est communément mauvais, & de la derniere qualité, en camphre : le camphre est une substance blanche, transparente, volatile, inflammable, d'un goût amer & piquant ; elle paroît composée d'une terre fort subtile, & de fort peu d'eau : celui qu'on tire de Bornéo & de Sumatra est une gomme que jette le vieux camphrier, dans ces deux isles seulement. Il est si rare & si cher, que les Chinois & les Japonois qui le regardent comme le premier des remedes, l'achetent jusqu'à quatre cens florins la livre. Le camphre que les Chinois portent à Batavia est tiré des racines de l'arbre qu'on a fait bouillir dans l'eau : les Gentils s'en servent dans toute l'Asie pour les feux d'artifices qui y sont communs; & les Mahométans le mettent dans la bouche de leurs morts lorsqu'ils les enterrent : on en transporte en Hollande, le seul pays de l'univers où jusqu'ici on ait su le rafiner : il se répand delà dans toute l'Europe, où il est employé quelquefois dans la médecine, & très-fréquemment dans la chirurgie : mêlé avec de l'essence de mirrhe & d'aloès, il est excellent pour arrêter le progrès de la cangrene, la carie des os, ou pour déterger les plaies.

Les Jongues qui, indépendamment des objets dont on a parlé, portent deux mille Chinois amenés régulierement à Java par l'espérance d'y faire fortune, s'en retournent avec des nerfs de cerfs, & des nageoires de requin, dont on fait un mets très-délicat à la Chine. Elle reçoit de plus à Batavia du tripam, dont elle prend tous les ans deux mille picles. Chaque picle qui pese cent vingt-cinq livres, se vend de six à vingt florins, suivant sa qualité. Le tripam est une espece de champignon qui a la forme d'un cervelat. Sa rondeur & sa noirceur décident de sa perfection. Il ne croît qu'à deux pied de la mer sur les roches stériles des isles de l'Est & de la Cochinchine, d'où il est porté à Batavia avec ces nids si renommés dans tout l'orient qu'on trouve dans les mêmes lieux. Le picle de cette derniere marchandife fe vend de fept à quatorze cens florins ; & les Chinois en emportent mille picles. Ces nids, de figure ovale, d'un pouce de profondeur, de trois pouces de tour, & du poids d'environ une demi-once, font l'ouvrage d'une efpece d'hirondelle, qui a la tête, la poitrine, les aîles d'un beau bleu, & le corps d'un blanc de lait. Elles les compofe de fray de poiffon, ou d'une écume gluante que l'agitation de la mer forme autour des rochers auxquels elles les attache par le bas & par le côté. Affaifonnés de fel & d'épiceries, c'eft une gelée nourriffante, faine & délicieufe qui fait le plus grand luxe de la table des orientaux Mahométans. Leur délicateffe dépend de leur blancheur. Les oifeaux ne font pas bons ; & on fe garde bien de fe priver du fruit de leur induftrie, en les prenant, ou en les faifant périr. Les Chinois emportent auffi du calin & du poivre, quoique la compagnie s'en foit réfervé l'exportation. Ses principaux agens jugent pour leur avantage, que cette extraction n'eft nullement nuifible au corps qui leur a confié fes intérêts.

Le trafic des Chinois à Batavia leur vaut, outre les marchandifes qu'ils en exportent, une folde en argent. Cette richeffe eft groffie par les fommes confidérables que les Chinois établis à Java font paffer à leurs familles, & par celles qu'emportent avec eux ceux qui, contens de leur fortune, s'en retournent dans leur patrie qu'ils perdent rarement de vue.

Les Européens ne font pas auffi bien traités à Batavia que les Chinois. On n'y reçoit comme négocians que les Efpagnols. Ils viennent de Manille avec de l'or, qui eft une production de l'ifle même, avec de la cochenille & des piaftres apportées du Mexique. Ils reçoivent en échange des toiles pour eux & pour Accapulco, de la cannelle, dont l'usage du chocolat qui est général dans le nouveau monde, a extrêmement étendu la consommation. Depuis que les Anglois & les François ont pris la route des Philippines, la premiere branche de ce commerce est fort tombée : la derniere a souffert de l'altération en 1759. Jusqu'alors on avoit livré aux Espagnols la cannelle à un prix assez modéré : à cette époque, on voulut la leur vendre le prix qu'elle valoit en Europe. Cette nouveauté mit de la froideur entre les deux colonies. Les suites de cette brouillerie ne nous sont pas connues.

Ce que nous savons, c'est que les François ne vont guere à Batavia que pendant la guerre. Ils y prennent du ris & de l'arrak pour leurs vaisseaux, pour leurs établissemens, qu'ils payent avec de l'argent, ou en lettres de change.

Les Anglois s'y montrent davantage. Tous ceux de leurs vaisseaux qui vont d'Europe en Chine, y relâchent, sous prétexte de renouveller leur eau, mais en effet, pour se défaire de leur pacotille, qu'ils ne vendoient pas au terme de leur voyage. Elle est composée de draps, de quinquaillerie, de miroirs, d'armes, de vin de Madere, d'huile de Portugal, & de beaucoup d'autres choses qu'ils donnent à bien meilleur marché que la compagnie. Ils en tirent quatre ou cinq cens mille florins, qu'ils emploient à la chine à se faire une nouvelle pacotille. Ils préféroient d'être payés avec du poivre & du calin, sur lesquels ils feroient encore un bénéfice ; mais les administrateurs n'osent se permettre cette infidélité, qui feroit du bruit. D'ailleurs, les Chinois qui tiennent en ferme les douanes de Batavia ne favoriseroient pas volontiers une contrebande, dont eux-mêmes & les navigateurs de leur nation tirent de si grands avantages.

Outres les vaisseaux d'Europe, on voit tous les ans à Batavia trois ou quatre bâtimens Anglois expédiés de différentes parties de l'Inde. Ils ont tenté d'y vendre de l'opium & des toiles; mais ils ont été obligés de renoncer à une importation trop contrarié par les intérêts particuliers pour être soufferte. Leur commerce se borne à acheter du sucre, qu'ils répandent par-tout, & de l'arrak, dont il se fait une consommation immense dans leurs colonies. L'arrak est une eau-de-vie faite avec du ris, du sirop, du sucre & du vin de cocotier, qu'on laisse fermenter ensemble, & qu'ensuite on distile. c'est une des branches de commerce que l'industrie des Hollandois a enlevé à la paresse des Portugais. La manufacture de l'arrak établie originairement à Goa, a passé en grande partie à Batavia.

Cette ville leve sur toutes les marchandises qu'elle laisse entrer ou sortir un droit de cinq pour cent. Le produit de la douane est affermé huit cens-soixante-quatre mille florins. Il ne faudroit pas juger de l'étendue du commerce par cette regle, qui pourtant est constamment la plus sûre. Les gens en place ne paye que ce qu'ils jugent à propos; & la campagnie ne paye rien, parce qu'elle se payeroit à elle-même. Quoiqu'elle soit là comme ailleurs le plus grand négociant de l'isle, le gain qu'elle fait sur les productions propres à Batavia n'en couvre pas les dépenses, qui montent à trois millions de florins.

C'est sans doute trop, quoique la ville soit le séjour d'un conseil qui donne des loix à tous les établissemens de l'Inde, qui en dirige toutes les affaires. Il est composé du général, du directeur-général, de cinq conseillers ordinaires, & d'un petit nombre de conseillers extraordinaires, qui n'ont point de voix, mais qui remplacent les conseillers ordinaires morts, jusqu'à ce qu'il en soit autrement ordonné.

C'est la direction d'Europe qui nomme à ces places. Quiconque a de l'argent est parent ou protégé du général, y peut arriver. Lorsque le général meurt, le directeur & les conseillers ordinaires lui donnent provisoirement un successeur qui ne manque guere d'être confirmé. S'il ne l'étoit pas, il n'entreroit plus au conseil; mais il jouiroit de tous les honneurs qu'on accorde aux généraux retirés.

Le général rapporte au conseil toutes les affaires de l'isle de Java, & chaque conseiller celles de la province des Indes qui lui est confiée. Le directeur a l'inspection de la caisse & des magasins de Batavia qui versent dans tous les autres établissemens. Tous les achats, toutes les ventes sont de son ressort. Sa signature est indispensable dans toutes les opérations du commerce.

Quoique tout doive se décider dans le conseil à la pluralité des voix, il est rare que le général n'y soit pas absolu. Il doit cette autorité à la précaution qu'il prend de n'y faire entrer que des gens médiocres, & à l'intérêt qu'ils ont de lui plaire pour l'avancement de leur fortune & de leur créatures. Si dans quelque occasion il éprouvoit une résistance qu'il lui déplût trop, il seroit le maître de suivre son avis, en se chargeant de l'événement.

Le général comme tous les autres n'est mis en place que pour cinq ans. Communément il y reste toute sa vie. On en a vu autrefois qui abdiquoient les affaires pour couler à Batavia des jours paisibles; mais les dégoût que leur donnoient leurs successeurs ont fait résoudre les derniers généraux à mourir dans leur poste. Ils sont la plupart trop âgés pour passer en Europe, où ils languiroient d'ailleurs dans une obscurité qui les blesseroit. Autrefois ils avoient une grande représentation. Le général Jmhoff la supprima comme inutile & embarrassante. Quoique tous les ordres puissent aspirer à cette dignité, aucun militaire n'y est jamais parvenu, & on n'y a vu que peu de gens de loi. Elle est toujours remplie par des marchands, parce que l'esprit de la compagnie est purement mercantile. Ceux qui sont nés dans l'Inde ont rarement assez d'intrigue ou de talent pour y arriver. Le général actuel n'est pourtant jamais venu en Europe.

Les appointemens de ce premier officier sont médiocres. Il n'a que mille florins par mois, & une subsistance égale à sa paye. La liberté qu'il a de prendre dans les magasins tout ce qu'il veut au prix coûtant, & celle qu'il se donne de faire le commerce qu'il lui convient, sont la mesure de sa fortune. Celle des conseillers est aussi toujours fort considérable, quoique la compagnie ne leur donne que deux cens florins par mois, & des denrées pour une pareille somme.

Le conseil ne s'assemble que deux fois la semaine, à moins que des événemens extraordinaires n'exigent un travail plus suivi. Il donne tous les emplois civils & militaires de l'Inde, excepté ceux d'écrivain & de sergent qu'on a cru pouvoir abandonner sans inconvénient aux gouverneurs particuliers. Tout homme qui est élevé à quelque poste, est obligé de jurer qu'il n'a rien promis ni rien donné pour obtenir sa place. Cet usage qui est fort ancien, rend les faux sermens communs, & ne met aucun obstacle à la corruption.

Toutes les combinaisons de commerce, sans en excepter celles du cap de Bonne-espérance, sont faites par le conseil, & le résultat en revient toujours à sa connoissance. Les vaisseaux même qui partent directement de Bengale & de Ceylan, ne portent en Europe que les factures de leurs cargaisons. Leurs comptes comme tous les autres se rendent à Batavia, où on tient le livre général de toutes les affaires.

Le conseil des Indes n'est pas un corps isolé ni indépendant. Il est subordonné à la direction qui subsiste dans les Provinces-unies. Quoiqu'elle soit une dans toute la rigueur du terme, le soin de vendre deux fois l'an les marchandises est partagé entre les six chambres intéressées dans ce commerce. Leurs opérations sont proportionnées au fonds qui leur appartient.

L'assemblée générale qui dirige les opérations de la compagnie est composée des directeurs de toutes les chambres. Amsterdam en nomme huit, la Zelande quatre, les autres chambres un chacune, & l'état un seul. On voit qu'Amsterdam ayant la moitié des voix, n'a besoin que d'en gagner une pour donner la loi dans les délibérations où tout se décide à la pluralité des suffrages.

Ce corps composé de dix-sept personnes, s'assemble deux ou trois fois l'année, pendant six ans à Amsterdam, & pendant deux ans à Middelbourg. Les autres chambres sont trop peu considérables pour jouir de cette prérogative. L'expérience ayant appris que le succès dépendoit souvent du secret, on imagina un peu après le milieu du dernier siecle de choisir entre les dix-sept députés quatre des plus éclairés pour les revêtir du droit de tout régler pour l'Europe & pour les Indes, sans l'aveu de leurs collegues, sans obligation même de les consulter.

Il est vrai que le mystere de leurs opérations & les suites qu'il a eu ne peuvent pas être long-tems cachés. Les vaisseaux qui à la fin de l'été reviennent en flotte, apportent régulierement le bilan de l'Inde. On le compare à celui d'Europe. La balance générale de l'état de la compagnie est toujours rendue publique au mois de mai. Chaque intéressé sait combien on a gagné ou combien on a perdu. Le gain est communément considérable.

Les premiers fonds de la compagnie ne furent que de six millions quatre cens cinquante-neuf mille huit cent quarante florins. Amsterdam en fournit trois millions six cens soixante-quatorze mille neuf cens quinze : la Zelande un million trois cens trente-trois mille huit cens quatre-ving-deux : Delft quatre cens soixante & dix mille : Roterdam cent soixante & dix-sept mille quatre cens : Horn deux cens soixante-six mille huit cens soixante-huit : Enchuisen cinq cens trente-six mille sept cens soixante & quinze.

Ce fonds se divisa par sommes de trois mille florins, qu'on nomma actions. Leur nombre fut de deux mille cent. Cependant depuis 1692 les bénéfices se divisent en deux mille cent trente. A cette époque, la compagnie qui avoit toujours été protégée par la maison d'Orange, & qui avoit encore besoin de son appui, fit présent au Stadhouder du revenu de trente actions.

Indépendamment des sommes immenses que les actionnaires ont reçues, les fonds de la compagnie ont si fort augmenté, que les actions ont gagné jusqu'à six cens cinquante pour cent, c'est-à-dire, qu'une action a valu jusqu'à dix-neuf mille cinq cent florins. Elle en vaut moins actuellement.

Ce prix qu'on peut regarder comme le vrai thermomettre de la situation de la compagnie a souvent varié. Des combinaisons plus ou moins sages, plus ou moins heureuses, des concurrences nouvelles, les événemens inséparables d'un commerce très-étendu, la tranquillité ou les troubles de l'Inde auroient suffi pour opérer des changemens assez considérables. Les dissensions de l'Europe ont eu cependant une influence bien plus marquée.

Quoique les répartitions qui se font sur le pied de l'ancien capital n'ayent pas été toujours les mêmes, on peu les évaluer une année dans l'autre à vingt pour cent. Un bénéfice si considérable doit avoir beaucoup enrichi les premiers propriétaires des actions; les familles où elles se sont perpétuées; mais pour ceux qui les achetent aujourd'hui, ils retirent rarement plus de trois & demi de l'intérêt de leur argent.

Les actions se vendent comptant ou à crédit comme toutes les marchandises. Les formalités se réduisent à substituer le nom de l'acheteur à celui du vendeur sur les livres de la compagnie, seul titre qu'ayent les actionnaires. L'avidité & l'esprit du commerce ont imaginé une autre maniere de prendre part à ce trafic. Des hommes qui n'ont point d'actions à vendre, des hommes qui n'en veulent pas acheter, s'engagent réciproquement, les uns à en livrer, les autres à en recevoir un nombre déterminé, à un prix convenu & à un tems fixe. A cette époque, l'on fait la balance de ce que les actions ont été vendues & de ce qu'elles valent; on solde avec de l'argent, & la négociation est finie. Le desir de gagner la crainte de perdre dans ces spéculations cause une grande fermentation dans les esprits. On invente de bonnes ou de mauvaises nouvelles; on accrédite ou on combat celles qui se répandent ; on cherche à surprendre le secret des cours, ou on achete celui des ministres étrangers. Ces divers intérêts ont souvent troublé la tranquillité publique. Les choses ont été souvent poussées si loin, que la république s'est vue forcée de prendre des mesures pour arrêter l'excès de cet agiotage. La plus efficace a été, de déclarer que toute vente d'actions à terme seroit nulle, à moins qu'il ne fut prouvé par les livres de la compagnie que le vendeur dans le tems du marché en étoit propriétaire. Les gens d'honneur ne se croyent pas dispensés par cette loi de tenir leurs engagemens ; mais elle doit rendre, & elle rend en effet ces opérations plus rares.

Elles le deviendroient encore davantage, si l'état des affaires étoit bien connu. Il est démontré qu'à la clôture des livres en 1751, le capital de la compagnie ne montoit aux Indes qu'à trente-cinq millions cinq cens mille florins. La flotte en chemin pour l'Europe coûtoit neuf millions six cens mille florins, & les vaisseaux expédiés pour l'Inde quinze cens mille. On devoit aux Indes sept millions de florins ; & en Europe, on étoit en arriere de onze millions deux cens mille : par conséquent la fortune de la compagnie, sans y comprendre les fortifications, ne s'élevoit pas au dessus de vingt-huit millions quatre cens mille florins.

Dans cette somme, toute foible qu'elle étoit, il ne se trouvoit que onze millions sept cens mille florins en effets commerçables, c'est-à-dire, en argent comptant, en marchandises & en bonnes créances. Le surplus consistoit en dettes désespérées pour la valeur d'un million & demi de florins; en provisions de bouche & en boissons, pour quatre millions; en canons de fonte pour sept cens mille; en canons de fer, en boulets & en bales, pour deux cens cinquante mille; en fusils & en munitions de guerre, pour neuf cens mille; en argenterie, pour cent mille; en esclaves, pour cent cinquante mille; en bestiaux & en chevaux, pour cent mille; en bonnes dettes passives, pour trois millions trois cens mille; en marchandises expédiées de différentes contrées de l'Inde pour Batavia, pour cinq millions six cens mille. Nos calculs paroîtront justes à ceux qui voudront prendre la peine de les vérifier.

Il reste à examiner quels bénéfices avec de si foibles capitaux la compagnie a le talent de faire. Ses gains, autant qu'il est possible de les suivre, montent annuellement à douze millions sept cens mille florins; mais ses dépenses ordinaires dans l'Inde montent à neuf millions trois cens mille florins, à quinze cens mille en Europe, & son dividende à seize cens soixante-cinq mille. Par conséquent il ne lui reste que deux cens vingt-cinq mille florins pour faire face aux guerres, aux incendies des magasins, aux pertes des vaisseaux, à tant d'autres malheurs que la prudence humaine ne peut ni prévoir, ni empêcher.

Cette position doit paroître si peu vraisemblable à ceux qui ne voyent les choses que de loin, que nous n'aurions jamais osé en garantir la vérité, si nous n'avions sous nos yeux la correspondance du général Mossel avec la direction. Ce négociant habile, & le plus habile peut-être qu'on ait jamais vu dans l'Inde, ne fait monter qu'à six cens mille florins ce que nous réduisons à deux cens cinquante mille, & il est acculé par ses supérieurs d'exagération.

Qu'on suppose cependant que Mossel n'a rien enflé, toujours sera-t-il certain que la compagnie est hors d'état de soutenir la moindre dépense extraordinaire. De l'aveu du sage administrateur qui nous sert principalement de guide, on doit le regarder comme un corps épuisé qui ne se soutient que par des cordiaux. C'est suivant son expression un vaisseau qui coule bas, & dont la submersion est retardée par la pompe.

Cette situation désespérée qui réduira la compagnie à prendre sur ses capitaux, ou à diminuer son dividende au premier malheur qu'elle éprouvera, doit avoir eu des causes & de grandes causes. Nous ferons nos efforts pour les démêler, après avoir développé la marche de la prospérité, de la puissance, les plus singulieres qui ayent peut-être jamais existé.

Les Hollandois durent leurs premiers succès au bonheur qu'ils eurent de s'emparer dans moins d'un demi-siecle de plus de trois cens vaisseaux Portugais. Ces bâtimens, dont les uns étoient destinés pour l'Europe, & les autres pour différentes échelles de l'Inde, étoient chargés des dépouilles de l'Asie. Ces richesses que les équipages avoient la probité de ne pas détourner à leur profit, formoient à la compagnie des retours immenses, ou servoient à lui en procurer. De cette maniere les ventes étoient fort considérables, quoique les envois fussent très-médiocres.

L'affoiblissement de la marine Portugaise enhardit à attaquer les établissemens de cette nation, & en facilita extrêmement la conquête. On trouva des forteresses solidement bâties, munies d'une artillerie nombreuse, approvisionnées de tout ce qu'un gouvernement vainqueur & de riches particuliers avoient dû naturellement rassembler. Pour juger sainement de cet avantage, il ne faut que faire attention à ce qu'il en a coûté aux autres peuples pour obtenir la permission de se fixer où leur intérêt les appelloit, pour bâtir des maisons, des magasins, des forts, pour acquérir l'arrondissement nécessaire à leur conservation ou à leur commerce.

Lorsque la compagnie se vit en possession de tant de riches, de tant de solides établissemens, elle ne se livra pas à une ambition trop vaste. C'est son commerce qu'elle voulut étendre & non ses conquêtes. On n'eut guere à lui reprocher d'injustices que celles qui sembloient nécessaires à sa puissance. Le sang des peuples de l'orient ne couloit plus comme au tems où l'envie de se distinguer par des exploits guerriers, par la manie des conversions, par la vengeance, par le point d'honneur & le brigandage, mettoient aux Portugais les armes à la main.

Les Hollandois sembloient être venus plutôt pour venger, pour délivrer les naturels du pays, que pour les subjuguer. Ils n'eurent des guerres contre eux que pour en obtenir des établissemens sur les côtes, & pour les forcer à des traités de commerce. A la vérité ce n'étoit pas pour l'avantage de ces peuples, qui y perdoient même une grande partie de leur liberté : mais d'ailleurs les dominateurs plus humains que les conquérans qu'ils avoient chassés, laissoient ces Indiens se gouverner eux-mêmes, & ne les contraignoient pas à changer leurs loix, leurs mœurs & leur religion.

Par la maniere de placer, de distribuer leurs forces ; ils surent contenir les peuples que leur
conduite

conduire leur avoit d'abord conciliés. A l'exception de Cochin & de Malaca, ils n'eurent sur le continent que des comptoirs & des petits forts. C'est dans les isles de Java & de Ceylan qu'ils établirent leurs troupes & leurs magasins ; c'est delà que leurs vaisseaux soutenoient leur autorité, & protégeoient leur commerce dans le reste des Indes.

Il y étoit très-considérable depuis que la ruine des établissemens Portugais avoient mis dans leurs mains les épiceries. Elles ont trouvé un débit plus ou moins étendu suivant les circonstances. Actuellement on vend chaque année cent cinquante mille livres de girofle dans les Indes, & trois cens cinquante mille en Europe ; le prix en est également fixé dans les deux mondes à cens sols la livre. Quoique les Hollandois ne la payent que quatre sols quelques deniers la livre, elle leur revient à quarante-trois sols, à raison des frais & des non-valeurs. L'Inde ne consomme que cent mille livres de muscade, & l'Europe en consomme deux cens cinquante mille. On ne l'achete pas tout-à-fait un sol la livre ; & les dépenses nécessaires la font monter à vingt-cinq. Elle est vendue soixante-quinze sols en deçà du Cap, & cinquante-six seulement au delà ; cette différence n'inspirera à aucun navigateur la tentation de nous apporter de la muscade, parce que les noix qu'on reprend dans l'Asie sont maigres, manquent d'huile, & se corrompent souvent. Dix mille livres de macis suffisent pour l'approvisionnement de l'Inde, & cent mille pour celui de l'Europe. La livre est payée huit sols & un quart, revient à cinquante-quatre, & est vendue par-tout cent vingt-huit. A l'égard de la cannelle, la consommation n'excede pas quatre cens mille livres en

Tome I.

Europe, & ne va pas dans l'Inde à deux cens mille, qu'on livre presqu'entiérement à Manille pour l'Amérique Espagnole. La compagnie la vend actuellement par-tout cent cinq sols la livre, quoiqu'elle ne lui revienne pas à six. La cannelle qu'elle rebute comme trop grossiere, & qu'elle ne paye pas, est réduite en huile. On en fait des présens aux puissances de l'Asie, qui ne l'acheteroient pas, & on en vend parmi nous environ vingt livres, à vingt-cinq ou trente florins l'once. Son parfum est en même tems si fort & si agréable, que l'usage en deviendroit commun, peut-être général, si les Hollandois ne la tenoient à un prix si haut, parce qu'il leur est plus avantageux de vendre en nature cette épicerie.

Nous ne finirons pas un article si important, sans observer qu'à mesure que les bénéfices de la compagnie ont diminué, elle a augmenté le prix des épiceries dans les Indes & en Europe. Cette pratique mauvaise en elle-même n'a pas nui, ou a peu nui à la vente du girofle & de la muscade, que rien ne pouvoit remplacer. Il n'en a pas été ainsi de la cannelle. La fausse a pris la place de la véritable dans plusieurs marchés, & la décadence de cette branche de commerce devient tous les jours, deviendra encore dans la suite plus sensible.

Il n'est rien que la compagnie n'ait tenté pour conserver le commerce exclusif du poivre qu'elle eut quelque tems. Ses efforts n'ont pas eu un succès entier; mais elle a réussi à maintenir une grande supériorité sur ses concurrens. Elle en débite encore parmi nous cinq millions pesant, & trois millions cinq cens mille dans l'Inde. Tout calcul fait, la compagnie se le procure à dix-huit florins le cent: elle nous le vend cinquante,

& depuis vingt-quatre jusqu'à trente-six aux Asiatiques.

La plus grande partie des affaires de l'Inde devoit tomber naturellement dans les mains des Hollandois par la vente des épiceries. La nécessité de les exporter les aida à s'approprier beaucoup d'autres branches du commerce. Avec le tems ils parvinrent à s'emparer du cabotage de l'Asie, comme ils étoient en possession de celui de l'Europe. Ils occupoient à cette navigation un grand nombre de vaisseaux & de matelots qui, sans rien coûter à la compagnie, faisoient sa sûreté.

Des avantages si décisifs écarterent long-tems les nations qui auroient voulu partager le commerce de ces régions éloignées, ou les firent échouer. Nous reçumes les productions de ce riche pays des mains des Hollandois. Ils n'éprouverent même jamais dans leur patrie les gênes établies depuis par-tout ailleurs. Le gouvernement instruit que la pratique des autres états ne devoit ni ne pouvoit lui servir de regles, permit constamment à la compagnie de vendre librement & sans limitation ses marchandises à la métropole. Lorsque ce corps fut établi, les Provinces-unies n'avoient ni manufactures, ni matieres premieres pour en lever. Ce n'étoit donc pas alors un inconvénient, c'étoit plutôt une grande sagesse, de permettre aux citoyens, de les engager même à s'habiller de toiles & des étoffes des Indes. Les différens genres d'industrie que la révocation de l'édit de Nantes procura à la république, pouvoient lui donner l'idée de ne plus tirer de si loin son vêtement; mais la passion qu'avoit alors l'Europe pour les modes de France, présentant aux travaux des réfugiés des débouchés avantageux, on n'eut pas seulement la pensée de rien changer à l'ancien usage. Depuis que la cherté de la main d'œuvre qui est une suite nécessaire de l'abondance & de l'argent a fait tomber les manufactures, & réduit la nation à un commerce d'économie, les étoffes de l'Asie ont été plus favorisées que jamais. On a senti qu'il y avoit moins d'inconvénient à enrichir les Indiens, que les Anglois ou les François, dont la prospérité ne sauroit manquer d'accélérer la ruine d'un état qui ne se soutient que par l'aveuglement, les guerres ou l'indolence des autres puissances.

Une conduite si sage a retardé la décadence de la compagnie; mais cette révolution est enfin arrivée par un concours de plusieurs causes. La plus sensible de toutes a été cette foule de guerres qui se sont succédées sans interruption.

A peine les habitans des Moluques étoient revenus de l'étonnement que leur avoient causé les victoires des Hollandois sur ce peuple qu'on regardoit comme invincible, qu'ils parurent impatiens du joug. La compagnie qui craignit les suites de ce mécontentement, fit la guerre au roi de Ternate, pour le forcer à consentir qu'on extirpât le girofle par-tout, excepté à Amboine. Les insulaires de Banda furent tous exterminés, parce qu'ils ne vouloient pas être ses esclaves. Macassar qui voulut appuyer leurs intérêts, occupa long-tems des forces considérables. La perte de Formose entraîna la ruine des comptoirs de Tonkin & de Siam. On fut obligé d'avoir recours aux armes pour soutenir le commerce exclusif de Sumatra. Malaca fut assiégé, son territoire ravagé, sa navigation interceptée par des pirates. Negapatan fut attaqué deux fois. Cochin eut à soutenir les efforts des rois de Calicut & de Travancor. Les troubles ont été presque continuels à Ceylan, aussi fréquens & plus vifs encore à Java, où l'on n'aura jamais de paix solide, qu'en mettant un prix raisonnable aux denrées qu'on en exige. On a eu des démêlés sanglans avec une nation Européenne dont la puissance augmente tous les jours dans l'Inde, & dont le caractere n'est pas la modération. Toutes ces guerres ont été ruineuses, & plus ruineuses qu'elles ne devoient l'être, parce que ceux qui étoient chargés de les conduire n'y vouloient voir qu'une occasion de s'enrichir.

Ces dissensions éclatantes ont été suivies en beaucoup d'endroits de vexations odieuses. On en a éprouvé au Japon, en Chine, à Camboge, à Arrakan, dans le Gange, à Achem, à Coromandel, à Surate, en Perse, à Bassora, à Moka, dans d'autres lieux encore. On ne trouve dans la plupart des contrées de l'Inde que des despotes qui préférent le brigandage au commerce, qui n'ont jamais connu de droit que celui du plus fort, & à qui tout ce qui est possible paroît juste.

Les bénéfices que faisoit la compagnie dans les lieux où son commerce n'étoit pas troublé, couvrirent long-tems les pertes que la tyrannie ou l'anarchie lui occasionnoient ailleurs: les autres nations Européennes lui firent perdre ce dédommagement. Leur concurrence la réduisit à acheter plus cher, à vendre meilleur marché. Peut-être ses avantages naturels l'auroient-ils mise en état de soutenir ce revers, si ses rivaux n'avoient pris le parti de livrer aux négocians particuliers le commerce d'Inde en Inde. Par le commerce d'Inde en Inde, il faut entendre les opérations nécessaires pour porter les marchandises d'une contrée de l'Asie à une autre contrée de l'Asie; de la Chine, de Bengale, de Surate, par exemple, aux

Philippines, en Perse & en Arabie. C'est par le moyen de cette circulation, & par des échanges multipliés que les Hollandois obtenoient pour rien, ou presque rien les riches cargaisons qu'ils portoient dans nos climats. L'activité, l'économie, l'intelligence des marchands libres chasserent la compagnie de toutes les échelles où la faveur étoit égale. Son pavillon se montra à peine dans des rades où on voyoit jusqu'à huit ou dix vaisseaux Anglois.

Cette révolution qui lui montroit si bien la route qu'elle devoit suivre, ne l'éclaira pas même sur une pratique ruineuse en commerce. Elle avoit contracté l'habitude de porter toutes les marchandises de l'Inde & d'Europe à Batavia, d'où on les versoit dans les différens comptoirs où la vente en étoit avantageuse. Cet usage occasionnoit des frais, une perte de tems, dont l'énormité des bénéfices avoit dérobé les inconvéniens. Lorsque les autres nations se livrerent à une navigation directe, il devenoit indispensable d'abandonner un système, mauvais en lui-même, insoutenable par les circonstances. L'empire d'une vieille habitude prévalut encore; & la crainte que ses employés n'abusassent de ce changement empêcha, dit-on, la compagnie d'adopter une méthode dont tout lui démontroit la nécessité.

Ce motif ne fut vraisemblablement qu'un prétexte qui servoit de voile à des intérêts particuliers. L'infidélité des commis étoit plus que tolérée. Les premiers avoient eu la plupart une conduite exacte. Ils étoient dirigés par des amiraux qui parcouroient tous les comptoirs, qui avoient un pouvoir absolu dans l'Inde, & qui à la fin de chaque voyage rendoient compte en Europe de leur administration. Dès que le gouvernement eut été rendu sédentaire, les agens moins surveillés se relâcherent. Ils se livrerent à cette molesse dont on contracte si aisément l'habitude dans les pays chauds. On se vit réduit à en multiplier le nombre, & personne ne se fit un point capital d'arrêter un désordre qui donnoit aux gens puissans la facilité de placer toutes leurs créatures. Elles passoient en Asie avec le projet de faire une fortune considérable & rapide. Le commerce étoit interdit. Les appointemens étoient insuffisans pour vivre; & il n'étoit pas possible de s'en faire payer dans l'Inde, sans perdre vingt-cinq pour cent. Tous les moyens honnêtes de s'enrichir étoient ôtés. On eut recours aux malversations. La compagnie fut trompée dans toutes ses affaires par des facteurs qui n'avoient point d'intérêt à les faire prospérer. L'excès du désordre fit imaginer d'allouer pour tout ce qui se vendroit, pour tout ce qui s'acheteroit, une gratification de cinq pour cent, qui devoit être partagée entre tous les employés suivant leurs grades. Ils furent obligés à cette condition de jurer que leur compte étoit fidele. Cet arrangement ne subsista que cinq ans, parce qu'on s'apperçut que la corruption ne diminuoit pas. On supprima la gratification & le serment. Depuis cette époque, les administrateurs mirent à leur industrie le prix que leur dictoit leur cupidité.

La contagion qui avoit d'abord infecté les comptoirs subalternes, gagna peu-à-peu les principaux établissemens, & avec le tems Batavia même. On y avoit vu d'abord une si grande simplicité, que les membres du gouvernement vêtus dans le cours ordinaire de la vie comme de simples matelots, ne prenoient des habits décens que dans le lieu même de leurs assemblées. Cette modestie étoit accompagnée d'une probité si marquée, qu'avant 1650, il ne s'étoit pas fait une seule fortune remarquable ; mais ce prodige inouï de vertu ne pouvoit durer. On a vu des républiques guerrieres vaincre & conquérir pour la patrie, & porter dans le trésor public les dépouilles des nations. On ne verra jamais les citoyens d'une république commerçante amasser pour un corps particulier de l'état des richesses dont il ne leur revient ni gloire ni profit. L'austérité des principes républicains dut céder à l'exemple des peuples Asiatiques. Le relâchement fut plus sensible dans le chef-lieu de la colonie, où les matieres du luxe arrivant de toutes parts, le ton de magnificence sur lequel on crut devoir monter l'administration, donna du goût pour les choses d'éclat. Ce goût corrompit les mœurs, & la corruption des mœurs rendit égaux tous les moyens d'accumuler des richesses. Le mépris même des bienséances fut poussé si loin, qu'un gouverneur général se voyant convaincu d'avoir poussé le pillage des finances au-delà de tous les excès, ne craignit point de justifier sa conduite en montrant un plein pouvoir signé de la compagnie.

Pour comble de malheur, on n'établit pas des regles suffisantes pour juger la conduite des administrateurs. Cela n'avoit point d'inconvéniens dans les commencemens de la république, où les mœurs étoient pures, frugales & austeres. En général, on voit dans les établissemens Hollandois que les loix ont été faites pour des tems vertueux. Il falloit d'autres loix pour d'autres mœurs.

Le désordre auroit pu être arrêté dans son origine, s'il n'avoit dû faire les mêmes progrès en Europe qu'en Asie. Mais comme un fleuve débordé roule plus de limon qu'il ne grossit ses eaux, les vices qu'entraînent les richesses croissent encore plus que les richesses mêmes. Les places de directeurs confiées d'abord à des négocians habiles tomberent dans la suite dans des maisons puissantes, & s'y perpetuerent avec les magistratures qui les y avoient fait entrer. Ces familles occupées de vues de politique ou de soins d'administration, ne virent dans les postes qu'elles arrachoient à la compagnie que des émolumens considérables : la facilité de placer leurs parens, quelques - unes même l'abus qu'elle pouvoit faire de leur crédit. Les détails, les discussions, les opérations les plus importantes de commerce furent abandonnées à un secretaire qui, sous le nom plus imposant d'avocat, devint le centre de toutes les affaires. Des administrateurs qui ne s'assembloient que deux fois l'année, le printemps & l'automne, à l'arrivée & au départ des flottes, perdirent l'habitude & le fil d'un travail qui demande une attention continue. Ils furent obligés d'accorder une confiance entiere à un homme chargé par état de faire l'extrait de toutes les dépêches qui arrivoient de l'Inde, & de dresser le modele des réponses qu'on devoit y porter. Ce guide quelquefois peu éclairé, souvent corrompu, toujours dangereux, jetta ceux qu'il conduisoit dans des précipices, ou les y laissa tomber.

L'esprit de commerce est un esprit d'intérêt, & l'intérêt produit toujours la division. Chaque chambre voulut avoir ses chantiers, ses arsenaux, ses magasins pour les vaisseaux qu'elle étoit chargé d'expédier. Les places furent multipliées, & les infidélités encouragées par une conduite si vicieuse.

Il n'y eut point de département qui ne se fit une loi de fournir comme il en avoit le droit des marchandises, en proportion de ses armemens. Ces marchandises n'étoient pas également propres pour leurs destinations, & on ne les vendit point, ou on les vendit mal.

Lorsque les circonstances exigerent des secours extraordinaires, cette vanité puérile qui craint de montrer de la foiblesse en montrant des besoins, empêcha de faire des emprunts en Hollande, où on n'auroit payé qu'un intérêt de trois pour cent. On en ordonna à Batavia où il coûtoit six, plus souvent encore dans le Bengale, à la côte de Coromandel, où il coûtoit neuf & quelquefois beaucoup davantage. Les abus se multiplioient de toutes parts.

Les états-généraux chargés d'examiner tous les trois ans la situation de la compagnie, de s'assurer qu'elle se tient dans les bornes de son octroi, qu'elle rend justice aux intéressés, qu'elle fait son commerce d'une maniere qui n'est pas préjudiciable à la république, auroient pu & dû arrêter ce désordre. Quelle qu'en soit la raison, ils ne l'ont fait en aucun tems. Cette conduite leur a fait essuyer l'humiliation de voir les actionnaires se réunir pour conférer au dernier Stadhouder la suprême direction de leurs affaires en Europe & dans les Indes, sans prévoir le danger qui pouvoit résulter de l'influence d'un chef perpétuel de l'état sur un corps riche & puissant. Cependant, à cette époque, le dividende est devenu plus fort, & le prix des actions plus considérable. Une mort prématurée a fait oublier le plan de réforme qui avoit été dressé. La nécessité le fera reprendre, mais sans doute avec des précautions sages contre l'abus de la puissance qu'on a cru devoir reclamer.

On commencera par abandonner en Asie tous les établissemens qui ne sont pas d'une nécessité indispensable, ceux même qui ne sont que d'une utilité médiocre. Il y auroit de la présomption à les indiquer. La compagnie ne doit pas manquer d'administrateurs assez éclairés pour la bien conduire dans un objet de cette importance.

Dans les comptoirs subalternes que les intérêts de son commerce la détermineront à conserver, elle détruira les fortifications inutiles ; elle supprimera les conseils que le faste plutôt que la nécessité lui a fait établir ; elle proportionnera le nombre de ses employés à l'étendue de ses affaires.

Ses colonies principales même seront réformées, & réformées avec plus de soin que les autres, parce que les abus qui s'y sont glissés y ont des suites bien plus funestes. Il faudroit sur-tout congédier cette foule d'ouvriers, fermer ces immenses magasins qui servent aux travaux, aux réparations. Les malversations des chefs & de ceux qui leur sont soumis sont si considérables, qu'il y auroit deux tiers à gagner à tout exécuter par entreprise.

Ces arrangemens purement intérieurs en ameneront de plus considérables. La compagnie établit dès son origine des regles fixes & précises dont il n'étoit jamais permis de s'écarter pour quelque raison, ni dans quelque occasion que ce pût être. Ses employés étoient de purs automates dont elle avoit monté d'avance les moindres mouvemens. Cette direction absolue & universelle lui parut nécessaire pour corriger ce qu'il y avoit de vicieux dans le choix de ses agens, la plupart tirés d'un état obscur, & communément privés de cette éducation soignée qui étend les idées. Elle-même ne se permettoit pas le moindre changement, & elle attribuoit à cette invariable uniformité le succès de ses entreprises. Des malheurs assez fréquens qu'entraîna ce système ne le lui firent pas abandonner, & elle fut toujours opiniâtrement fidele à son premier plan. Ce n'étoient pas des principes réfléchis qui la guidoient, c'étoit une routine aveugle. Aujourd'hui qu'elle ne peut plus faire impunément des fautes, il est nécessaire qu'elle revienne sur ses pas. Il faut que lasse de lutter avec désavantage contre les négocians libres des autres nations, elle se détermine à livrer le commerce d'Inde en Inde aux particuliers. Cette heureuse nouveauté rendra ses colonies plus riches & plus fortes. Elle-même tirera plus de profit des droits qu'on payera dans ses comptoirs, qu'elle n'en tiroit des opérations languissantes d'un commerce expirant. Tout, jusqu'aux vaisseaux que leur vetusté empêche de renvoyer en Europe, doit tourner à son avantage. Les navigateurs fixés dans ses établissemens, seront trop heureux de pouvoir s'en servir dans ces mers paisibles.

Peut-être la compagnie devroit-elle pousser sa réforme plus loin encore? Ne lui conviendroit-il pas d'abandonner aux particuliers le commerce des toiles destinées pour l'Europe? Ceux qui sont instruits de ses opérations savent bien qu'elle ne gagne pas au-delà de trente pour cent sur cet article, qui lui est toujours vendu cherement par ses agens, quoiqu'il soit acheté avec son argent. Qu'on déduise de ce bénéfice les avaries, l'intérêt de ses avances, les appointemens des commis, les risques de mer, & on trouvera qu'il reste peu de chose. Un fret de vingt pour cent que les marchands libres payeroient avec plaisir ne seroit-il pas plus avantageux à la compagnie?

Libre alors des soins, des entraves que lui donne ce commerce, elle ouvriroit son port de Batavia à toutes les nations. Elles y chargeroient les marchandises venues d'Europe, les denrées que la compagnie obtient à bas prix des princes Indiens avec lesquels elle a des traités exclusifs, les épiceries destinées pour toutes les échelles de l'Asie, où la consommation augmenteroit nécessairement. Elle se verroit bien dédommagée du sacrifice qu'elle feroit à la liberté générale du commerce, par la vente sûre, facile & avantageuse des épiceries en Europe. La corruption seroit nécessairement arrêtée par une administration si simple, & l'ordre se trouveroit assez solidement établi pour se maintenir avec des soins médiocres.

La nécessité de faire les arrangemens intérieurs que nous proposons est d'autant plus urgente, que la compagnie est continuellement menacée de perdre la base de sa puissance, de se voir enlever le commerce des épiceries.

Il passe pour constant qu'on ne trouve plus le giroflier qu'à Amboine. C'est une erreur. Avant que les Hollandois se fussent emparés des Moluques proprement dites, toutes les isles de cet archipel étoient couvertes de cet arbre. On l'arracha, & on continue d'y envoyer tous les ans deux chaloupes, chacune chargée de douze soldats, dont la fonction se réduit à le couper par-tout où il repousse. Mais, outre la bassesse de cette avarice qui lutte contre la prodigalité de la nature, quelle que soit l'activité de ces destructeurs, ils ne peuvent exécuter leurs ordres que sur la côte. Trois cens hommes occupés continuellement à parcourir les forêts ne suffiroient pas pour remplir cette commission dans toute son étendue. La terre rebelle aux mains qui la dévastent, semble s'obstiner contre la méchanceté des hommes. Le girofle renaît sous le fer qui l'extirpe, & trompe la dureté des Hollandois, ennemis de tout ce qui ne croît pas pour eux seuls. Les Anglois établis à Sumatra ont envoyé il y a quelques années à leur métropole du girofle fourni par les habitans de Bali, qui l'avoient tiré des lieux où l'on prétend qu'il n'en existe plus.

Le muscadier n'est pas non plus concentré à Banda : il croît dans la nouvelle Guinée & dans les isles situées sur les côtes. Les Malais qui seuls ont quelque liaison avec ces nations féroces, ont porté de son fruit à Batavia. Les précautions qu'on a prises pour dérober la connoissance de cet événement, n'ont servi qu'à le constater davantage ; & sa certitude est appuyée sur tant de témoignages, qu'il n'est plus possible d'en douter.

Mais quand on révoqueroit en doute des faits aussi certains : quand on croiroit par habitude ou par révélation que les Espagnols des Philippines qui ont un si grand intérêt, une si grande facilité à se procurer le giroflier & le muscadier, ne sortiront jamais de leur indolence, il faudra toujours qu'on convienne qu'il est arrivé dans ces mers éloignées un événement qui mérite une attention sérieuse. Les Anglois ont découvert le détroit de Lombok. Cette découverte les a conduits à Saffara, située entre la nouvelle Guinée & les Moluques. Ils ont trouvé dans cette isle la même attitude, la même terre, le même climat que dans celles où croissent les épiceries, & y ont formé un établissement. Croit-on que cette nation active & opiniâtre perdra de vue le seul objet qu'elle puisse s'être proposé ? Croit-on qu'elle sera rebutée par les obstacles qu'elle trouvera ? Si la compagnie connoissoit si mal le caractere de ses rivaux, sa situation cesseroit d'être équivoque, elle seroit désespérée.

Indépendamment de cette guerre d'industrie, les Hollandois en doivent craindre une moins lente & plus destructive. Tout, mais singuliérement la maniere dont ils composent leurs forces de mer & de terre, doit encourager leurs ennemis à les attaquer.

La compagnie a un fonds d'environ cent navires de six cens à mille tonneaux. Tous les ans elle en expédie d'Europe vingt-huit ou trente, & en reçoit quelques-uns de moins. Ceux qui sont hors d'état de faire leur retour naviguent dans l'Inde, dont les mers paisibles, si on excepte celles du Japon, n'exigent pas des bâtimens solides. Lorsqu'on jouit d'une tranquillité bien assurée, les vaisseaux partent séparément ; mais pour revenir, ils forment toujours au Cap deux flottes qui arrivent par les Orcades, où deux vaisseaux de la république les attendent & les escortent jusqu'en Hollande. On imagina dans des tems de guerre cette route détournée pour éviter les croisieres ennemies ; on a continué à s'en servir en tems de paix pour éviter la contrebande. Il ne paroissoit pas aisé d'engager des équipages qui sortoient d'un climat brûlant à braver les frimats du nord. Deux mois de gratification surmonterent cette difficulté. L'usage a prévalu de la donner, lors même que les vents contraires ou les tempêtes poussent les flottes dans la Manche. Une fois seulement les directeurs de la chambre d'Amsterdam ont voulu essayer de la supprimer. Ils furent sur le point d'être brûlés par la populace qui, comme toute la nation, désapprouve le despotisme de la compagnie, & gémit de son privilege exclusif. La marine de la compagnie est commandée par des officiers qui ont tous commencé par être matelots ou mousses. Ils sont pilotes, ils sont manœuvriers ; mais ils n'ont pas la premiere idée des évolutions navales. D'ailleurs les vices de leur éducation ne leur permettent ni de concevoir l'amour de la gloire, ni de l'inspirer à l'espece d'hommes qui leur sont soumis.

La formation des troupes de terre est encore plus mauvaise. A la vérité, les soldats déserteurs de toutes les nations de l'Europe devroient avoir de l'intrépidité; mais ils sont si mal nourris, si mal habillés, si fatigués par le service, qu'ils n'ont aucune volonté. Leurs officiers, la plupart originairement domestiques des gens en place, ou tirés d'une profession vile où ils ont gagné de quoi acheter des grades, ne sont pas fait pour leur communiquer l'esprit militaire. Le mépris que le gouvernement entierement marchand a pour des hommes voués par état à une pauvreté forcée, acheve de les avilir, de les décourager. A toutes ces causes de relâchement, de foiblesse & d'indiscipline, on peut en ajouter une qui est commune aux deux services de terre & de mer.

Il n'existe pas peut-être dans les gouvernemens les moins libres une maniere de se procurer des matelots & des soldats, plus blâmable que celle dont se sert la compagnie depuis fort long-tems. Dans toutes les villes où il y a une maison des Indes, on trouve des gens le plus souvent cabaretiers; auxquels le peuple a donné le nom de *vendeurs d'ames*. Ces scélérats par eux-mêmes, dans les lieux où ils sont fixés, ou loin, & sur les frontieres, par des instrumens encore plus vils qu'eux, pressent les ouvriers & les déserteurs qu'ils trouvent de s'engager pour les Indes, où on les assure qu'ils ne sauroient manquer de faire une fortune rapide & considérable. Ceux que cet appas séduit sont enrôlés, sans savoir le plus souvent en quelle qualité, & reçoivent de la compagnie deux mois d'avance, qui sont livrés à l'embaucheur,

cheur. Ils forment à cette époque un engagement de cent cinquante florins, au profit de leur féducteur, chargé par cet arrangement de leur former un équipage qui peut monter au dixieme de cette valeur. La dette est constatée par un billet de la compagnie qui n'est payé que dans le cas où les débiteurs vivent assez long-tems pour que leur solde y puisse suffire.

Une société qui se soutient malgré ce mépris pour la profession militaire, & avec des soldats si corrompus, doit faire juger des progrès qu'a fait l'art de la négociation dans ces derniers siecles. Il a fallu suppléer sans cesse à la force par des traités, de la patience, de la modestie & de l'adresse; mais on ne sauroit trop avertir des républicains que ce n'est là qu'un état précaire, & que les moyens les mieux combinés en politique ne résistent pas toujours au torrent de la violence & des circonstances. Il faut que la compagnie aye des troupes composées de citoyens, & cela n'est pas impossible. Elle ne parviendra pas à leur inspirer cet esprit public, cet enthousiasme pour la gloire qu'elle n'a pas elle-même. Un corps est toujours à cet égard dans le cas d'un gouvernement qui ne doit jamais conduire ses troupes que par les principes sur lesquels porte sa constitution. L'amour du gain, l'œconomie sont la base de l'administration de la compagnie. Voilà les motifs qui doivent attacher le soldat à son service. Il faut, qu'employé dans des expéditions de commerce, il soit assuré d'une rétribution proportionnée aux moyens qu'il employera pour les faire réussir, & que la solde lui soit payée en actions. Alors les intérêts personnels, loin d'affoiblir le ressort général, lui donneront de nouvelles forces.

Que si nos réflexions ne déterminent pas la

compagnie à porter la réforme dans cette partie importante de son administration, qu'elle se réveille du moins à la vue des dangers qui la menacent. Si elle étoit attaquée dans l'Inde, elle se verroit enlever ses établissemens en moins de tems qu'elle n'en a mis pour les conquérir sur les Portugais. Ses meilleures places n'ont ni chemins couverts, ni glacis, ni ouvrage extérieurs, & ne tiendroient pas huit jours. Elles ne sont jamais approvisionnées de vivres, quoiqu'elles regorgent toujours de munitions de guerre. Il n'y a pas dix mille hommes blans ou noirs pour les garder, & il en faudroit plus de vingt mille. Ces désavantages ne seroient pas compensés par les ressources de la marine. La compagnie n'a pas un seul vaisseau de ligne dans ses ports, & il ne seroit pas possible d'armer en guerre les vaisseaux marchands. Les plus gros de ceux qui retournent en Europe n'ont pas cent hommes ; & en réunissant ce qui se trouve épars sur tous ceux qui naviguent dans les Indes, on ne trouveroit pas de quoi former un seul équipage. Tout homme accoutumé à calculer des probabilités ne craindra pas d'avancer que la puissance Hollandoise pourroit être détruite en Asie avant que le gouvernement eut pu venir au secours de la compagnie. Ce colosse d'une apparence gigantesque a pour base unique les Moluques. Six vaisseaux de guerre & quinze cens hommes de débarquement seroient plus que suffisans pour en assurer la conquête. Elle peut être l'ouvrage des François & des Anglois.

Si la France formoit cette entreprise, son escadre après s'être rafraîchie sur la côte du Brésil, gagneroit par le cap de Horn les Philippines, où on lui fourniroit de quoi se réparer. Delà elle fonderoit sur Ternate, où les hostilités porteroient la premiere nouvelle de son arrivée dans ces mers. Un fort sans ouvrages extérieurs, & qui peut être battu de dessus les vaisseaux, ne feroit pas une longue résistance. Amboine qui avoit autrefois un rempart, un mauvais fossé, quatre petits bastions, a été si souvent boulversé par des tremblemens de terre, qu'il doit être hors d'état d'arrêter deux jours un ennemi entreprenant. Banda présente des difficultés particulieres. Il n'y a point de fonds autour de ces isles, & il regne des courans violens, de sorte que si on manquoit deux ou trois canaux qui y conduisent, on seroit emporté sans ressource au-dessous du vent. Mais cet obstacle seroit aisément levé par les pilotes d'Amboine. On n'auroit qu'à battre un mur sans fossé, ni chemin couvert, seulement deffendu par quatre bastions en mauvais état, un petit fort bâti sur une hauteur qui commande la place, ne prolongeroit pas la défense de vingt-quatre heures.

Tous ceux qui ont vu de près & bien vu les Molucques, s'accordent à dire, qu'elles ne tiendroient pas un mois contre les forces qu'on vient d'indiquer. Si, comme il est vraisemblable, les garnisons trop foibles de moitié, aigries par les traitemens qu'elles éprouvent, refusent de se battre, ou se battoient mollement, la conquête seroit plus rapide. Pour lui donner le dégré de solidité dont elle seroit digne, il faudroit s'emparer de Batavia; ce qui seroit moins difficile qu'il ne doit le paroître. L'escadre, avec ceux de ses soldats qu'elle n'auroit pas laissés en garnison, avec la partie des troupes Hollandoises qui se seroit donnée au parti vainqueur, avec huit ou neuf cens hommes qu'elle recevroit à tems des illes de France & de Bourbon, viendroit sûrement à bout de cette entreprise. Il suffit pour en être convaincu d'avoir une idée juste de Batavia.

L'obstacle le plus ordinaire au siege des places maritimes, est la difficulté du débarquement : rien n'est plus facile à la capitale de Java. Inutilement le général Jmhof qui sentoit cet inconvénient, chercha à y remédier, en construisant un fort à l'embouchure du fleuve qui embellit la ville. Quand même ces ouvrages conduits à grands frais par des gens sans aucun talent auroient été portés à leur perfection, on n'auroit pas été dans une situation beaucoup meilleure. La descente qu'on auroit rendue impraticable dans un point, auroit été toujours ouverte par plusieurs rivieres qui tombent dans la rade, & qui sont toutes navigables pour des chaloupes.

L'ennemi formé à terre ne trouveroit qu'une cité immense sans chemin couvert, deffendu par un rempart & par quelques bastions bas & irréguliers, entourée d'un fossé formé d'un côté par une riviere, & de l'autre par des canaux marécageux qu'il seroit aisé de remplir d'eau vive : elle étoit protégée autrefois par une citadelle; mais Jmhof, en élevant entre la ville & la place des casernes vastes & fort élevées, interrompit cette communication. On lui fit remarquer après coup cette bévue, & il n'imagina rien de mieux pour la réparer, que de détruire deux demi bastions du fort qui regardoient la ville. Depuis ce tems-là ils sont joints l'un à l'autre.

Mais quand les fortifications seroient aussi parfaites qu'elles sont vicieuses; quand l'artillerie qui est immense seroit dirigée par des gens habiles; quand on substitueroit Cohorn ou Vauban aux hommes tout-à-fait ineptes chargés de la consuite des travaux, la place ne pourroit pas tenir: elle auroit au moins besoin de quatre mille hommes pour se défendre, & elle en a rarement plus de six cens. Aussi les Hollandois ne sont-ils pas assez aveugles pour mettre leur confiance dans une garnison si foible : ils comptent bien davantage sur les inondations que des écluses qui enchaînent plusieurs petites rivieres les mettent en état de se procurer. Ils pensent que les inondations retarderoient les opérations d'un siége, & feroient périr les assiégeans par la contagion qu'elles causeroient. Avec plus de réflexion, on verroit qu'avant que ces saignées n'eussent produit leur effet, la place seroit emportée.

Le plan de conquête que pourroit former la France conviendroit également aux intérêts de la Grande-Bretagne, avec cette différence, que les Anglois pourroient l'exécuter en passant par les détroits de Bali ou de Lombok ; après avoir commencé par se rendre maîtres du cap de Bonne-espérance, relâche excellente dont ils ont besoin pour leur navigation aux Indes.

Le cap peut être attaqué par deux endroits : le premier est la baie de la Table, à l'extrêmité de laquelle est situé le fort. C'est une rade ouverte, où la violence de la mer n'est rompue que par une isle, où les exilés de la colonie, quelques-uns même de Batavia sont occupés à tuer des chiens marins, & à amasser des coquillages, dont on fait la chaux. Elle est si mauvaise dans le mois de juin, juillet, août & septembre, qu'on y a vu périr vingt-cinq vaisseaux en 1722, & sept en 1736. Quoique les commodités qu'on y trouve la fassent préférer dans les autres saisons de l'année par tous les navigateurs, il est vraisemblable qu'on n'y tenteroit pas la descente, parce que les deux côtés du port font couverts de batteries; qu'il feroit rifqueux, & peut-être impoffible de faire taire. On préféreroit fans doute la baye falfe qui éloignée de la premiere de trente lieues par mer, n'eft cependant du côté de terre qu'à trois lieues de la capitale. Le débarquement fe feroit paifiblement dans cet afyle sûr; & les troupes arriveroient fans obftacle fur une hauteur qui domine le fort. Comme cette citadelle d'ailleurs fort refferrée n'eft défendue que par une garnifon de trois cens hommes, de quatre cens au plus, on la réduiroit en moins d'un jour avec quelques bombes. Les colons difperfés dans une efpace immenfe, & féparés les uns des autres par des déferts, n'y auroient pas le tems de venir à fon fecours. Peut-être ne le voudroient-ils pas quand ils le pourroient? Il doit être permis de foupçonner que l'oppreffion dans laquelle ils gémiffent leur fait defirer un changement de domination. La perte du Cap mettroit peut-être la compagnie dans l'impoffibilité de faire paffer aux Indes les fecours néceffaires à la défenfe de fes établiffemens, rendroit au moins ces fecours moins sûrs & plus difpendieux. Par la raifon contraire, les Anglois tireroient de grandes commodités de cette conquête, des avantages même immenfes, fi on pouvoit fe détacher de cet efprit de monopole contre lequel la raifon & l'humanité reclamerent toujours.

Les colonies Angloifes de l'Amérique feptentrionale ont du fer, des bois, du ris, du fucre, cent objets de confommation qui manquent totalement au Cap. Elles pourroient les y porter, & recevoir en échange des vins & des eaux-de-vie. Le terrein de cette partie de l'Afrique eft fi propre, & le climat fi favorable à cette culturé, qu'on peut lui donner une étendue immense. Qu'on ouvre des débouchés, & on verra un espace de deux cens lieues couvert de vignes. La tolérance, la douceur du gouvernement ; l'espérance d'une situation commode attireront des cultivateurs de tous les côtés : ils trouveront aisément des crédits pour se procurer les esclaves nécessaires à tous leurs travaux. Bientôt ils seront en état de fournir des boissons saines, agréables, abondantes à l'Amérique Angloise, & peut-être que la métropole elle-même puisera un jour les siennes à la même source.

Si la république de Hollande ne regarde pas comme imaginaires les dangers que l'amour du bien général des nations nous fait pressentir pour son commerce, elle ne doit rien oublier pour les prévenir : il faut qu'elle ne perde pas de vue que la compagnie, depuis son origine, jusqu'en 1722, a reçu environ quinze cens vaisseaux, dont la charge coûtoit dans l'Inde trois cens cinquante & un million six cens quatre-vingt-trois mille florins, & a été vendue plus du double en Europe : qu'en envoyant trois millions de florins dans l'Inde, elle parvient à se procurer des retours annuels de vingt millions de florins, dont le cinquieme au plus se consomme dans les Provinces-unies; qu'au renouvellement de chaque octroi, elle a donné des sommes considérables à la république ; qu'elle a secouru l'état lorsque l'état a eu besoin d'être secouru; qu'elle a élevé une multitude de fortunes particulieres qui ont prodigieusement accru les richesses nationales; enfin qu'elle a doublé, triplé peut-être l'activité de la métropole, en lui présentant fréquemment l'occasion de former de grandes entreprises.

Toute cette prospérité est prête à s'évanouir,

si le souverain n'emploie son autorité pour la conserver. Il le fera. Cette confiance est due à un gouvernement qui a cherché à entretenir dans son sein une multitude de citoyens, & à n'en employer qu'un petit nombre dans ses établissemens éloignés. C'est aux dépens de l'Europe entiere que la Hollande a sans cesse augmenté le nombre de ses sujets : la liberté de conscience dont on y jouit, & la douceur des loix, y ont attiré tous les hommes qu'opprimoient en cent endroits l'intolérance & la dureté du gouvernement.

Elle a procuré des moyens de subsistance à quiconque vouloit s'établir & travailler chez elle : on a vu en différens tems les habitans du pays que dévastoit la guerre, aller chercher en Hollande un azyle & du travail.

L'agriculture n'y a jamais pu être un objet considérable, quoique la terre y soit cultivée aussi parfaitement qu'elle puisse l'être. Mais la pêche du hareng lui tient lieu d'agriculture. C'est un nouveau moyen de subsistance, une école de matelots. Nés sur les eaux, ils labourent la mer : ils en tirent leur nourriture : ils s'aguerrissent aux tempêtes, où ils apprennent sans risque à vaincre les dangers.

Le commerce de transport qu'elle fait continuellement d'une nation de l'Europe à l'autre, est encore un genre de navigation qui ne consomme pas les hommes, & les fait subsister par le travail.

Enfin, la navigation qui dépeuple une partie de l'Europe, peuple la Hollande. Elle est comme une production du pays. Ses vaisseaux sont ses fonds de terre, qu'elle fait valoir aux dépens de l'étranger.

On connoît chez elle le luxe de commodité ;

il y est sans recherche. On y connoît celui de la bienséance ; il s'y trouve avec modération. La Hollande ignore celui de la fantaisie. Un esprit d'ordre, de frugalité, d'avarice même regne dans toute la nation, & il y a été entretenu avec soin par le gouvernement.

Les colonies sont gouvernées par le même esprit. On ne les peuple guere que de la lie de la nation, ou d'étrangers ; mais des loix séveres, une administration juste, une subsistance facile, un travail utile donnent bientôt des mœurs à ces hommes renvoyés de l'Europe, parce qu'ils n'en avoient pas.

Le même dessein de conserver sa population préside à son œconomie militaire, elle entretient en Europe un grand nombre de troupes étrangeres ; elle en entretient dans les colonies.

Les matelots en Hollande sont bien payés ; & des matelots étrangers servent continuellement ou sur ses vaisseaux marchands, ou sur ses vaisseaux de guerre.

Pour le commerce, il faut la tranquillité au dedans, la paix au dehors. Aucune nation, excepté les Suisses, ne cherche plus à se maintenir en bonne intelligence avec ses voisins, & plus que les Suisses elle cherche à maintenir ses voisins en paix.

La république conserve l'union entre les citoyens par de très-belles loix qui indiquent à chaque corps ses devoirs, par une administration prompte & désintéressée de la justice, par des réglemens admirables pour les négocians.

Pour le commerce, il faut de la bonne foi. Aucun gouvernement ne l'assure comme celui de la Hollande. L'état en a dans les traités, & les négocians dans les marchés.

Enfin, nous ne voyons en Europe aucune nation qui ait mieux combiné ce que sa situation, ses forces, sa population lui permettent d'entreprendre, & qui ait mieux connu ou suivi les moyens d'augmenter sa population & ses forces. Nous n'en voyons aucune qui, ayant pour objet un grand commerce & la liberté, qui s'appellent, s'attirent & se soutiennent, se soit mieux conduit pour conserver l'un & l'autre.

Mais combien ces mœurs sont déja déchues & dégénérées. Les intérêts personnels qui s'épurent par leur réunion, se sont isolés entiérement, & la corruption est devenue générale. Il n'y a plus de patrie dans le pays de l'univers qui devroit inspirer le plus d'attachement à ses habitans. Quels sentimens de patriotisme ne devroit-on pas en effet attendre d'un peuple qui peut se dire à lui-même : cette terre que j'habite, c'est moi qui l'ai rendue féconde ; c'est moi qui l'ai embellie, c'est moi qui l'ai créée. Cette mer menaçante qui couvroit nos campagnes, se brise contre les digues puissantes que j'ai opposées à sa fureur. J'ai purifié cet air que des eaux croupissantes remplissoient de vapeurs mortelles. C'est par moi que des villes superbes pressent la vase & le limon que portoient l'océan. Les ports que j'ai construits, les canaux que j'ai creusés reçoivent toutes les productions de l'univers que je dispense à mon gré. Les héritages des autres peuples ne sont que des possessions que l'homme dispute à l'homme ; celui que je laisserai à mes enfans, je l'ai arraché aux élémens conjurés contre ma demeure, & j'en suis resté le maître. C'est ici que j'ai établi un nouvel ordre physique, un nouvel ordre moral. J'ai tout fait où il n'y avoit rien. L'air, la terre, le gouvernement, la liberté : tout est mon ouvrage. Je jouis de la gloire de passé, & lorsque je porte mes regards sur l'avenir, je vois avec satisfaction que mes cendres reposeront tranquillement dans les mêmes lieux où mes peres voyoient se former des tempêtes. Que de motifs pour idolâtrer sa patrie ! Cependant il n'y a plus d'esprit public en Hollande : c'est un tout dont les parties n'ont d'autre rapport entr'elles que la place qu'elles occupent. La bassesse, l'avilissement & la mauvaise foi sont aujourd'hui le partage des vainqueurs de Philippe. Ils trafiquent de leur serment comme d'une denrée ; & ils vont devenir le rebut de l'univers qu'ils avoient étonné par leurs travaux & par leurs vertus.

Hommes indignes du gouvernement où vous vivez, frémissez du moins des dangers qui vous environnent. Avec l'ame des esclaves, on n'est pas loin de la servitude. Le feu sacré de la liberté ne peut être entretenu que par des mains pures. Vous n'êtes pas dans ces tems d'anarchie, où tous les souverains de l'Europe également contrariés par les grands de leurs états, ne pouvoient mettre dans leurs opérations ni secret, ni union, ni célérité ; où l'équilibre des puissances ne pouvoit être que l'effet de leur foiblesse mutuelle. Aujourd'hui l'autorité devenue plus indépendante assure aux monarchies des avantages dont un état libre ne jouira jamais. Que peuvent opposer des républicains à cette supériorité redoutable ? Des vertus ; & vous n'en avez plus. La corruption de vos mœurs & de vos magistrats enhardie par tous les calomniateurs de la liberté ; & votre exemple funeste resserre peut-être les chaînes des autres nations. Que voulez-vous que nous répondions à ces hommes qui, par mauvaise foi, ou par habitude, nous disent tous les jours :

le voilà ce gouvernement que vous exaltez si fort dans vos écrits : voilà les suites heureuses de ce système de liberté qui vous est si cher. Aux vices que vous reprochez au despotisme, ils ont ajouté un vice qui les surpasse tous, l'impuissance de reprimer le mal. Que répondre ? Ce que nous venons de dire. Que la corruption des républiques a un terme affreux, le passage de la licence à l'esclavage, & qu'enfin elles tombent pour toujours dans la classe des peuples soumis dont la corruption n'a plus de terme. On va voir à quel point l'Angleterre est éloignée d'un pareil danger.

Fin du second Livre.

HISTOIRE
PHILOSOPHIQUE
ET
POLITIQUE,

Des établissemens & du commerce des Européens dans les deux Indes.

LIVRE TROISIEME.

ON ne connoît ni l'époque qui a peuplé les isles Britanniques, ni l'origine de leurs premiers habitans. Tout ce que les monumens historiques les plus dignes de foi nous apprennent, c'est qu'elles furent successivement fréquentées par les Phéniciens, par les Carthaginois & par les Gaulois. Les négocians de ces nations y alloient échanger des vases de terre, du sel, toutes sortes d'instrumens de fer & de cuivre contre des peaux, des esclaves, des chiens de chasse & de combat, sur-tout contre de l'étain. Leur bénéfice étoit tel à peu près qu'ils le vouloient avec des peuples sauvages qui ignoroient également le prix de ce qu'on leur portoit, le prix de ce qu'ils livroient.

A ne consulter qu'une spéculation vague, on seroit porté à penser que les insulaires ont été les premiers hommes policés. Rien n'arrête les excursions des habitans du continent : ils peuvent trouver à vivre, & fuir les combats en même tems. Dans les isles, la guerre & les maux d'une société trop resserrée doivent amener plus vîte la nécessité des loix & des conventions. Cependant quelqu'en soit la raison, on voit généralement leurs mœurs & leur gouvernement formés plus tard & plus imparfaitement. Toutes les traditions l'attestent en particulier pour la Bretagne.

La domination Romaine ne fut pas assez longue, & fut trop disputée, pour beaucoup avancer l'industrie des Bretons. Le peu même de progrès que pendant cette époque avoient fait la culture & les arts, s'anéantit aussi-tôt que cette fiere puissance se fut décidée à abandonner sa conquête. L'esprit de servitude que les peuples méridionaux de la Bretagne avoient contracté, leur ôta le courage de résister d'abord au refoulement des Pictes leurs voisins, qui s'étoient sauvés du joug, en fuyant vers le nord de l'isle, & peu après aux expéditions plus meurtrieres, plus opiniâtres & plus combinées de brigands qui sortoient en foule des contrées les plus septentrionales de l'Europe.

Tous les empires eurent à gémir de cet horrible fléau, le plus destructeur peut-être dont les annales du monde ayent perpétué le souvenir; mais les calamités qu'éprouva la Grande-Bretagne sont inexprimables. Chaque année, plusieurs fois l'année, elle voyoit ses campagnes ravagées, ses maisons brûlées, ses femmes violées, ses temples dépouillés, ses habitans massacrés, mis à la torture, ou amenés en esclavage. Tous ces malheurs se succédoient avec une rapidité qu'on a peine à suivre. Lorsque le pays fut détruit, au point de ne plus rien ofrir à l'avidité de ces barbares, ils s'emparerent du pays même. A une nation succédoit une nation. La horde qui survenoit, chassoit ou exterminoit celle qui étoit déja établie ; & cette foule de révolutions perpétuoit l'inertie, la défiance & la misere. Tout porte à penser que, dans ces tems de découragement, les Bretons n'avoient guere de liaison de commerce avec le continent. Les échanges étoient même si rares entr'eux, qu'il falloit des témoins pour la moindre vente.

Telle étoit la situation des choses, lorsque Guillaume le Conquérant subjugua la Grande-Bretagne un peu après le milieu du onzieme siecle. Ceux qui le suivoient arrivoient de contrées un peu mieux policées, plus actives, plus industrieuses que celles où ils venoient s'établir. Cette communication devoit rectifier, étendre naturellement les idées du peuple vaincu. Si cela n'arriva pas, il faut l'attribuer à l'introduction du gouvernement féodal qui étoit alors à la fois l'unique fondement de la stabilité & des désordres de la plupart des gouvernemens monarchiques de l'Europe. Sous ces vicieuses institutions, l'état continue à languir. Il ne fut guere moins travaillé par les troubles civils, qu'il l'avoit été autrefois par les incursions des barbares.

Le commerce entier étoit entre les mains des Juifs & des banquiers Lombards qu'on favorisoit & qu'on dépouilloit, qu'on regardoit comme des hommes nécessaires, & qu'on faisoit mourir, qu'alternativement on chassoit & on rappelloit. Ces désordres étoient augmentés par l'audace des pirates qui, quelquefois protégés par le gouvernement avec lequel ils partageoient leur proie, courroient indifféremment sur tous les vaisseaux, & en noyoient souvent les équipages. L'intérêt de l'argent étoit de cinquante pour cent. Il ne sortoit d'Angleterre que des cuirs, des fourures, du beurre, du plomb, de l'étain, pour une somme modique, & trente mille sacs de laine qui rendoient annuellement une somme plus considérable. Comme les Anglois ignoroient encore alors entiérement l'art de teindre les laines, & celui de les mettre en œuvre avec élégance, la plus grande partie de cet argent repassoit la mer. Pour remédier à cet inconvénient, on appella des manufacturiers étrangers, & il ne fut plus permis de s'habiller qu'avec des étoffes de fabrique nationale. Dans le même tems, on défendoit l'exportation des laines manufacturées & du fer travaillé, deux loix tout-à-fait dignes du siecle qui les vit naître.

Henri VII permit aux barons d'aliéner leurs terres, & aux roturiers de les acheter. Cette loi diminua l'inégalité qui étoit entre les fortunes des seigneurs & celles de leurs vassaux. Elle mit entr'eux plus d'indépendance ; elle répandit dans le peuple le desir de s'enrichir avec l'espérance de jouir de ses richesses.

Ce desir, cette espérance étoient traversés par de grands obstacles. Quelques-uns furent levés. Il fut défendu à la compagnie des négocians établis à Londres d'exiger dans la suite la somme de soixante-dix livres de chacun des autres marchands du royaume qui voudroient aller trafiquer aux grandes foires des Pays-bas. Pour fixer plus de gens à la culture, on avoit statué que personne ne pourroit mettre son fils ou sa fille en aucun apprentissage,

prentiſſage, ſans avoir vingt ſchelins de rente en fonds de terre : cette loi abſurde fut mitigée.

Malheureuſement on laiſſa ſubſiſter en ſon entier celle qui régloit le prix de toutes les choſes comeſtibles, de la laine, du ſalaire des ouvriers, des étoffes, des vêtemens. De mauvaiſes combinaiſons firent même ajouter des entraves au commerce. Le prêt à intérêt & les bénéfices du change furent ſévérement proſcrits, comme uſuraires, ou comme propres à introduire l'uſure. Il fut défendu d'exporter l'argent ſous quelque forme qu'il pût être ; & pour que les marchands étrangers ne puſſent pas l'emporter clandeſtinement, on les obligea à convertir en marchandiſes Angloiſes le produit entier des marchandiſes qu'ils avoient introduites en Angleterre. La ſortie des chevaux fut prohibée. On n'étoit pas aſſez éclairé pour voir que cette prohibition feroit négliger d'en multiplier, d'en perfectionner l'eſpece. Enfin, on établit dans toutes les villes des corporations, c'eſt-à-dire, que l'état autoriſa tous ceux qui ſuivoient une même profeſſion, à faire les réglemens qu'ils jugeroient utiles à leur conſervation, à leur proſpérité excluſive. La nation gémit encore d'un arrangement ſi contraire à l'induſtrie univerſelle, & qui réduit tout à une eſpece de monopole.

En voyant tant de loix bizarres, on ſeroit tenté de penſer que Henri n'avoit que de l'indifférence pour la proſpérité de ſon empire, ou qu'il manquoit totalement de lumieres. Cependant il eſt prouvé que ce prince, malgré ſon extrême avarice, prêta ſouvent ſans intérêts des ſommes conſidérables à des négocians qui manquoient de fonds ſuffiſans pour les entrepriſes qu'ils ſe propoſoient de faire. La ſageſſe de ſon gouvernement est d'ailleurs si bien constatée, qu'il passe avec raison pour un des plus grands monarques qui se soit assis sur le trône d'Angleterre. Mais, malgré tous les efforts du génie, il faut plusieurs siecles à une science avant qu'elle puisse être réduite à des principes simples. Il en est des théories comme des machines qui commencent toujours par être très-compliquées, & qu'on ne dégage qu'avec le tems par l'observation & l'expérience des roues parasites qui en multiplioient le frottement.

Les lumieres des regnes suivans ne furent pas beaucoup plus étendues sur les matieres qui nous occupent. Des Flamands habitués en Angleterre en étoient les seuls bons ouvriers. Ils étoient presque toujours insultés & opprimés par les ouvriers Anglois, jaloux sans émulation. On se plaignoit que toutes les pratiques alloient à eux, & qu'ils faisoient hausser le prix du grain. Le gouvernement adopta ces préjugés populaires, & il défendit à tous les étrangers d'occuper plus de deux hommes dans leurs atteliers. Les marchands ne furent pas mieux traités que les ouvriers, & ceux mêmes qui s'étoient faits naturaliser se virent obligés de payer les mêmes droits que les marchands forains. L'ignorance étoit si générale, qu'on abandonnoit la culture des meilleures terres pour les mettre en pâturages dans les tems mêmes que les loix fixoient à deux mille le nombre des moutons dont un troupeau pourroit être composé. Toutes les liaisons d'affaires étoient concentrées dans les Pays-bas. Les habitans de ces provinces achetoient les marchandises Angloises, & les faisoient circuler dans les différentes parties de l'Europe. Il est vraisemblable que la nation n'auroit pris de long-tems un grand effort, sans le bonheur des circonstances.

Les cruautés du duc d'Albe firent passer en Angleterre d'habiles fabriquans, qui transportèrent à Londres l'art des belles manufactures de Flandres. Les persécutions que les réformés éprouvoient en France donnerent des ouvriers de toute espece à l'Angleterre. Elisabeth qui ne savoit pas essuyer des contradictions, mais qui vouloit le bien & le voyoit ; despote & populaire ; éclairée & obéie, Elisabeth se servit de la fermentation des esprits, qui étoit générale dans ses états comme dans le reste de l'Europe ; & tandis que cette fermentation ne produisoit chez les autres peuples que des disputes de théologie, des guerres civiles ou étrangeres, elle fit naître en Angleterre une émulation vive pour le commerce & pour les progrès de la navigation.

Les Anglois apprirent à construire chez eux leurs vaisseaux, qu'ils achetoient auparavant des négocians de Lubek & de Hambourg. Bientôt ils firent seuls le commerce de Moscovie par la voie d'Archangel qu'on venoit de découvrir, & ils ne tarderent pas à entrer en concurrence avec les villes anséatiques en Allemagne & dans le nord. Ils commencerent le commerce de Turquie. Plusieurs de leurs navigateurs tenterent, mais sans fruit, de s'ouvrir par les mers du nord un passage aux Indes. Enfin, Drake, Stepens, Cawendish, & quelques autres, y arriverent les uns par la mer du sud, les autres en doublant le cap de Bonne-espérance.

Le fruit de ces voyages fut assez grand pour déterminer en 1600 les plus habiles négocians de Londres à former une société. Elle obtint un privilege exclusif pour le commerce de l'Inde. L'acte qui le lui donnoit en fixoit la durée à quinze ans. Il y étoit dit, que si ce privilege paroissoit nuisible au bien de l'état, il seroit aboli, & la compagnie supprimée, en avertissant les associés deux ans d'avance.

Cette réserve dut son origine au chagrin qu'avoient récemment témoigné les Communes d'une concession pareille. La reine étoit revenue sur ses pas, & avoit parlé dans cette occasion d'une maniere digne de servir de leçon à tous les souverains.

„ Messieurs, dit-elle aux membres de la cham-
„ bre chargés de la remercier, je suis très-tou-
„ chée de votre attachement & de l'attention que
„ vous avez de m'en donner un témoignage au-
„ thentique. Cette affection pour ma personne
„ vous avoit déterminés à m'avertir d'une faute
„ qui m'étoit échappée par ignorance, mais où
„ ma volonté n'avoit aucune part. Si vos soins vi-
„ gilans ne m'avoient découvert les maux que
„ mon erreur pouvoit produire, quelle douleur
„ n'aurai-je pas ressentie, moi qui n'ai rien de
„ plus cher que l'amour & la conservation de
„ mon peuple ? Que ma main se desseche tout-à-
„ coup, que mon cœur soi frappé d'un coup mor-
„ tel, avant que j'accorde des privileges particu-
„ liers dont mes sujets aient à se plaindre. La splen-
„ deur du trône ne m'a point éblouie au point de
„ me faire préférer l'abus d'une autorité sans bor-
„ nes à l'usage d'un pouvoir exercé par la justice.
„ L'éclat de la royauté n'aveugle que les princes
„ qui ne connoissent pas les devoirs qu'impose
„ la couronne. J'ose penser qu'on ne me comptera
„ point au nombre de ces monarques. Je sais que
„ je ne tiens pas le sceptre pour mon avantage
„ propre, & que je me dois toute entiere à la
„ société qui a mis en moi sa confiance. Mon
„ bonheur est de voir que l'état a prospéré jus-

» qu'ici par mon gouvernement, & que j'ai pour
» sujets des hommes dignes que je renonçasse
» pour eux au trône & à la vie. Ne m'imputez
» pas les fausses mesures où l'on peut m'engager,
» ni les irrégularités qui peuvent se commettre
» sous mon nom. Vous savez que les ministres
» des princes sont trop souvent conduits par des
» intérêts particuliers, que la vérité parvient rare-
» ment aux rois, & qu'obligés dans la foule des
» affaires qui les accablent de s'arrêter sur les plus
» importantes, ils ne sauroient tout voir par
» eux-mêmes. »

Les fonds de la compagnie ne furent d'abord que de trois cens soixante-neuf mille huit cens quatre-vingt-onze livres cinq schelings sterlings. L'armement de quatre vaisseaux qui partirent dans les premiers jours de 1601, en absorba une partie. On embarqua le reste en argent & en marchandises.

Les premiers établissemens que cette société fit dans les Indes se formerent du consentement des nations. Elle ne voulut pas faire d'abord des conquêtes. Ses expéditions ne furent que les entreprises des négocians humains & justes. Elle se fit aimer; mais cet amour ne lui valut que quelques comptoirs, & ne la mit pas en état de soutenir la concurrence des nations qui se faisoient craindre.

Les Portugais & les Hollandois possédoient de grandes provinces, des places bien fortifiées & de bons ports. Ces avantages assuroient leur commerce contre les naturels du pays & contre des nouveaux concurrens; ils facilitoient leurs retours en Europe; ils leur donnoient les moyens de se défaire utilement des marchandises qu'ils portoient en Asie, d'obtenir à un prix honnête celles qu'ils vouloient acheter. Les Anglois au contraire dépendans du caprice des saisons & du peuple, sans force & sans azyle, ne tirant leurs fonds que de l'Angleterre même, ne pouvoient faire un commerce avantageux. Ils sentirent qu'on acquéroit difficilement de grandes richesses sans de grandes injustices, & que pour surpasser ou même balancer les nations qu'ils avoient censurées, il falloit imiter leur conduite.

Le projet de faire des établissemens solides & de tenter des conquêtes, paroissoient au-dessus des forces d'une société naissante ; & elle se flatta qu'elle seroit protégée, parce qu'elle étoit utile à la patrie. Ses espérances furent trompées. Elle ne put rien obtenir de Jacques I, prince foible, infecté de la fausse philosophie de son siecle, bel esprit, subtil & pédant, plus fait pour être à la tête d'une université que d'un empire. La compagnie, par son activité, sa persévérance, le bon choix de ses officiers, & de ses facteurs, suppléa au secours que lui refusoit son souverain. Elle bâtit des forts, elle fonda des colonies aux isles de Java, de Pouleron, d'Amboine & de Banda. Elle partagea ainsi avec les Hollandois le commerce des épiceries, qui sera toujours le plus solide de l'orient, parce que son objet est devenu d'un besoin réel. Il étoit encore plus important dans ce tems-là, parce que le luxe de fantaisie n'avoit pas fait alors en Europe les progrès qu'il a fait depuis, & que les toiles des Indes, les étoffes, les thés, les vernis de la Chine n'avoient pas le débit prodigieux qu'ils ont aujourd'hui.

Les Hollandois n'avoient pas chassé les Portugais des isles où croissent les épiceries, pour y laisser établir une nation dont la puissance maritime, le caractere & le gouvernement rendoient la concurrence plus redoutable. Ils avoient des avantages sans nombre sur leurs rivaux : de puissantes colonies, une marine exercée, des alliances bien cimentées, un grand fonds de richesses, la connoissance du pays & celle des principes & des détails du commerce, tout cela manquoit aux Anglois, qui furent attaqués par la ruse & par la force. Ils succomboient, lorsque quelques esprits modérés chercherent en Europe, où le feu de la guerre ne s'étoit pas communiqué des moyens de conciliation. Le plus bizarre fut adopté par un aveuglement dont il ne seroit pas aisé de trouver la cause.

Les deux compagnies signerent en 1619 un traité, qui portoit que les Molucques, Amboine & Banda appartiendroient en commun aux deux nations : que les Anglois auroient un tiers, & les Hollandois les deux tiers des productions dont on fixeroit le prix : que chacun contribueroit à proportion de son intérêt à la défense de ces isles : qu'un conseil composé de gens expérimentés de chaque côté régleroit à Batavia toutes les affaires du commerce : que cet accord garanti par les souverains respectifs dureroit vingt ans, & que s'il s'élevoit dans cet intervalle des différens qui ne pussent pas être accommodés par les deux compagnies, ils seroient décidés par le roi de la Grande-Bretagne & les états généraux des Provinces-unies. Entre toutes les conventions politiques dont l'histoire a conservé le souvenir, on en trouveroit difficilement une plus extraordinaire. Elle eut le sort qu'elle devoit avoir.

Les Hollandois n'en furent pas plutôt instruits aux Indes, qu'ils s'occuperent des moyens de la rendre nulle. La situation des choses favorisoit leurs vues. Les Espagnols & les Portugais avoient profité de la division de leurs ennemis pour s'établir de nouveau dans les Molucques. Ils pouvoient s'y affermir, & il y avoit du danger à leur en donner le tems. Les commissaires Anglois convinrent de l'avantage qu'il y auroit à les attaquer sans délai; mais ils ajouterent qu'ils n'avoient rien de ce qu'il falloit pour y concourir. Leur déclaration qu'on avoit prévue fut enregistrée, & leurs associés entreprirent seuls une expédition dont ils se réserverent tout le fruit. Il ne restoit aux agens de la compagnie de Hollande qu'un pas à faire pour mettre toutes les épiceries entre les mains de leurs maîtres, c'étoit de chasser leurs rivaux d'Amboine. On y réussit par une voie bien extraordinaire.

Un Japonois qui étoit au service des Hollandois dans Amboine se rendit suspect par une curiosité indiscrete. On l'arrêta, & il confessa qu'il s'étoit engagé avec les soldats de sa nation à livrer la forteresse aux Anglois. Son aveu fut confirmé par celui de ses camarades. Sur ces dispositions unanimes, on mit aux fers les auteurs de la conspiration, qui ne la démentirent pas, qui la confirmerent même. Une mort honteuse termina la carriere de tous les coupables. Tel est le récit des Hollandois.

Les Anglois n'ont jamais vu dans cette accusation que l'effet d'une avidité sans bornes. Ils ont soutenu qu'il étoit absurde de supposer que dix facteurs & onze soldats étrangers ayent pu former le projet de s'emparer d'une place où il y avoit une garnison de deux cens hommes. Quand même ces malheureux auroient vu la possibilité de faire réussir un plan si extravagant, n'en auroient-ils pas été détournés par l'impossibilité d'être secourus contre les forces ennemies qui les auroient assiégées de toutes parts Il faudroit pour rendre vraisemblable une pareille trahison d'autres preuves qu'un aveu des accusés arraché à force de tortures. Elles n'ont jamais donné de lumieres que sur le courage ou la foiblesse de ceux qu'un préjugé barbare y condamnoit. Ces considérations appuyées de plusieurs autres à peu près aussi pressantes, ont rendu le récit de la conspiration d'Amboine si suspect, qu'elle n'a été regardée communément que comme un voile dont s'étoit enveloppée une avarice atroce.

Le ministere de Jacques I, & la nation occupés alors de subtilités ecclésiastiques, & de la discussion des droits du roi & du peuple, ne s'apperçurent point des outrages que le nom Anglois recevoit dans l'orient. Cette indifférence prescrivoit une circonspection qui dégénéra bientôt en foiblesse. Elle ne pouvoit qu'augmenter durant le débordement des dissensions civiles & religieuses qui inonderent tout l'état de sang, qui y étoufferent tous les sentimens, toutes les lumieres. De plus grands intérêts firent oublier totalement les Indes; & la compagnie opprimée, découragée, n'étoit plus rien au moment de la mort instructive & terrible de Charles I.

Cromwel irrité que les Hollandois eussent été favorable aux malheureux Stuards, & donnassent un azyle aux Anglois qu'il avoit proscrit: indigné que la république des Provinces-unies affectât l'empire des mers; fier de ses succès, sentant ses forces & celles de la nation à laquelle il commandoit, voulut la faire respecter & se venger. Il déclara la guerre à la Hollande. De toutes les guerres maritimes, dont l'histoire ait fait mention, c'est la plus savante, la plus illustre par la capacité des chefs & le courage des soldats, la plus féconde en combats opiniâtres & meurtriers. Les Anglois eurent l'avantage, & ils le durent à la grandeur de leurs vaisseaux que le reste de l'Europe a imitée depuis.

Le protecteur qui donna la loi ne fit pas pour les Indes tout ce qu'il pouvoit. Il se contenta d'y assurer la liberté du commerce Anglois, de faire désavouer le massacre d'Amboine, & de prescrire des dédommagemens pour les descendans des malheureuses victimes de cette action horrible. On ne fit nulle mention dans le traité des forts que les Hollandois avoient enlevés à la nation dans l'isle de Java & dans plusieurs des Molucques. A la vérité, la restitution de l'isle de Pouleron fut stipulée; mais les usurpateurs secondés par le négociateur Anglois qui s'étoit laissé corrompre, furent si bien éluder cet article qui pouvoit & devoit leur donner un concurrent pour les épiceries, qu'il n'eut jamais d'exécution.

Malgré ces négligences, dès que la compagnie eut obtenu du protecteur le renouvellement de son privilege, & qu'elle se vit solidement appuyée par l'autorité publique, elle montra une vigueur que ses malheurs passés lui avoient fait perdre. Son courage s'accrut avec l'extension qu'on donnoit à ses droits.

Le bonheur qu'elle avoit en Europe la suivit en Asie. Elle y reprit avec succès le commerce qu'elle avoit ouvert autrefois dans le golfe Persique, de la maniere que nous allons dire.

Tandis que l'Anglois luttoit avec désavantage contre les Hollandois dans les Molucques, il étoit attaqué sur la côte de Malabar par les Portugais. Ses succès contre une nation qui avoit passé jusqu'alors dans l'esprit des Orientaux pour invincible, lui donnerent un très-grand éclat. Le bruit de ses victoires pénétra jusqu'en Perse, où régnoit alors Abas I, surnommé le Grand. Ce prince avoit conquis le Kandahar ; plusieurs places importantes sur la Mer Noire, une partie de l'Arabie, & chassé les Turcs de la Géorgie, de l'Armenie, de la Mésopotamie, de tous les pays qu'ils avoient conquis au-delà de l'Euphrate. Ces avantages lui avoient donné assez d'autorité pour abaisser les grands, & pour réprimer l'insolence de la milice, en possession de disposer du trône suivant son caprice. Un despotisme peut-être plus absolu qu'en aucune contrée de l'Asie, remplaça cette anarchie. Le Grand Abas sut allier à ce gouvernement oppresseur quelques vues d'utilité publique. Une colonie d'Armeniens transféré à Ispahan, porta au centre de l'empire l'esprit de commerce, l'abondance, & des arts inconnus aux Persans. Le Sophi s'associoit lui-même à leurs entreprises, & leur avançoit des sommes considérables, qu'il faisoit valoir dans les marchés les plus renommés de l'univers. Ils étoient obligés de lui remettre les fonds aux termes convenus, & s'ils les avoient accrus par leur industrie, il leur accordoit quelque récompense.

Les Portugais qui s'apperçurent qu'une partie du commerce des Indes avec l'Asie & avec l'Europe, alloit prendre sa direction par la Perse, y mirent des entraves. Ils ne souffroient pas que le Persan achetât des marchandises ailleurs que dans leurs magasins. Ils en fixoient le prix, & s'ils lui permettoient d'en tirer quelquefois du lieu de la fabrication, c'étoit toujours sur leurs vaisseaux, & en exigeant un fret & des droits énormes. Cette tyrannie révolta le Grand Abas qui, inftruit du reffentiment des Anglois, leur propofa de réunir leurs forces de mer à fes forces de terre pour affiéger Ormuz. Cette place fut attaquée par les armes combinées des deux nations, & prife en 1622 après deux mois de combats. Les conquérans s'en partagerent le butin qui fut immenfe, & la ruinerent enfuite de fond en comble.

A trois ou quatre lieues delà étoit dans le continent un port nommé jufqu'alors Gombron, & depuis Bender-abaffi. La nature ne paroiffoit pas l'avoir deftiné à être habité. Il eft fitué au pied de montagnes exceffivement élevées qui en font un des lieux de l'univers les plus étouffés. On y refpire un air embrafé qui dévore fans jamais exciter de tranfpiration. Des vapeurs mortelles s'élevent continuellement des entrailles de la terre. Les campagnes font noires & arides, comme fi le feu les avoit brûlées. Les eaux de fource ou de citerne y font auffi ameres que celles de la mer. Malgré ces inconvéniens, l'avantage qu'il avoit d'être placé à l'entrée du golfe, le fit fervir par le monarque Perfan pour fervir d'entrepôt au grand commerce qu'il fe propofoit de faire aux Indes. Les Anglois furent affociés à ce projet. On leur accorda une exemption perpétuelle de tous les droits, & la moitié du produit des douanes, à condition qu'ils entretiendroient continuellement au moins deux vaiffeaux de guerre dans le golfe. Cette précaution parut effentielle pour rendre vain le reffentiment des Portugais, dont la haine étoit encore redoutable.

A cette époque, Bender-abaffi qui n'avoit été jufqu'alors qu'un vil hameau de pêcheurs, devint une ville floriffante. Les Anglois y portoient les épiceries, le poivre, le fucre, de l'Orient, le fer

& le plomb, d'Europe. Ils ajouterent depuis à leurs cargaisons les draps que la Perse recevoit auparavant de leur compagnie de Turquie. Le bénéfice qu'ils faisoient sur ces marchandises étoit fort grossi par un fret excessivement cher que leur payoient les Armeniens, qui restoient encore en possession de la plus riche branche du commerce des Indes.

Ces négocians, peut-être les plus intelligens de l'univers, avoient entrepris depuis long-tems le commerce des toiles. Ils n'avoient été supplantés ni par les Portugais qui n'étoient occupés que de pillage, ni par les Anglois & les Hollandois, dont les épiceries avoient fixé toute l'attention. Ces deux dernieres nations avoient si peu porté leurs regards sur ces précieuses manufactures, qu'ils n'avoient point formé d'établissement dans les contrées où la nature avoit comme fixé cette heureuse invention de l'industrie & de l'art. Peut-être en avoient-elles été détournées par l'impossibilité de soutenir la concurrence d'un peuple également riche, industrieux, actif, œconome. Les Armeniens faisoient alors ce qu'ils ont toujours fait depuis. Ils passoient aux Indes. Ils y achetoient du coton, ils le distribuoient aux fileuses. Ils faisoient fabriquer les toiles sous leurs yeux. Ils les portoient à Benderabassi, d'où elles passoient à Ispahan. Delà elles se distribuoient dans les différentes provinces de la monarchie, dans les états du Grand Seigneur, & jusqu'en Europe, où on contracta l'habitude de les appeler perses, quoiqu'il ne s'en soit jamais fabriqué ailleurs qu'à la côte de Coromandel.

En échange des marchandises qu'on portoit à la Perse, elle donnoit les productions de son cru ou le fruit de son industrie.

Le maroquin qui étoit toujours apprêté avec de la chaux. On se servoit de sel & de noix de gale, au lieu de san, dont l'usage étoit inconnu aux Persans.

Le chagrin fait avec la peau de la croupe d'âne. Au lieu de la graine de moutarde employée ailleurs pour le grainer, on se servoit de la graine de casbin.

Les brocards d'or d'un prix supérieur à tout ce qu'ont produit les plus célebres manufactures. Autour du métier qui servoit à la fabrique de ces grandes pieces d'étoffe, cinq ou six hommes faisoient rouler vingt-cinq ou trente navettes à la fois. De ces labyrinthes de l'industrie sortoient des rideaux, des portieres & des carreaux magnifiques.

Les tapis qu'on a depuis si bien imités en Europe, & qui ont été long-tems un des plus riches meubles de nos appartemens.

Les turquoises qui étoient plus ou moins parfaites, suivant les mines dont on les tiroit. Elles entroient autrefois dans la parure de nos femmes.

La laine de Caramanie qui ressembloit beaucoup à celle de Vigogne. Elle étoit employée avec succès dans les manufactures de chapeaux, & dans quelques étoffes. Les chevres qui la donnent ont cela de particulier, que leur toison tombe d'elle-même au mois de mai.

Le poil de chevre, sa soie, l'eau rose, les gommes pour la médecine, les racines pour les teintures, les dattes, plusieurs sortes de fruits ; enfin, les chevaux & autres choses, dont les unes se vendoient dans les Indes, & les autres étoient portées en Europe.

Quoique les Hollandois fussent parvenus à

s'approprier tout le commerce de l'Asie orientale, ils ne virent pas sans jalousie ce qui se passoit en Perse. Il leur parut que les privileges dont leur rival jouissoit dans la rade de Bender-abassi, pouvoient être compensés par l'avantage qu'ils avoient de posséder une plus grande quantité d'épiceries, & ils entrerent avec lui en concurrence.

Leur commerce s'établit d'abord sur un système peu lucratif. Ils étoient obligés de déposer leur cargaison dans les magasins du prince, qui leur donnoit en échange des marchandises du pays. Peu-à-peu on baissa si fort le prix de leurs denrées, on haussa si fort le prix de celles du monarque, qu'ils perdoient considérablement. Cette oppression finit durant les guerres civiles d'Angleterre. Ils conclurent alors avec la cour d'Ispahan un traité qui portoit que la compagnie de Hollande pourroit faire entrer tous les ans dans l'empire pour un million de marchandises qui, libres de tous droits, seroient vendus où & à qui elle voudroit, & que si elle en portoit davantage, elle payeroit pour le surplus les droits accoutumés. Pour prix du sacrifice qu'on lui faisoit, elle s'obligea d'acheter tous les ans du gouvernement six cens bales de soie crue de deux cens seize livres chacune, à raison de cinq cent cinquante florins la balle ; ce qui étoit le double du prix de la soie dans toute la Perse. Mais elle se dédommageoit avec les particuliers des pertes qu'elle faisoit avec la cour. Le retour des Anglois que les François ne tarderent pas à suivre, fut cause qu'on les ménagea moins. Bientôt les trois nations éprouverent des vexations plus odieuses, plus destructives les unes que les autres. Le trône fut continuellement occupé par des tyrans où des imbécilles dont les cruautés & les injustices affoiblissoient les liaisons de leurs sujets avec les autres peuples. L'un de ces despotes étoit si féroce, qu'un grand de la cour disoit, *que toutes les fois qu'il sortoit de la chambre du roi, il tâtoit sa tête avec ses deux mains pour voir si elle étoit encore sur ses épaules.* Lorsqu'on annonçoit à son successeur que les Turcs envahissoient les plus belles provinces de l'empire, il répondoit froidement : *qu'il s'embarrassoit peu de leurs progrès, pourvu qu'ils lui laissassent sa ville d'Ispahan.* Il eut un fils si bassement livré aux petites pratiques de sa religion, qu'on *l'appelloit par dérision le moine ou le prêtre Hussein* : caractere moins odieux peut-être pour un prince, mais bien plus dangereux pour ses peuples que celui d'impie ou d'ennemi des dieux. Sous ces vils souverains, les affaires devenoient tous les jours plus languissantes à Bender-abassi. Les Aghuans les réduisirent à rien.

Ces Aghuans sont un peuple de Kan-dahar, pays monteux, situé au nord de l'Inde. On les a vus tantôt soumis aux Mogols, tantôt aux Persans, & le plus souvent indépendans. Ceux qui n'habitent pas la capitale vivent sous des tentes, à la maniere des Tartares. Le maître, les esclaves, les chevaux & le bétail y sont mêlés ensemble. Leur usage est d'avoir les jambes & les bras nuds. Ils sont petits & mal faits, mais nerveux, robustes, adroits à tirer de l'arc, à manier un cheval, endurcis aux fatigues. Leur maniere de combattre est remarquable. Des soldats d'élite partagés en deux troupes fondent d'abord sur l'ennemi, n'observant aucun ordre, & ne cherchant qu'à faire jour à l'armée qui les suit. Dès que le combat est engagé, ils se retirent

rent sur les flancs & à l'arriere garde, où leur fonction est d'empêcher que personne ne recule. Si quelqu'un quitte son rang & se dispose à la fuite, ils tombent sur lui le sabre à la main, & le forcent de reprendre son rang. Un de ces braves appercevant un soldat blessé qui vouloit se retirer pour se faire panser, l'obligea de rejoindre son drapeau : *combats de la main gauche, lui dit-il, si tu ne peux te servir de la droite ; & si tu perds aussi la main gauche, sers-toi de tes dents pour mordre l'ennemi.*

Vers le commencement du siecle, on vit ces hommes féroces sortir de leur patrie, se jetter sur la Perse dont ils avoient brisé le joug, y porter par-tout le fer & la destruction, & finir par lui donner des fers en 1722. Le fanatisme perpétue les horreurs dont ils se sont souillés dans le cours de la conquête. Un zele dévorant pour les superstitions des Turcs, une aversion insurmontable pour la secte d'Ali, leur font massacrer de sang froid des milliers de Persans. Dans le même tems, les provinces où ils n'avoient pas pénétré, sont ravagés par les Russes, les Turcs & les Tartares. Thamas-Koulikan réussit à chasser de sa patrie tous ces brigands, mais en se montrant plus barbare qu'eux. Sa mort violente devient une source nouvelle de calamités. L'anarchie ajoute aux cruautés de la tyrannie. Un des plus beaux empires du monde n'est plus qu'un vaste cimetiere, monument à jamais honteux de l'instinct destructeur des hommes sans police, mais suite inévitable des vices du gouvernement despotique. Le despote est un pâtre ignorant & sauvage qui mutile & garde des troupeaux pour la voracité des loups.

Dans cette confusion de toutes choses, les Anglois sont les seuls qui osent concevoir quelques espérances. Voyant leur commerce avec la Perse ruiné du côté des Indes, ils imaginent de lui ouvrir un nouveau cours par la mer Caspienne, dont les bords avoient été un peu moins détruits que le reste de la monarchie.

Cette idée n'étoit pas tout-à-fait nouvelle. A peine les Anglois eurent découvert Archangel, qu'ils hazardoient de porter à travers d'immenses contrées quelques marchandises dans la Perse. Ces expériences répétées à plusieurs reprises & à des époques très-éloignées les unes des autres, réussirent si peu, qu'on ne fut pas tenté de les rendre, lors même qu'Ahy étoit invité par de plus grandes facilités, & par les sollicitations de Pierre I. Ce prince avoit conquis en 1722 quelques provinces sur les bords de la mer Caspienne, & en particulier, celle de Ghilan, où croît la meilleure soie. Il pensa qu'il ne pouvoit tirer un meilleur parti de ses usurpations, que d'en faire une école où ses sujets pussent apprendre le négoce des Anglois, comme ses soldats avoient appris la guerre à l'école des Suedois. On se refusa à ses instances, dont on prévit le peu de solidité. En effet l'impératrice Anne rendit en 1734 à l'impérieux Thamas-Koulikan des provinces dont les chaleurs humides avoient fait le tombeau des Moscovites.

Pour pouvoir se livrer à ce commerce avec quelques espérances de succès, il falloit réunir les volontés des souverains de Perse & de Russie. Un Anglois nommé Elton en vint à bout. Ses compatriotes entraînés par l'esprit de persuasion qu'il avoit souverainement, ne balancerent pas à adopter ses vues. Avec les secours qu'ils lui donnerent, il construisit des bâtimens destinés à transporter en Perse par la mer Caspienne les marchandises Angloises qui devoient arriver par

Petersbourg & par le Volga. Ce projet, quoique compliqué, auroit pu réussir, si celui qui en étoit l'auteur ne l'eut ruiné lui-même. La grandeur des vaisseaux qu'il avoit bâtis, donna de la jalousie aux Russes, & il l'augmenta en se livrant à Koulikan, qui vouloit avoir une flotte pour s'assurer l'empire & les bords de la mer Caspienne. Le titre d'amiral dont il fut honoré l'éblouit sans doute, & l'empêcha de voir que par ces nouveaux liens il aliénoit la Russie dont il n'avoit pas moins besoin que la cour de Perse pour le succès du projet qu'il avoit formé. Comme on ne peut le détacher des intérêts du monarque Persan, la Moscovie revoqua tous les privileges qu'elle avoit accordés. Elle défendit le passage de ses états aux caravannes Angloises. Ainsi tomba cette grande entreprise qui entraîna la ruine d'un grand nombre de personnes. Elton lui-même en fut la victime. Les Persans dont sa faveur avoit excité la jalousie, le massacrerent après la mort du tyran qui l'avoit chéri.

Cette révolution fut un grand sujet de triomphe pour la compagnie Angloise des Indes orientales. Elle s'étoit vivement opposée, ainsi que celle de Turquie, au commerce de Perse par la voie de Russie. Les ressorts concertés qu'elles avoient fait jouer n'avoient pas réussi à rendre favorable à leurs monopoles le Parlement, où la question avoit été vivement débattue. Les événemens les débarrasserent de la concurrence, leur rendirent la tranquillité. Elles travaillerent avec une nouvelle chaleur, chacune de son côté, à pousser leurs avantages. Celle des Indes, quoiqu'elle n'eut plus de concurrent, voyoit son commerce de Perse réduit à la vente de cinq cens balles de lainerie, de deux cens milliers de fer &

d'autant de plomb. Ces objets réunis ne lui rendoient que cinq à six cens mille roupies payées en argent. Une si grande langueur la détermina à aller comme ses rivaux chercher à Bassora les débouchés que Bender-abassi lui refusoit.

Bassora est une grande ville bâtie par les Arabes dans le tems de leur plus grande prospérité, quinze lieues au-dessous de la jonction du Tigre & de l'Euphrate, & à une distance égale du golfe Persique, où ces fleuves se débouchent. Ses murs d'argile forment une grande enceinte qui renferme beaucoup de jardins, de terres mêmes labourables. Les maisons y sont bâties de brique cuite au soleil. On leur donne peu de jour pour les rendre plus fraîches, & elles ont toutes des terrasses, sur lesquelles on couche au grand air pendant les nuits d'été. Cinquante mille ames forment la population de Bassora. Ce sont des Arabes, auxquels se sont joints environ quinze cens Arméniens & un petit nombre de familles de différentes nations que l'espoir du gain y a attirées. Son territoire abonde en grains, en ris, en fruits, en légumes, en coton, & sur-tout en dattes. Les moutons y sont excellens, & l'on a la même attention pour leurs belles races, que pour celle des chevaux. Le climat est sain, & les grandes chaleurs y sont agréablement tempérées par les vents du nord qui soufflent assez régulièrement durant les ardeurs de la canicule. Il n'y pleut jamais en été, & il n'y pleut que rarement dans l'hyver. Celui de Bassora seroit pour nous un printems délicieux. Sa position l'expose à deux grands inconvéniens. Lorsque les rivieres s'enflent, & que rompant leurs digues, elles font du désert qui n'est pas éloigné de la ville une espece de mer, il s'éleve de cette vaste plaine des exhalaisons malignes qui remplissent la place de fiévres dangereuses. Le désert occasionne un désagrément plus ordinaire. Le vent qui passe sur ces sables brûlans amene une poussiere horrible. Elle se leve presqu'avec le soleil, qu'elle dérobe à la vue, change le jour en une espece de crepuscule, fatigue horriblement les yeux, pénetre dans les appartemens les mieux fermés, & ne tombe que vers le soir. Le ciel qui n'est jamais chargé de nuages devient alors d'une beauté frappante.

Le port de Bassora où les navires de toute grandeur trouvent un azyle sûr & commode, devint, comme ses fondateurs l'avoient prévu, un entrepôt célebre. Les marchandises d'Europe y arrivoient par l'Euphrate, qui n'est qu'à quatre journées d'Alep, & celles des Indes & de la Chine, par la mer. La tyrannie des Portugais interrompit cette communication. Elle se seroit rouverte dans le tems de leur décadence, si ce malheureux pays n'avoit été perpétuellement le théâtre des divisions des Arabes, des Persans & des Turcs. Ces derniers, devenus possesseurs paisibles, ont profité des malheurs de leurs voisins pour y rappeller le commerce. Les affaires qui se traitoient à Bender-abassi, se font maintenant à Bassora, qui a recouvré son état & son importance.

Ce changement ne s'est pas fait sans difficulté. Les gens du pays ne vouloient d'abord recevoir les Européens avec leurs vaisseaux que dans la riviere. Ils prévoyoient que si ces étrangers avoient la permission de se fixer dans la ville, on ne pourroit pas leur faire la loi, & qu'ils garderoient dans leurs magasins ce qu'ils n'auroient pas pu vendre pendant une mousson, pour s'en défaire plus utilement dans un autre tems. A ces raisons d'une avidité mal entendue, se joignoient des principes de superstition. On alléguoit que Bassora étant un lieu sacré parmi les Mahométans, un lieu rempli de tombeaux, de saints & de martyrs, il ne convenoit pas que les infideles y fissent leur séjour. Ce préjugé parut arrêter quelque tems le Pacha de Bagdag. On soupçonna qu'il vouloit de l'argent. Les nations lui en donnerent successivement, & il leur fut permis de former des comptoirs, de les décorer même de leurs pavillons.

Les révolutions sont si fréquentes en Asie, qu'il est impossible que le commerce y soit aussi suivi qu'il l'est en Europe. Ces événemens joints au peu de communication qu'il y a par terre & par mer entre les différens états, doivent occasionner de grandes variations dans l'abondance & dans la valeur des denrées. Bassora, très-éloignée par sa situation du centre des affaires, doit se ressentir plus qu'aucune autre place de cet inconvénient. Cependant, en rapprochant les tems, on peut, sans crainte de s'éloigner beaucoup de la plus exacte vérité, évaluer à cinq millions de roupies les marchandises qui y arrivent annuellement par le golfe. Les Anglois y entrent par douze cens mille, les Hollandois pour huit, & les François pour six; les Maures, les Banians, les Arabes pour le reste.

Les cargaisons de ces nations sont composées de ris, de sucre, des mousselines unies, rayées & brodées de Bengale, des épiceries de Ceylan & des Molucques, de grosses toiles blanches & bleues de Coromandel, du cardamome, du poivre, du bois de sandal, de planches de bois de tek de Malabar, d'étoffes d'or & d'argent, de turbans, de chales, d'indigo de Surate; des perles de Baharem, & du caffé de Moka; du fer, du plomb, de draps d'Europe. Quelques articles moins importans viennent de différents endroits. Quelques-unes de ces productions sont portées sur de petits bâtimens Arabes ; mais la plupart arrive sur des vaisseaux Européens, qui y trouvent l'avantage d'un fret considérable.

Les marchandises se vendent toutes argent comptant. Elles passent par les mains des Grecs, des Juifs ou des Arméniens, qui sont les agens ordinaires de tous les marchés. On emploie les Banians à changer les sequins & les autres monnoies courantes en especes plus estimées dans les Indes. Il est rare qu'on ait à se plaindre de leur fidélité, de leur zele, de leur intelligence.

Trois canaux s'offrent pour déboucher les différentes productions réunies à Bassora. Il en passe la moitié en Perse, qui y est portée par des caravannes, parce que dans tout l'empire il n'y a pas un seul fleuve navigable. La consommation s'en fait dans les provinces septentrionales un peu moins maltraitées que les méridionales. Elles faisoient d'abord leurs payemens avec des pierreries que le pillage de l'Inde avoit rendues extrêmement communes. Dans la suite elles eurent recours à leurs ustensiles de cuivre que l'abondance de leurs mines avoient fort multipliées, & dont leurs besoins les obligeoient de se défaire. Enfin on en est venu à l'or & à l'argent, qu'une longue tyrannie avoit d'enfouis, & qui sortent tous les jours des entrailles de la terre. Si on ne laisse pas aux arbres qui fournissent les gommes, & qui ont été coupés, le tems de croître; si les chévres qui donnoient de si belles laines ne se multiplient pas ; si les soies qui suffisent à peine au peu de manufactures qui restent en Perse, continuent à être rares ; si cet état ne renaît de ses cendres, les métaux s'épuiseront, & il faudra renoncer à cette branche de commerce.

Le second débouché est plus assuré. Il se fait par Bagdag, par Alep, & par toutes les villes intermédiaires, dont les négocians viennent faire leurs achats à Bassora. Le caffé, les toiles, les chales, les épiceries, les autres marchandises qui prennent cette route, sont payées avec de l'argent, de l'or, des draps François, des noix de galle, de l'orpiment qui entre dans les couleurs, & dont les Orientaux font un grand usage pour épiler leur poil.

Un autre débouché beaucoup moins considérable, c'est celui du désert. Les Arabes voisins de Bassora vont tous les ans à Alep dans le printems, pour y vendre de jeunes chameaux. On leur confie communément pour deux cens mille roupies de mousselines, dont ils se chargent à très-bon marché. Ils reviennent dans le mois de septembre, & rapportent pour payement des draps du Languedoc, des étoffes de soie & de coton, fort connues sous le nom de bourre d'Alep, du corail, de la quinquaillerie, quelques ouvrages de verre & des glaces de Venise. Ces marchandises arrivent sur deux ou trois cens vieux chameaux, qui portent outre cela l'eau & les vivres nécessaires à leurs conducteurs qui vont toujours à pied. Les empires les mieux policés n'offrent pas de voie plus sûre. Les caravanes Arabes ne sont jamais troublées sur cette route, où on ne trouve ni ville ni village. Les étrangers mêmes ne le seroient pas, s'ils avoient la précaution de se faire accompagner d'un membre de chacune des tribus qu'ils doivent rencontrer. Cette sûreté jointe à la célérité & au bon marché, feroit universellement préférer le chemin du désert à celui de

Bagdag, si le Pacha de la province qui a établi des péages en différens endroits de son gouvernement, ne prenoit des précautions extrêmes pour l'empêcher. Ce n'est qu'en surprenant la vigilance de ses lieutenans, qu'on parvient à charger les Arabes de quelques marchandises de peu de volume.

Indépendamment de ces exportations, il se fait à Bassora & dans son territoire une assez grande consommation, sur-tout de caffé. Ces objets sont payés avec des dattes, des perles, de l'eau rose & des fruits secs. On y ajoute des grains, lorsqu'il est permis d'en livrer à l'étranger.

Il n'est pas douteux que le commerce dont il s'agit ici ne grossît considérablement, si on vouloit le débarasser des entraves qui le gênent. Les Mahométans auxquels leur religion & leurs loix défendent très-sévérement le prêt à intérêt, ont naturellement du penchant pour les affaires. Ce goût est continuellement traversé par les vexations qu'ils éprouvent par-tout, singuliérement dans les lieux éloignés du centre de l'empire. Les étrangers ne sont guere moins opprimés par des commandans qui tirent de leurs brigandages l'avantage de se perpétuer dans leurs postes, & souvent de conserver leur tête. Si cette soif insatiable de l'or pouvoit se calmer quelquefois; elle seroit bientôt réveillée par la rivalité des nations Européennes, qui ne travaillent qu'à se supplanter, & qui ne craignent pas d'employer pour y réussir les moyens les plus détestables. On vit en 1748 un exemple frappant de cette odieuse jalousie.

Monsieur le baron de Kngpauhsen conduisoit le comptoir Hollandois de Bassora avec un succès extraordinaire. Les Anglois se voyoient à la veille de perdre la supériorité qu'ils avoient acquise dans cette place, ainsi que dans la plupart des échelles de l'Inde. La crainte d'un événement qui blessoit également leurs intérêts & leur vanité, les rendit injustes. Ils animerent le gouvernement Turc contre une industrie qui lui étoit utile, & firent résoudre la confiscation des marchandises & des richesses de leur rival.

Le facteur Hollandois qui, sous les occupations d'un marchand, cachoit l'ame d'un homme d'état, prend sur le champ son parti en homme de génie. Il se retire avec ses gens & les débris de sa fortune à la petite isle de Karrek, située à quinze lieues de l'embouchure du fleuve, s'y fortifie, & en arrêtant les bâtimens Arabes & Indiens chargés pour la ville, force le gouvernement à le dédommager des pertes qu'il lui a causées. Bientôt la réputation de son intégrité, de sa capacité attire à son isle les armateurs de Bouher, port voisin de Perse, les négocians même de Bassora, & les Européens qui y vont trafiquer. Cette nouvelle colonie voyoit augmenter tous les jours sa prospérité, lorsqu'elle fut abandonnée par son fondateur. Le successeur de cet habile homme n'a pas montré les mêmes talens. Il s'est laissé chasser de sa place vers la fin de 1765 par le corsaire Arabe Mirmahana. La compagnie a perdu un poste important, & pour plus d'un million de florins en artillerie, en vivres & en marchandises.

Cet événement a délivré Bassora d'une concurrence qui commençoit à lui déplaire ; mais il lui en est survenu un autre bien plus redoutable. C'est celle de Mascate.

Mascate est une ville de l'Arabie située sur la côte occidentale du golfe Persique. Le grand Albuquerque s'en empara en 1507, & il en ruina le commerce qu'on vouloit concentrer tout entier à Ormuz. Lorsque les Portugais eurent perdu ce petit royaume, ils voulurent rappeller les affaires dans Mascate, dont ils étoient restés les maîtres. Leurs efforts furent inutiles, & les navigateurs prirent la route de Bender-abaffi. On craignoit les hauteurs des anciens tyrans de l'Inde, & personne ne vouloit se fier à leur bonne foi. Le port ne voyoit arriver de vaisseaux que ceux qu'ils y conduisoient eux-mêmes. Il n'en reçut même plus d'aucune nation, après que ces maîtres impérieux en eurent été chassés en 1648. Leur orgueil l'emportant sur leur intérêt, leur ôta l'envie d'y aller eux-mêmes; & ils étoient encore assez puissans pour empêcher qu'on y entrât, ou qu'on en sortît.

Le déclin entier de leur puissance invita l'habitant de Mascate à cette même piraterie dont il avoit été si souvent la victime. Il fit des descentes sur les côte de ses anciens ennemis; & ses succès l'enhardirent à attaquer les petits bâtimens Maures ou Européens qui fréquentoient le golfe Persique; mais il fut châtié si sévérement de ses brigandages par plusieurs nations, par les Anglois en particulier qu'il fut forcé d'y renoncer. La ville tomba alors dans une obscurité que les troubles intérieurs & des invasions étrangeres firent durer long-tems. Le gouvernement étant enfin devenu plus régulier dans Mascate & dans tous le pays soumis à son Iman, ses marchés ont recommencé à être fréquentés vers l'an 1749. Tout annonce qu'ils le seront toujours de plus en plus.

Son port formé par des rochers fort élevés offre un azyle sûr. La ville est suffisamment fortifiée. Les chaleurs excessives n'empêchent pas qu'il ne tombe toutes les nuits une forte rosée qui rafraîchit la terre, & qui la rend fertile. Il n'est point de peuple dans l'orient dont on ait loué si généralement la probité, la tempérance & l'humeur sociale. On n'entend jamais parler d'infidélité dans le commerce, qu'il n'est pas permis de faire après le coucher du soleil. La défense de boire du vin & des liqueurs fortes est si fidelement observée, qu'on ne se permet pas seulement l'usage du caffé. Les étrangers de quelque religion qu'ils soient n'ont besoin ni d'armes ni d'escortes pour parcourir sans péril toutes les parties de ce petit état. Ces mœurs austeres sont bien propres à inspirer de la confiance aux négocians. Aussi n'ont-elles pas été plutôt connues, qu'on a vu accourir des Indiens, des Persans, des Turcs, des Arméniens, des Arabes de divers endroits.

Le pays consomme par lui-même du ris, des toiles bleues, du fer, du plomb, du sucre, quelques épiceries qu'il paye avec de la myrrhe, de l'encens, de la gomme Arabique & un peu d'argent. Cependant cette consommation ne seroit pas suffisante pour attirer les vaisseaux, si Mascate placée assez près de l'entrée de la mer Persique, n'étoit un excellent entrepôt pour le fonds du golfe. Toutes les nations commerçantes commencent à le préférer à Bassora, parce qu'il abrege leur voyage de trois mois, qu'on n'y éprouve aucune vexation, que les droits y sont réduits à un & demi pour cent, payés même par l'acheteur, qui, étant sur les lieux, obtient plus de rabais de cette taxe que le négociant étranger. Il faut à la vérité porter ensuite les marchandises à Bassora, où la douane exige trois pour cent ; mais les Arabes naviguent à si bon marché sur leurs bateaux, ils ont une telle adresse pour frauder les droits, en cachant les marchandises fines dans les villages, & en ne montrant que les grosses, qu'il y aura toujours de l'avantage à faire les ventes à Mascate. D'ailleurs, les dattes, le meilleur & le plus abondant produit, de Bassora, qui se gâtent souvent sur de grands vaisseaux, dont la marche est lente, arrivent avec une célérité extrême sur des bâtimens légers au Malabar & dans la Mer Rouge. Une raison particuliere déterminera toujours les Anglois qui travaillent pour leur compte à se pratiquer Mascate. Ils y sont exempts des cinq pour cent qu'ils sont obligés de payer à Bassora, comme dans tous les autres lieux où leur compagnie a formé des établissemens.

Elle n'a pas songé à se fixer dans l'isle de Baharem, & nous ignorons pourquoi cette isle située dans le golfe Persique a souvent changé de maître. Elle passa sous la domination des Portugais avec Ormuz, dont elle recevoit des loix. Ces conquérans la perdirent dans la suite, & elle éprouva depuis un grand nombre de révolutions. Thamas-Koulikan la rendit à la Perse, à qui elle avoit appartenu. Un plan plus étendu occupoit ses veilles. Il vouloit régner sur les deux mers dont il possédoit quelques bords ; mais s'étant apperçu qu'au lieu d'entrer dans ses vues, ses sujets les traversoient, il imagina, par une de ses volontés tyranniques qui ne coûtent rien aux despotes, de porter ses sujets du golfe Persique sur la mer Caspienne, & ses sujets de la mer Caspienne sur le golfe Persique. Cette double transmigration lui paroissoit propre à rompre les liaisons que ces deux peuples avoient formées avec ses ennemis, & à lui assurer, sinon leur attachement, du moins leur fidélité. Sa mort anéantit ses grands projets, & la confusion où tomba son empire procura à un Arabe entreprenant la facilité de s'emparer de Baharem, où il regne encore.

Cette isle fort célebre par sa pêche des perles, dans le tems même qu'on en trouvoit à Ormuz, à Karrek, à Kesche, dans d'autres lieux du golfe, est devenue bien plus importante, depuis que les autres bancs sont épuisés, sans que le sien ait essuyé une diminution sensible. Cette pêche commence en avril, & finit en octobre. Elle est renfermée dans l'espace de quatre ou cinq lieux. Les Arabes, les seuls qui s'y livrent, vont coucher chaque nuit dans l'isle ou sur la côte, à moins que les vents ne les empêchent de gagner la terre. Autrefois ils payoient tous un droit à des galiotes établies pour le recevoir. Depuis le dernier changement, il n'y a que les sujets habitans de l'isle qui ayent cette soumission pour leur scheik, trop foible pour l'obtenir des autres.

Le produit annuel de la pêche est estimé un million & demi de roupies. Les perles inégales passent la plupart à Constantinople & dans le reste de la Turquie. Les grandes y servent à l'ornement de la tête, & les petites sont employées à des broderies. Il y a vingt ans qu'on a commencé d'en envoyer de cette espece en Chine, où elles se sont bien vendues. Les perles parfaites n'auroient pas procuré le même bénéfice. Elles doivent être réservées pour Surate, d'où elles se répandent dans tout l'Indostan. On ne doit pas craindre d'y en voir diminuer le prix ou la consommation. Ce luxe est la plus forte passion des femmes. Les plus pauvres en portent au moins aux oreilles, & les riches en ont encore aux narines. La superstition augmente le débit de cette superfluité. Il n'est point de Gentil qui ne se fasse un point de religion de percer au moins une perle à son mariage. Quelque soit le sens mystérieux de cet usage chez un peuple où la morale & la politique sont en allégories, & où l'allégorie devient religion, cet emblême de la pudeur virginale est utile au commerce des perles. Celles qui n'ont pas été nouvellement forcées entrent dans l'ajustement, mais ne peuvent pas servir pour la cérémonie du mariage, où on veut au moins une perle neuve. Aussi valent-elles constamment vingt-cinq, trente pour cent de moins que celles qui arrivent du golfe où elles ont été pêchées.

Entre ce riche golfe & un autre plus célebre encore, s'avance l'Arabie, l'une des plus grandes peninsules du monde connu. Elle a pour limite au nord la Syrie, le Diarbek & l'Irak-arabi; au midi l'océan Indien; au levant le Sein Persique; au couchant la Mer Rouge qui la sépare de l'Affrique. On la divise communement en trois régions: l'Arabie petrée, l'Arabie déserte & l'Arabie heureuse; noms analogues au sol de chacune de ces contrées.

L'Arabie petrée est la plus occidentale & la moins étendue des trois Arabies. A l'exception de quelques espaces assez bornés & assez rares, on n'y trouve par-tout que des rochers. L'Arabie déserte est remplie de plaines arides, de monceaux de sable que les vents élevent, & qu'ils dissipent de montagnes sans verdure coupées de précipices. Les puits & les fontaines y sont si rares, que leur possession a été dans tous les siecles une occasion de dispute & de guerres. L'Arabie heureuse doit moins ce titre important à sa fertilité, communément médiocre, qu'au voisinage des stériles contrées qui l'environnent. Toutes les régions, quoiqu'exposées à des chaleurs fort vives, jouissent d'un ciel constamment pur, constamment serein.

Tous les monumens attestent que ce pays étoit peuplé dans la plus haute antiquité. On croit que les premiers habitans sont venus de la Syrie & de la Chaldée. Rien ne nous apprend en quel tems ils ont commencé à être des peuples policés, ni si leurs lumieres leur sont venues des Indes, ou s'ils les ont acquises. Il paroît que le Sabeïsme a été leur religion avant même qu'ils ayent eu commerce avec les peuples de la haute Asie. Ils ont eu de bonne heure des idées élevées de la divinité. Ils rendoient un culte aux astres comme à des corps animés par des esprits célestes. Leur religion n'a été ni atroce, ni absurde; & quoique susceptibles de ces enthousiasmes subits si communs chez les peuples méridionaux, il ne paroît pas que le fanatisme les ait infectés jusqu'au tems de Mahomet. Les Arabes du désert avoient un culte plus grossier. Plusieurs ont adoré le soleil, & quelques-uns lui ont immolé des hommes. Il y a une vérité qui se prouve par l'étude de l'histoire & par l'inspection du globe de la terre. Les religions ont toujours été cruelles dans les pays arides, sujets aux inondations, aux volcans; & elles ont toujours été douces dans les pays que la nature a bien traités. Toutes portent l'empreinte du climat où elles sont nées.

Lorsque Mahomet eut établi une nouvelle religion dans sa patrie; il ne lui fut pas difficile de donner du zele à ses sectateurs; & ce zele en fit des conquérans. Ils porterent leur domination des mers de l'occident à celles de la Chine, & des Canaries aux isles Molucques. Ils y porterent
aussi

aussi les arts utiles qu'ils perfectionnoient. Ils furent moins heureux dans les beaux arts, où ils montrerent du génie, mais rien de ce goût que la nature a donné quelque tems après aux peuples qui se sont faits leurs disciples.

Peut-être le génie, enfant de l'imagination qui crée, appartient-il aux pays chauds, féconds en productions, en spectacles, en événemens merveilleux qui enflamment l'enthousiasme ; tandis que le goût qui choisit & moissonne dans les champs où le génie a semé, semble convenir davantage à des peuples sobres, doux & modérés, qui vivent sous un ciel heureusement tempéré. Peut-être aussi ce même goût qui ne peut être que le fruit d'une raison épurée & mûrie par le tems, demande-t-il une certaine stabilité dans le gouvernement, mêlée d'une certaine liberté dans les esprits, un progrès insensible de lumieres, qui donnant une plus grande étendue au génie, lui fait saisi des rapports plus justes entre les objets, & une plus heureuse combinaison de ces sensations mixtes qui font les délices des ames délicates. Ainsi les Arabes presque toujours poussés en des climats brûlans par la guerre & le fanatisme, n'eurent jamais cette température de gouvernement & de situation qui forme le goût. Mais ils apporterent dans les pays de leurs conquêtes les sciences qu'ils avoient comme pillées dans le cours de leurs ravages, & tous les arts nécessaires à la prospérité des nations.

Aucun peuple de leurs tems n'entendit le commerce comme eux. Aucun peuple n'eut un commerce aussi vaste. Ils s'en occupoient dans le tems même de leurs conquêtes. De l'Espagne au Tonquin, ils avoient des négocians, des manufactures, des entrepôts ; & les autres peuples, ceux du moins de l'occident, tiroient d'eux, & les lumières, & les arts, & les denrées utiles aux commodités, à la conservation & à l'agrément de la vie.

Quand la puissance des Caliphes commença à décliner, les Arabes, à l'exemple de plusieurs nations qu'ils avoient soumises, secouerent le joug de ces princes, & le pays reprit peu-à-peu l'ancienne forme de son gouvernement, ainsi que ses premieres mœurs. A cette époque, la nation divisée en tribus, comme autrefois, sous la conduite de chefs différens, retombe tout-à-fait dans son caractere, dont le fanatisme & l'ambition l'avoient fait sortir.

Les Arabes, avec une petite taille, un corps maigre, une voix grêle, ont un tempérament robuste, le poil brun, le visage basané, les yeux noirs & vifs, une phisionomie ingénieuse, mais rarement agréable. Ce contraste de traits & de qualités qui paroissoient incompatibles, semblent s'être réunis dans eux pour en faire une nation singuliere, dont la figure & le caractere tranchent assez fortement entre les Turcs, les Afriquains & les Persans, dont ils sont environnés. Graves & sérieux, ils attachent de la dignité à leur longue barbe, parlent peu, sans gestes, sans s'interrompre, sans se choquer dans leurs expressions. Ils se piquent entr'eux de la plus exacte probité, par une suite de cet intérêt social qui fait qu'une nation, une horde, un corps s'estime, se ménage, se préfere à tout le reste de la terre. Plus ils conservent leur caractere phlegmatique, plus ils sont redoutables dans la colere qui les en fait sortir. Ce peuple a de l'intelligence & même de l'ouverture pour les sciences ; mais il les cultive peu, soit défaut de secours, ou même de besoins, aimant mieux souffrir sans doute les maux de la nature que les peines du travail. Les Arabes de nos jours n'ont aucun monument de génie, aucune production de leur industrie qui les rende recommandables dans l'histoire de l'esprit humain.

Leur passion dominante, c'est la jalousie, tourment des ames ardentes, foibles, oisives, à qui l'on pourroit demander, si c'est par estime ou par mépris d'elles-mêmes qu'elles sont méfiantes. C'est des Arabes, dit-on, que plusieurs nations de l'Asie, de l'Afrique, de l'Europe même ont emprunté les viles précautions que cette odieuse passion inspire. Aussi-tôt que leurs filles sont nées, ils rapprochent par une sorte de couture les parties que la nature a séparées, & ne laissent libres que l'espace qui est nécessaire pour les écoulemens naturels. Les chairs adherent peu-à-peu, à mesure que l'enfant prend son accroissement, de sorte qu'on est obligé de les séparer par une incision lorsque le tems du mariage est arrivé. On se contente quelquefois d'y passer un anneau. Les femmes sont soumises comme les filles à cet usage outrageant pour la vertu. La seule différence est que l'anneau des filles ne peut s'ôter, & que celle des femmes a une espece de ferrure dont le mari seul a la clef. Cette pratique connue dans toutes les parties de l'Arabie, est presque généralement reçue dans celle qui porte le nom de petrée.

Telle est la nation en général. La différente maniere de vivre des peuples qui la composent, a dû jetter nécessairement dans leur caractere quelques singularités dignes d'être remarquées.

Le nombre des Arabes qui habitent le désert peut monter à deux millions. Ils sont partagés en un grand nombre de hordes, plus ou moins nombreuses, plus ou moins considérables, mais toutes indépendantes les unes des autres, ainsi que de toute puissance étrangere. Leur gouvernement est simple. Un chef héréditaire assisté de quelques vieillards termine les différends, punit les coupables. S'il est hospitalier, humain & juste, on l'adore. Est-il fier, cruel, avare, on le met en pieces, & on lui donne un successeur de sa famille.

Ces peuples campent dans toutes les saisons. Ils n'ont point de demeure fixe, & ils s'arrêtent dans tous les lieux où ils trouvent de l'eau, des fruits, des pâturages. Cette vie errante a pour eux des charmes inexprimables, & ils regardent les Arabes sédentaires comme des esclaves. Ils vivent du lait, de la chair de leurs troupeaux. Leurs habits, leurs tentes, leurs cordages, les tapis sur lesquels ils couchent : tout se fait avec la laine de leurs brebis, avec le poil de leurs chevres & de leurs chameaux. C'est l'occupation des femmes dans chaque famille ; & dans tout le désert, il n'y eut jamais un ouvrier. Ce qu'ils consomment de tabac, de caffé, de ris, de dattes, est payé par le beurre qu'ils portent sur la frontiere, par plus de vingt mille chameaux qu'ils vendent annuellement vingt roupies au moins par tête. Ces animaux si utiles en orient étoient conduits autrefois en Syrie. Ils ont pris la plupart la route de Perse, depuis que les guerres continuelles y en ont multiplié le besoin, & diminué l'espece.

Comme ces objets ne sont pas suffisans pour se procurer les choses qui leur manquent, ils ont imaginé de mettre à contribution les caravanes que la superstition mene dans leurs sables. La plus nombreuse qui va de Damas à la Mecque, achete la sûreté de son voyage par un tribut de cent bourses auquel le Grand Seigneur s'est soumis, & qui, par d'anciennes conventions, se partage entre toutes les hordes. Les autres caravanes s'arrangent seulement avec les hordes sur le territoire desquelles il leur faut passer.

Indépendamment de cette ressource, les Arabes de la partie du désert qui est le plus au nord, en ont cherché une autre dans leurs brigandages. Ces hommes si humains, si fideles, si désintéressés entr'eux, sont féroces & avides avec les nations étrangeres. Hôtes bienfaisans & généreux sous leurs tentes, ils dévastent habituellement les bourgades & les petites villes de leur voisinage. On les trouve bons peres, bons maris, bons maîtres; mais tout ce qui n'est pas de leur famille est leur ennemi. Leurs courses s'étendent souvent fort loin & il n'est pas rare que la Syrie, la Mesopotamie, la Perse en soient le théâtre.

Les Arabes qui se vouent au brigandage s'associent avec les chameaux pour un commerce ou une guerre dont l'homme a tout le profit, & l'animal la principale peine. Comme ces deux êtres doivent vivre ensemble, ils sont élevés l'un pour l'autre. L'Arabe forme son chameau dès la naissance aux exercices & aux rigueurs qu'il doit supporter toute sa vie. Il l'accoutume à travailler beaucoup & à consommer peu. L'animal passe de bonne heure les jours sans boire, & les nuits sans dormir. On l'exerce à plier ses jambes sous le ventre, pour laisser charger son dos de fardeaux qu'on augmente insensiblement, à mesure que ses forces croissent par l'âge & par la fatigue. Dans cette éducation singuliere, dont il paroît que les rois se servent quelquefois pour mieux dompter les peuples, à proportion qu'on double ses travaux, on diminue sa subsistance. On le forme à la course par l'émulation. Un cheval Arabe est le rival qu'on présente au chameau. Celui-ci moins prompt & moins léger lasse à la fin son vainqueur dans la longueur des routes. Quand le maître & le chameau sont prêts & dressés pour le brigandage, ils partent ensemble, traversent les sables du désert, & vont attendre sur les confins le marchand ou le voyageur pour les piller. L'homme dévaste, massacre, enleve, & le chameau porte le butin. Si ces compagnons de fortune sont poursuivis, ils hâtent leur fuite. Le maître voleur monte son chameau favori, pousse la troupe, fait jusqu'à trois cens lieues en huit jours, sans décharger ses chameaux, ni leur donner qu'une heure de repos par jour, avec un morceau de pâte pour toute nourriture : souvent ils passent tout ce tems-là sans boire, à moins qu'ils ne sentent par hazard une mare à quelque distance de leur route; alors ils doublent le pas, & courent à l'eau avec une ardeur qui les fait boire en une seule fois pour la soif passée & pour la soif à venir. Tel est cet animal, si souvent célébré dans la Bible, dans l'Alcoran & dans les romans orientaux.

Ceux des Arabes qui habitent les cantons où l'on trouve quelque maigres pâturages & un sol propre à la culture de l'orge, nourrissent des chevaux qui sont les meilleurs que l'on connoisse. De tous les pays du monde, on cherche à se procurer de ces chevaux, pour embellir & réparer les races de cette espece animale, qui, dans aucun lieu de la terre, n'a ni la vîtesse, ni la beauté, ni l'intelligence des chevaux Arabes. Les maîtres vivent avec eux comme avec des domestiques sur le service, sur l'attachement desquels ils peuvent compter; & il leur arrive ce qui est commun à tous les peuples nomades, sur-tout à ceux qui traitent les animaux avec bonté, les animaux & les hommes prennent quelque chose de l'esprit & des mœurs les uns des autres. Ces Arabes ont de la simplicité, de la douceur, de la docilité; & les religions différentes qui ont regné dans ces contrées, les gouvernemens dont ils ont été les sujets ou les tributaires, ont altéré bien peu le caractere qu'ils avoient reçu du climat ou des habitudes.

Les Arabes fixés sur l'océan Indien & sur la Mer Rouge, ceux qui habitent ce qu'on appelle l'Arabie heureuse, étoient autrefois un peuple doux, amoureux de la liberté, content de son indépendance, sans songer à faire des conquêtes. Ils étoient trop attachés au beau ciel sous lequel ils vivoient, à une terre qui fournissoit presque sans culture à leurs besoins, pour être tentés de dominer sous un autre climat, dans d'autres campagnes. Mahomet changea leurs idées; mais il ne leur reste plus rien de l'impulsion qu'il leur avoit donnée. Leur vie se passe à fumer, à prendre du caffé, de l'opium & du sorbet. Ces plaisirs sont précédés ou suivis de parfums exquis qu'on brûle devant eux, & dont ils reçoivent la fumée dans leurs habits, légérement impregnés d'une aspersion d'eau rose.

Avant que les Portugais eussent intercepté la navigation de la Mer Rouge, les Arabes avoient plus d'activité. Ils étoient les agens de tout le commerce qui se faisoit par cette voie. Aden situé à l'extrêmité la plus méridionale de l'Arabie sur la mer des Indes, en étoit l'entrepôt. La situation de son port qui lui procuroit des liaisons faciles avec l'Egypte, l'Ethiopie, l'Inde & la Perse, en avoient fait pendant plusieurs siecles un des plus florissans comptoirs de l'Asie. Quinze ans après avoir résisté au grand Albuquerque qui vouloit le détruire en 1513, il se soumit aux Turcs, qui n'en resterent pas long-tems les maîtres. Le roi d'Hyemen qui possede la seule portion de l'Arabie qui mérite d'être appellée heureuse, les en chassa, & attira toutes les affaires à Moka, rade de ses états, qui n'avoit été jusqu'alors qu'un village.

Elles furent d'abord peu considérables. La myrrhe, l'encens, l'aloès, le baume de la Mecque, quelques aromates, quelques drogues propres à la médecine faisoient la base de ce commerce. Ces objets, dont l'exportation continuellement arrêtée par des droits excessifs ne passe pas aujourd'hui trois cens mille roupies, étoient dans ces tems-là plus recherchés qu'ils ne l'ont été depuis: mais ce devroit être toujours peu de chose. Le caffé fit bientôt après une grande révolution.

Le caffier vient originairement de la haute Ethiopie, où il a été connu de tems immémorial, où il est encore cultivé avec succès. M. Lagrenée de Mezieres, un des agens les plus éclairés que la France ait jamais employé aux Indes, a possédé de son fruit, & en a fait souvent usage. Il l'a trouvé beaucoup plus gros, un peu plus long, moins verd, & presque aussi parfumé que celui qu'on a commencé à cueillir dans l'Arabie vers la fin du seizieme siecle.

On croit communément qu'un Mollach, nommé Chadely, fut le premier Arabe qui adopta le caffé, dans la vue de se délivrer d'un assoupissement continuel qui ne lui permettoit pas de vaquer convenablement à ses prieres nocturnes. Ses Derviches l'imiterent. Leur exemple entraîna les gens de loi. On ne tarda pas à s'appercevoir que cette boisson purifioit le sang par une douce agitation, dissipoit les pesanteurs, égayoit l'esprit; & ceux mêmes qui n'avoient pas besoin de se tenir éveillés l'adopterent. Des bords de la Mer rouge, il passa à Médine, à la Mecque, & par les pélerins dans tous les pays Mahometans.

Dans ces contrées, où les mœurs ne sont pas aussi libres que parmi nous, où la jalousie des hommes & la retraite austere des femmes rendent la société moins vive, on imagina d'établir des maisons publiques, où on distribuoit le caffé. Celles de Perse devinrent bientôt des lieux infames, où des jeunes Georgiens vêtus en courtisanes représentoient des farces impudiques, & se prostituoient pour de l'argent. Lorsqu'Abas II eut fait cesser des dissolutions si révoltantes, ces maisons furent un azyle honnête pour les gens oisifs, & un lieu de délassement pour les hommes occupés. Les politiques s'y entretenoient de nouvelles; les poëtes y récitoient leurs vers, & les Mallahs y débitoient des sermons qui étoient ordinairement payés de quelques aumônes.

Les choses ne se passerent pas si paisiblement à Constantinople. On n'y eut pas plutôt ouvert des caffés, qu'ils furent fréquentés avec fureur. On n'en sortoit pas. Le grand Muphti désespéré de voir les mosquées abandonnées, décida que cette boisson étoit comprise dans la loi de Mahomet, qui interdit les liqueurs fortes. Le gouvernement qui sert souvent la superstition dont il est quelquefois la victime, fit aussi-tôt fermer des maisons qui déplaisoient si fort aux prêtres, chargea même les officiers de police de s'opposer à l'usage de cette liqueur dans l'intérieur des familles. Un penchant déclaré triompha de toutes ces sévérités. On continua de boire du caffé; & même les lieux où il se distribuoit se trouverent bientôt en plus grand nombre qu'auparavant.

Au milieu du dernier siecle, le Grand Visir Kuproli se transporta déguisé dans les principaux caffés de Constantinople. Il y trouva une foule de gens mécontens qui, persuadés que les affaires du gouvernement sont en effet celles de chaque particulier, s'en entretenoient avec chaleur, & censuroient avec une hardiesse extrême la conduite des généraux & des ministres. Il passa delà dans les tavernes où l'on vendoit du vin. Elles étoient remplies de gens simples, la plupart soldats, qui, accoutumés à regarder les intérêts de l'état comme ceux du prince qu'ils adoroient en silence, chantoient gaiement, parloient de leurs amours, de leurs exploits guerriers. Ces dernieres sociétés qui n'entraînoient point d'inconvénient, lui parurent devoir être tolérées; mais il jugea les premieres dangereuses dans un état despotique. Il les supprima, & personne n'a entrepris depuis de les rétablir. Ce réglement qui ne s'étend pas plus loin que la capitale de l'empire, n'y a pas diminué l'usage du caffé, en a peut-être étendu la consommation. Toutes les rues, tous les marchés en offrent de tout fait; & il n'y a point de maison où on n'en prenne au moins deux fois le jour. Dans quelques-unes même, on en verse indifféramment à toute heure, parce qu'il est d'usage d'en présenter à tous ceux qui arrivent, & qu'il seroit également grossier de ne le point offrir, ou de le refuser.

Dans le tems précisément qu'on fermoit les caffés à Constantinople, il s'en ouvroit à Londres. Cette nouveauté y fut introduite en 1652 par un marchand, nommé Edouard, qui revenoit du Levant. Elle se trouva du goût des Anglois; &

toutes les nations de l'Europe l'ont depuis adoptée, mais avec une modération inconnue dans les climats où la religion a proscrit le vin.

L'arbre qui produit le caffé croît dans le territoire de Betelfagui, ville de l'Hyemen, situé à dix lieues de la Mer Rouge, au milieu d'un sable aride qui, dans le tems du gros vent, obscurcit l'air autant ou plus qu'un brouillard épais. A deux lieux de ses murailles, commencent des terres labourées l'espace de trois lieues. On trouve ensuite des montagnes qui courent du nord au sud. C'est sur ces montagnes & dans les vallées qu'elles forment, qu'est cultivé le caffé dans une étendue de cinquante lieues de long sur quinze & vingt de large. Il n'a pas également par-tout le même dégré de perfection. Celui qui croît sur les lieux élevés est plus petit, plus verd, plus pesant, & préféré généralement.

On compte en Arabie douze millions d'habitans qui la plupart font leurs délices du caffé. Le bonheur de le prendre en nature est réservé aux plus riches. La multitude est réduite à la coque & à la pellicule de cette précieuse feve. Ces restes méprisés lui forment une boisson assez claire, qui a le goût du caffé, sans en avoir ni l'amertume ni la force. On trouve à vil prix ces objets à Betelfagui, qui est le marché général. C'est-là aussi que s'achete tout le caffé qui doit sortir du pays par terre. Le reste est porté à Moka, qui en est éloigné de trente-cinq lieues, ou dans les ports plus voisins de la Haye ou d'Oudeda, d'où il est conduit sur de légers bâtimens à Jedda. Les Turcs le vont prendre dans la derniere de ces places, & tous les autres peuples dans la premiere.

L'exportation du caffé peut être évaluée à

douze millions cinq cens cinquante mille livres pesant. Les compagnies Européennes entrent dans ces achats pour un million & demi ; les Persans pour trois millions & demi ; la flotte de Suez pour six millions & demi ; l'indostan, les Maldives & les colonies Arabes de la côte d'Afrique pour cinquante milliers, les caravanes de terre pour un million.

Comme les caffés enlevés par les caravanes & par les Européens sont les mieux choisis, ils coûtent de seize à dix-sept sols tournois la livre. Les Persans qui se contentent des caffés inférieurs ne payent la livre que de douze à treize sols. Elle revient aux Turcs à quinze ou seize sols, parce que leurs cargaisons sont composées en partie de bon & en partie de mauvais caffé. En réduisant le caffé à quatorze sols la livre, qui est le prix moyen, son exportation annuelle doit faire entrer en Arabie huit millions sept cens quatre-vingt-cinq mille livres, ou trois millions six cens soixante mille quatre cens onze deux tiers de roupies. Cet argent ne lui reste pas ; mais il la met en état de payer ce que les marchés étrangers versent de leurs productions dans ses ports de Jedda & de Moka.

Moka reçoit de l'Abissinie des moutons, des dents d'éléphant, de la civette & des esclaves. Quelques-uns de ces malheureux restent dans le pays, d'autres sont portés dans l'Indostan ; peu passent à Constantinople, où on les trouve pas assez difformes pour les faire eunuques. De la côte orientale de l'Afrique, il vient de l'or, des esclaves, de l'ambre, de l'ivoire ; du golfe Persique, des dattes, du tabac, du bled ; de Surate, une quantité immense de grosses toiles, peu de belles ; de Bombay & de Pondichery, du fer, du plomb, du cuivre, qui y ont été portés d'Europe ; de Malabar, du ris, du gingembre, du poivre, du safran d'Inde ; du Kaire, du cardamome, des planches même ; des Maldives, du benjoin, du bois d'aigle, du poivre que ces isles se sont procurés par des échanges ; du Coromandel, quatre ou cinq cens balles de toiles presque toutes bleues. La plus grande partie de ces marchandises qui peuvent être vendues deux millions & demi de roupies, ou six millions cent mille livres, trouve sa consommation dans l'intérieur du pays. Le reste, sur-tout les toiles, se distribue dans l'Abissinie, à Socotora & à la côte orientale de l'Afrique.

Aucune des affaires qui se traitent à Moka, ainsi que dans tout l'Hyemen, à Sanan même, sa capitale, n'est entre les mains des naturels du pays. Les avanies dont ils sont continuellement menacés par le gouvernement les empêchent même de s'y intéresser. Toutes les maisons de commerce sont tenues par des Banians de Surate ou de Guzarate, qui ne manquent jamais de regagner leur patrie aussi-tôt que leur fortune est faite. Ils cédent alors leurs établissemens à des négocians de leur nation qui disparoissent à leur tour, pour être remplacés par d'autres.

Autrefois les compagnies Européennes qui ont le privilege exclusif de commercer au-delà du cap de Bonne-espérance, avoient établi des agens à Moka. Malgré une capitulation solemnelle qui avoit fixé à deux & un quart pour cent les droits qu'on devoit payer, ils y éprouvoient de ces vexations si communes en Asie. Le gouverneur de la place, le plus souvent esclave, leur extorquoit des sommes considérables qui lui servoient à acheter la fureur de ceux qui entouroient le prince, ou celle du prince même. Cependant les bénéfices qu'ils faisoient sur les marchandises d'Europe qu'ils débitoient, sur les draps spécialement, leur faisoient dévorer tant d'humiliations. Lorsque le Caire s'avisa de fournir ces différens objets, il ne fut pas possible de soutenir sa concurrence, & on renonça à des établissemens fixes.

Le commerce se fit par des vaisseaux partis d'Europe avec le fer, le plomb, le cuivre, l'argent nécessaires pour payer le caffé qu'on vouloit acheter. Les Subrecargues chargés de ces opérations terminoient toutes les affaires à chaque voyage. Ces expéditions d'abord assez nombreuses & assez utiles tomberent successivement. Les plantations de caffé formées par les nations Européennes dans leurs colonies, firent diminuer également & la consommation, & le prix de celui d'Arabie. A la longue, ces voyages ne donnerent pas assez de bénéfices pour soutenir la cherté des expéditions directes. Alors les compagnies d'Angleterre & de France prirent le parti d'envoyer, l'une de Bombay, & l'autre de Pondichery, des navires avec des marchandises d'Europe & des Indes à Moka. Souvent même elles ont eu recours à un moyen moins dispendieux. Les Anglois & les François qui naviguent d'Inde en Inde vont tous les ans dans la Mer Rouge. Quoiqu'ils s'y défassent avantageusement de leurs marchandises, il n'y peuvent jamais former une cargaison pour leur retour. Il se chargent pour un modique fret du caffé des compagnies qui le versent dans les vaisseaux qu'elles expédient de Malabar & de Coromandel pour l'Europe. La compagnie de Hollande qui interdit les armemens à ses sujets, & qui ne fait point elle-même d'expédition pour le golfe Arabique, est privée de la part qu'elle pouvoit prendre à cette branche de commerce. Elle y a renoncé à une branche bien plus riche, c'est celle de Jedda.

Jedda est un port situé vers le milieu du golfe Arabique, à vingt lieues de la ville Sainte. Le gouvernement y est mixte. Le Grand Seigneur & le Scherif de la Mecque en partagent l'autorité & le produit des douanes. Ces droits sont de huit pour cent pour les Européens, & de treize pour toutes les autres nations. Ils se payent toujours en marchandises, que les administrateurs forcent les négocians du pays d'acheter fort cher. Il y a long-tems que les Turcs qui ont été chassés d'Aden, de Moka, de tout l'Hyemen, l'auroient été de Jedda, si l'on n'avoit craint qu'ils se livrassent à une vengeance qui auroit mis fin aux pélerinages & au commerce.

Surate envoie tous les ans trois vaisseaux à Jedda. Ils sont chargés de toiles de toutes les couleurs, de chales, d'étoffes mêlées de coton & de soie; souvent enrichies de fleurs d'or & d'argent. Leur vente produit dix millions de livres, ou quatre millions cent soixante-six mille six cens soixante-six & deux tiers de roupie. Il part pour la même destination deux, & le plus souvent trois vaisseaux de Bengale : l'un appartient aux François, & les deux autres aux Anglois. Ce sont les marchands libres des deux nations qui les expédient. Autrefois leurs compagnies s'y intéressoient; aujourd'hui ces marchands n'ont pour associés que les Arméniens. On peut évaluer ces cargaisons réunies à sept millions deux cens mille livres, ou à trois millions de roupies. Elles sont composées de ris, de gingembre, de safran, de sucre, qui sert de lest aux vaisseaux, de quelques étoffes de soie, & d'une quantité considérable de toiles, la plupart communes, & les autres fines. Ces vaisseaux qui peuvent entrer dans la Mer Rouge depuis le commencement de décembre jusqu'à la fin de mai, trouvent à Jedda la flotte de Suez.

Elle est ordinairement composée de quatorze ou quinze navires chargés de bled, de ris, d'oignons, de feves, d'autres menus grains, & de bois pour la subsistance de l'Arabie petrée qui est d'une stérilité extrême. Ils portent pour l'Asie de la verroterie de Venise, du corail & du carabé, dont les Indiens font des coliers & des brasselets. Ces objets sont si peu considérables, qu'on peut dire que les Egyptiens font leurs achats avec de l'or & de l'argent, mais moins d'argent que d'or. Arrivés ensemble en octobre, ils s'en retournent ensemble en février avec six millions cinq cens milliers pesant de caffé, & pour sept millions de livres en toiles ou en étoffes. Quoiqu'ils n'aient que deux cens lieues à faire pour regagner leur port, ils employent à cette navigation deux mois, parce qu'ils sont contrariés par le vent du nord qui regne continuellement dans cette mer. Leur ignorance est telle que, malgré l'habitude où ils sont de jetter l'ancre toutes les nuits, ils se regardent comme heureux lorsqu'ils ne perdent que le sixieme de leurs vaisseaux. Qu'on joigne à ces pertes la cherté des armemens, les droits excessifs qu'il faut payer à Suez, les vexations inévitables dans un gouvernement oppresseur de toute industrie; & l'on sentira que dans la situation actuelle des choses, la liaison de l'Europe avec l'Inde par cette voie est impraticable.

Les marchandises arrivées de Surate & de Bengale, que la flotte Turque n'emporte pas, sont consommées en partie dans le pays, & achetées
en

en plus grande quantités par les caravanes qui se rendent tous les ans à la Mecque.

Cette ville a toujours été chere aux Arabes. Ils pensoient qu'elle avoit été la demeure d'Abraham, & ils accouroient de toutes parts dans un temple dont on le croyoit le fondateur. Mahomet trop adroit pour entreprendre d'abolir une dévotion si généralement établie, se contenta d'en rectifier l'objet. Il banit les idoles de ce lieu révéré, & il le dédia à l'unité de Dieu. Pour augmenter même le concours d'étrangers dans une cité qu'il destinoit à être la capitale de son empire, il ordonna que tous ceux qui suivroient sa loi s'y rendissent une fois dans leur vie, sous peine de mourir en réprouvés. Ce précepte étoit accompagné d'un autre, qui doit faire sentir que la superstition seule ne le guidoit pas. Il exigea que chaque pélerin de quelque pays qu'il fut, achetât & fit bénir cinq pieces de toile de coton, pour servir de suaire tant à lui, qu'à tous ceux de sa famille que des raisons valables auroient empêché de faire ce saint voyage.

Cette politique devoit faire de l'Arabie le centre d'un grand commerce, lorsque le nombre des pélerins s'élevoit à plusieurs millions. Le zele s'est si fort ralenti, sur-tout à la côte d'Afrique, dans l'Indostan & en Perse, à proportion de l'éloignement où ces pays sont de la Mecque qu'on n'y en voit pas plus de cent cinquante mille. Ce sont des Turcs pour la plupart : ils emportent sept cens cinquante mille pieces de toile de dix aulnes de long chacune, sans compter ce que plusieurs d'entr'eux achetent pour revendre. Ils sont invités à ces spéculations par l'avantage qu'ils ont en traversant le désert, de n'être pas écrasés par les douanes & les vexations qui rendent ruineuses les

Tome I. T

échelles de Suez & de Baffora. L'argent de ces pélerins, celui de la flotte, celui que les Arabes ont tiré de la vente de leur caffé va se perdre dans les Indes. Les vaisseaux de Surate, du Malabar, de Coromandel, du Bengale, en emportent tous les ans pour six millions de roupies, & pour environ le huitieme de cette somme en marchandises. Dans le partage que les nations commerçantes de l'Europe font de ces richesses, les Anglois sont parvenus à s'en approprier la portion la plus considérable.

Les succès qu'ils avoient dans les golfes Persique & Arabique les encouragerent à pousser leur commerce au Malabar, à la côte de Coromandel, dans le Gange & à la Chine. Il manquoit à leur fortune de pénétrer au Japon : ils le tenterent en 1672 ; mais les Japonois instruits par les Hollandois que le roi d'Angleterre avoit épousé la fille du roi de Portugal, ne voulurent pas recevoir les Anglois dans leurs ports. L'officier qui avoit été chargé de cette tentative délicate demanda si, après la mort de cette princesse, les vaisseaux de sa nation seroient admis dans l'empire : *ne l'espérez pas*, lui dit-on, *les ordres de l'empereur sont comme la sueur qui ne rentre plus dans le corps lorsqu'elle en est sortie.*

Malgré cette contrariété, la compagnie vit croître ses prospérités jusqu'en 1682. A cette époque, ses actions gagnoient deux cens soixante pour cent ; & quoiqu'elle eut distribué des dividendes fort considérables, son fonds même après le payement de ses dettes qui montoient à cinq cens mille livres sterlings, devoit être encore d'un million cinq cens mille livres. L'espoir de donner plus d'étendue, plus de solidité à ses affaires la flattoit agréablement, lorsqu'elle se vit arrêtée par une rivalité que ses propres succès avoient fait naître.

Des négocians échauffés par la connoissance des gains qu'on faisoit dans l'Inde résolurent d'y naviguer. Charles II qui n'étoit sur le trône qu'un particulier voluptueux & dissipateur, leur en vendit la permission, tandis que d'un autre côté il tiroit de la compagnie des sommes considérables pour l'autoriser à poursuivre ceux qui entreprenoient sur son privilege. Une concurrence de cette nature devoit dégénérer, & dégénéra en effet bientôt en brigandage. Les Anglois devenus ennemis couroient les uns sur les autres avec un acharnement, une animosité qui les décrierent dans les mers d'Asie. Jacques II, despote & fanatique, mais le prince de son siecle qui entendoit le mieux le commerce, arrêta ce désordre; mais il n'étoit pas si aisé de changer les mœurs dont il avoit été la source. Les agens de la compagnie que l'esprit de rapine avoit gagnés, intercepterent sans raison même apparente les vaisseaux de Surate. Cette odieuse piraterie engagea une guerre doublement ruineuse, & par les dépenses qu'elle entraîna, & par l'interruption totale des affaires dans les riches & vastes états de l'Indostan.

Ces troubles n'étoient pas calmés, lorsque la révolution arrivée en Angleterre en 1688 arma l'Europe entiere. Les événemens de ces trop sanglantes, trop célebres divisions sont assez connus; mais l'on ignore que dans le cours des hostilités les armateurs François enleverent à la Grande-Bretagne quatre mille deux cens bâtimens marchands, qui furent évalués trente millions sterlings, & que la plupart des vaisseaux qui revenoient des Indes se trouverent compris dans cette fatale liste.

Ces déprédations furent suivies d'une disposition œconomique qui devoit accélérer la ruine de la compagnie. Les réfugiés François avoient porté en Irlande & en Ecosse la culture du lin, du chanvre. Pour encourager cette nouvelle branche d'industrie, on crut devoir proscrire l'usage des toiles des Indes, excepté les mousselines & celles qui étoient nécessaires au commerce d'Afrique. Un corps déja épuisé pouvoit-il résister à un coup aussi imprévu, aussi accablant?

La paix qui devoit finir tant de malheurs, y mit le comble. Il s'éleva dans les trois royaumes un cri général contre la compagnie. Ce n'étoit pas sa décadence qui lui suscitoit des ennemis; elle ne faisoit que les enhardir. Ses premiers pas avoient été contrariés. Dès 1615, quelques politiques avoient déclamé contre le commerce des Indes orientales. Ils l'accusoient d'affoiblir les forces navales par une grande consommation d'hommes, & de diminuer sans dédommagement les expéditions pour le Levant & pour la Russie. Ces clameurs, quoique contredites par des hommes éclairés, devinrent si violentes vers 1628, que la compagnie se voyant exposée à l'animosité de la nation, s'adressa au gouvernement. Elle le supplioit d'examiner la nature de son commerce, de le prohiber, s'il étoit contraire aux intérêts de l'état, & s'il lui étoit favorable, de l'autoriser par une déclaration publique. Le tems n'avoit qu'assoupi cette opposition nationale; & elle se renouvella avec une vivacité extrême à l'époque qui nous occupe. Ceux qui étoient moins rigides dans leurs spéculations consentoient qu'on fît le commerce des Indes; mais ils soutenoient qu'il devoit être ouvert à toute la nation. Un privilege exclusif leur paroissoit un attentat manifeste contre la liberté. Selon eux, les peuples n'avoient établi un gouvernement qu'en vue de procurer le bien général ; & on y portoit atteinte, en immolant par d'odieux monopoles l'intérêt public à des intérêts particuliers. Ils fortifioient ce principe fécond & incontestable, par une expérience assez récente. Durant la rebellion, disoient-ils, les marchands particuliers qui s'étoient emparés des mers d'Asie, y porterent le double des marchandises nationales qu'on demandoit auparavant ; & ils se trouverent en état de donner les marchandises en retour à un prix assez bas pour supplanter les Hollandois dans tous les marchés de l'Europe. Ces républicains habiles, certains de leur perte, si les Anglois conduisoient plus long-tems leurs affaires dans les principes d'une indépendance entiere, firent insinuer à Cromwel par quelques personnes qu'ils avoient gagnées, de former une compagnie exclusive. Ils furent secondés dans leurs menées par les négocians Anglois qui faisoient alors le commerce, & qui se promettoient pour l'avenir des gains plus considérables, lorsque devenus seuls vendeurs, ils donneroient la loi aux consommateurs. Le protecteur trompé par les insinuations artificieuses des uns & des autres, renouvella le monopole, mais pour sept ans seulement, afin de pouvoir revenir sur ses pas, s'il se trouvoit qu'il eut pris un mauvais parti.

Ce parti ne paroissoit pas mauvais à tout le monde. Il ne manquoit pas de gens qui pensoient que le commerce des Indes ne pouvoit réussir qu'à l'aide d'un privilege exclusif ; mais plusieurs d'entr'eux soutenoient que la chartre du privilege actuel n'en étoit pas moins nulle, parce qu'elle avoit été accordée par des rois qui n'en avoient pas les droits. Ils rappelloient plusieurs actes de cette nature cassés par le parlement sous Edouard

III, sous Henri IV, sous Jacques I, sous d'autres regnes. Charles II avoit à la vérité gagné un procès de cette nature à la cour des plaidoyers communs, mais sur une raison si puérile, qu'elle devoit décrier à jamais les prétentions des monarques usurpateurs. Ce tribunal avoit osé dire : *que le prince devoit avoir l'autorité d'empêcher que tous les sujets ne pussent commercer avec les infideles, dans la crainte que la pureté de leur foi ne s'altérât.*

Quoique les partis dont on a parlé eussent des vues particulieres, opposées même, ils se réunissoient tous dans le projet de rendre le commerce libre, de faire annuller du moins le privilege de la compagnie. La nation en général se déclaroit pour eux; mais le corps attaqué leur opposoit ses partisans, les ministres, tout ce qui tenoit à la cour, qui faisoit elle-même cause commune avec lui. Des deux côtés on employa la voie des libelles, de l'intrigue, de la corruption. Du choc de ces passions, il sortit un de ces orages dont la violence ne se fait guere sentir qu'en Angleterre. Les factions, les sectes, les intérêts se heurterent avec impétuosité. Tout, sans distinction de rang, d'âge, de sexe, se partagea. Les plus grands événemens n'avoient pas excité plus d'enthousiasme. La compagnie, pour appuyer la chaleur de ses défenseurs, offrit de prêter à l'état sept cens mille livres sterlings, à condition qu'on lui laisseroit son privilége. Ses adversaires offroient deux millions pour le faire révoquer.

Les deux chambres devant qui ce grand procès s'instruisoient, se déclarerent pour les particuliers. Il leur fut permis de faire ensemble ou séparément le commerce de l'Inde, ou d'en transporter le droit à qui ils voudroient : ils s'associerent, &

formerent une nouvelle compagnie. L'ancienne obtint la permiſſion de continuer ſes armemens juſqu'à l'expiration très-prochaine de ſa chartre. Ainſi l'Angleterre eut à la fois deux compagnies des Indes orientales autoriſées par le parlement, au lieu d'une ſeule établie par l'autorité royale. Depuis cette époque, le droit d'accorder des privileges excluſifs, de les limiter, de les étendre, de les anéantir, eſt reſté aux repréſentations de la nation.

On vit alors ces corps auſſi ardens à ſe détruire réciproquement, qu'ils l'avoient été à s'établir. L'un & l'autre avoient goûté les avantages qui revenoient du commerce; & ſe regardoient avec cette jalouſie, cette haine que l'ambition & l'avarice ne manquent jamais d'inſpirer. Leur diviſion qu'on ſoupçonna les Hollandois de fomenter, peut-être ſur l'unique fondement qu'ils avoient intérêt à le faire, ſe manifeſta par de grands éclats en Europe, & ſur-tout aux Indes. Les deux ſociétés ſe rapprocherent enfin, & finirent par unir leurs fonds en 1702. Depuis cette époque, les affaires de la compagnie furent conduites avec plus de lumieres, de ſageſſe & de dignité. Les principes du commerce qui ſe développoient de plus en plus en Angleterre influerent ſur ſon adminiſtration, autant que le permettoient les intérêts de ſon monopole. Elle améliora ſes anciens établiſſemens. Elle en forma de nouveaux. Le bonheur qu'elle avoit de n'avoir jamais manqué à ſes engagemens, lui donnoit un crédit plus étendu que ſes beſoins. Ce qu'une plus grande concurrence lui ôtoit de bénéfices, elle cherchoit à ſe le procurer par des ventes plus conſidérables. Son privilege étoit attaqué avec moins de violence, depuis qu'il avoit reçu la ſanction des loix, & obtenu la protection du parlement.

Quelques disgraces passageres troublerent ses prospérités. Les Anglois avoient formé en 1702 un établissement dans l'isle de Pulocondore, dépendante de la Cochinchine. Leur but étoit de prendre part au commerce de ce riche royaume jusqu'alors négligé. Une sévérité outrée révolta seize soldats Macassars qui faisoient partie de la garnison. Dans la nuit du 3 de mars 1705, ils mirent le feu aux maisons du fort, & massacrerent les Européens, à mesure qu'ils sortoient pour l'éteindre. De quarante-cinq qu'ils étoient, trente périrent de cette maniere, le reste tomba sous les coups des naturels du pays, mécontens de l'insolence de ces étrangers. La compagnie perdit par cet événement les dépenses que lui avoit coûté son entreprise, les fonds qui étoient dans son comptoir, & les espérances qu'elle avoit conçues.

Les malheurs qu'elle éprouva en 1719 à Sumatra eurent des suites moins funestes. Cette grande isle fut fréquentée par les Anglois dès leur arrivée aux Indes ; mais ce ne fut qu'en 1688 qu'ils s'y fixerent. Ils chasserent les Hollandois de Bencouli, ville considérable de la côte occidentale, bâtie sur une baye large & commode, & s'établirent à leur place. Les conquérans trouverent des insulaires portés à traiter avec eux ; & ces dispositions furent d'abord sagement cultivées. Une conduite si mesurée ne dura pas long-tems. Les agens de la compagnie ne tarderent pas à se livrer à cet esprit de rapine & de tyrannie que les Européens portent si généralement en Asie. Il commença à s'élever alors entr'eux & les naturels du pays quelques nuages. Ils grossirent peu-à-peu. La défiance & l'animosité étoient extrêmes, lorsqu'on vit sortir de terre à quelques milles les fondemens d'une forteresse. Les Anglois pouvoient avoir été déterminés à cette entreprife pour s'éloigner d'un lieu marécageux & fi mal fain, qu'ils le regardoient comme leur tombeau. On n'en jugea pas ainfi. Ses habitans, dans les difpofitions où ils étoient, crurent que c'étoit un moyen imaginé pour appefantir, pour éternifer leurs fers, & ils prirent les armes. Tout le pays fe joignit à eux. En moins de rien, le fort, tous les édifices de la compagnie furent réduits en cendres, les Anglois battus, & obligés de s'embarquer avec ce qu'ils purent emporter d'effets. Leur prefcription ne fut pas longue. La crainte de retomber fous le joug de l'impitoyable Hollandois qui étoit en force fur la frontiere, les fit rappeller. Ils tirerent de leurs défaftres l'avantage de pouvoir achever fans contradiction le fort Malboroug, où ils font encore.

Ces troubles étoient à peine appaifés, qu'il s'en éleva de nouveaux dans le Malabar & dans d'autres contrées. Comme ils tiroient tous leur fource de l'avarice & de l'inquiétude des employés de la compagnie, elle réuffit à les finir, en abandonnant les prétentions injuftes qui les avoient fait naître. De plus grands intérêts fixerent bientôt fon ambition. L'Angleterre & la France entrerent en guerre en 1744. Toutes les parties de l'univers devinrent le théâtre de leurs divifions. Dans l'Inde, comme ailleurs, chaque nation développa fon caractere. Les Anglois, toujours animés de l'efprit de commerce, attaquerent celui de leurs ennemis, & le détruifirent. Les François, fideles à leur paffion pour les conquêtes, s'emparerent du principal établiffement de leurs concurrens. Les événemens firent voir lequel des deux peuples avoit fuivi une direction plus fage. Celui qui ne s'étoit occupé que de fon aggrandiffement tomba dans une inaction entiere, tandis que l'autre privé du centre de sa puissance donnoit plus d'étendue à ses entreprises.

L'épuisement d'une compagnie, & la richesse de l'autre, par où finirent les hostilités, aident à expliquer tout ce qui suivit. On sait que les deux nations entrerent comme auxiliaires dans les démêlés des princes de l'Inde. On sait que peu après elles reprirent les armes pour leurs propres intérêts. On sait qu'avant la fin des troubles, les François se trouverent chassés du continent & des mers d'Asie. Leur mauvaise conduite durant cette guerre, la bonne politique de leurs ennemis, eurent sans doute la principale influence dans cette révolution ; mais elles ne firent pas tout. Ceux qui osent remonter aux causes éloignées & primitives des grandes scenes qui font le sort du monde, ont bien senti que les prospérités passées des Anglois leur donnoient des facilités pour se bien conduire, tandis que la situation gênée de leurs rivaux les mettoit dans l'impossibilité de faire impunément aucune faute. Quoiqu'il en soit de la justesse de cette réflexion, il est certain qu'à la derniere paix la compagnie Angloise s'est trouvée en possession de l'empire dans le Bengale, sur la côte de Coromandel & au Malabar.

Le Malabar proprement dit n'est que le pays situé entre le cap Comorin & la riviere de Neliceram. Cependant, pour rendre la narration plus claire, en nous conformant aux idées plus généralement reçues en Europe, nous appellerons de ce nom tout l'espace qui s'étend depuis l'Indus jusqu'au cap Comorin. Nous y comprendrons même les isles voisines, en commençant par les Maldives.

Les Maldives forment une longue chaîne d'isles, dont les plus septentrionales sont à cent cinquante lieues du cap Comorin : la terre ferme la plus voifine. Les naturels du pays en comptent douze mille, dont les plus petites n'offrent que des monceaux de fables fubmergés dans les hautes marées, & les plus grandes n'ont qu'une très-petite circonférence. De tous les canaux qui les féparent, il n'y en a que quatre qui puiffent recevoir des vaiffaux. Les autres font fi peu profonds, qu'on y trouve rarement plus de trois pieds d'eau. On conjecture avec fondement que toutes ces différentes ifles n'en faifoient autrefois qu'une, que l'effort des vagues & des courans, ou quelque grand accident de la nature aura divifé en plufieurs portions.

Il eft vraifemblable que cet archipel fut originairement peuplé par des hommes venus de Malabar. Dans la fuite, les Arabes y pafferent, en ufurperent la fouveraineté, & y établirent leur religion. Les deux nations n'en faifoient plus qu'une, lorfque les Portugais peu de tems après leur arrivée aux Indes la mirent fous le joug. Cette tyrannie dura peu. La garnifon qui en tenoit les chaînes fut exterminée, & les Maldives recouvrerent leur indépendance. Depuis cette époque, elles font foumifes comme tout le refte de l'orient à un defpote qui tient fa cour à Male, & qui a abandonné toute l'autorité aux prêtres. Il eft le feul négociant de fes états.

Une pareille adminiftration & la ftérilité du pays qui ne produit que des cocotiers, empêchent le commerce d'y être confidérable. Les exportations fe réduifent à des cauris, du poiffon & du kaire.

Le kaire eft l'écorce du cocotier, dont on fait des cables qui fervent à la navigation dans l'Inde. Nulle part il n'eft auffi bon, auffi abondant qu'aux

Maldives. On en porte une grande quantité avec des cauris à Ceylan, où ces marchandises sont échangées contre des noix d'areque.

Le poisson appellé dans le pays complemasse est seché au soleil. On le sale en le plongeant dans l'eau de la mer à plusieurs reprises. Il est divisé en filets de la grosseur & de la longueur du doigt. Achem en reçoit tous les ans deux cargaisons qu'il paye avec de l'or & avec du benjoin. L'or reste dans les Maldives, & le benjoin est envoyé à Moka, où il sert à acheter environ trois cens balles de caffé nécessaires à la consommation de ces isles.

Les cauris sont des coquilles blanches & luisantes, grosses comme le bout du petit doigt. La pêche s'en fait deux fois le mois, trois jours avant la nouvelle lune, & trois jours après. Elle est abandonnée aux femmes qui entrent dans l'eau jusqu'à la ceinture pour les ramasser dans les sables de la mer : on en fait des paquets de douze mille. Ce qui ne reste pas dans la circulation du pays, ou qui ne va pas trouver les Hollandois, passe dans le Gange. Il sort tous les ans de ce célebre fleuve un grand nombre de bâtimens qui vont porter du sucre, du ris, des toiles, quelques autres objets moins considérables aux Maldives, & qui se chargent en retour de cauris pour environ trois cens mille roupies. Une partie s'y disperse dans le Bengale, où il sert de petite monnoie. Le reste est enlevé par les Européens, qui ne sauroient s'en passer dans leur commerce d'Afrique. Ils payent la livre six sols de France, la vendent depuis douze jusqu'à dix-huit dans leur métropole, & elle vaut en Guinée jusqu'à trente-cinq.

Le royaume de Travancor qui s'étend du cap Comorin aux frontieres de Cochin n'étoit autrefois guere plus opulent que les Maldives. Il eſt vraiſemblable qu'il ne dut qu'à ſa pauvreté la conſervation de ſon indépendance, lorſque les Mogols s'emparerent de Maduré. Le pere du monarque actuel donna à ſa couronne plus de dignité qu'elle n'en avoit eue. C'étoit un homme de grand ſens. Un de ſes voiſins lui avoit envoyé deux ambaſſadeurs dont l'un avoit commencé une harangue prolixe que l'autre ſe diſpoſoit à continuer. *Ne ſoyez pas long, la vie eſt courte*, lui dit ce prince avec un viſage auſtere. De déſerteurs François & Portugais, il forma un petit corps de troupes, qui, durant la paix, faiſoit le ſervice dans la citadelle de Cotate avec autant de régularité qu'on en trouve dans nos places fortes, & dont il ſe ſervit heureuſement dans la guerre pour étendre ſes poſſeſſions. L'intérieur de ſon pays gagna à ſes conquêtes ce qui arrive rarement. Il s'y établit des manufactures groſſieres de coton, qui trouverent d'abord un débouché à Tutucorin chez les Hollandois, & qui depuis ſe ſont portées chez les Anglois d'Anjingue.

Il s'eſt formé deux établiſſemens Européens dans le Travancor. Celui que les Danois ont à Coleche n'eſt qu'une aſſez petite loge d'où ils pourroient cependant tirer réguliérement deux cens milliers de poivre. Telle eſt leur indolence ou leur pauvreté, que depuis dix ans ils n'y en ont acheté qu'une fois, & encore une très-petite quantité.

Le comptoir Anglois d'Anjingue a quatre petits baſtions ſans foſſés, & une garniſon de cent cinquante homme blancs ou noirs. Il eſt ſitué ſur une langue de terre ſabloneuſe, à l'embouchure d'une petite riviere qui eſt barrée les trois quarts du tems par des ſables. Son aldée eſt fort peuplée, & remplie de métiers. Cet établissement est plus utile en général aux agens de la compagnie qui y achetent pour leur compte, du poivre, de la grosse cannelle, du très-bon kaire, qu'à la compagnie même, qui n'en tire que cinquante milliers de poivre & quelques toiles de peu de valeur.

Cochin étoit fort considérable, lorsque les Portugais arriverent dans l'Inde. Ils s'emparerent de cette place, dont ils furent chassés depuis par les Hollandois. Le souverain en la perdant avoit conservé ses états, qui dans l'espace de vingt-cinq ans ont été envahis successivement par le Travancor. Ses malheurs l'ont réduit à se réfugier sous les murs de son ancienne capitale, où il subsiste d'environ six mille roupies, qu'on s'est obligé par d'anciennes capitulations à lui donner sur le produit de ses douanes. On voit dans le même fauxbourg une colonie de Juifs industrieux & blancs, qui ont la folle prétention de s'y être établis au tems de la captivité de Babylone, mais qui certainement y sont depuis très-long-tems. Une ville entourée de campagnes très-fertiles, bâtie sur une riviere qui reçoit des vaisseaux de cinq cens tonneaux, & qui forme dans l'intérieur du pays plusieurs branches navigables, devroit être naturellement florissante. S'il n'en est pas ainsi, on n'en peut accuser que le génie oppresseur du gouvernement.

Ce mauvais esprit est pour le moins aussi sensible à Calicut, dont l'origine eut quelque chose d'assez singulier. Si on s'en rapporte à d'anciennes traditions, elles disent que lorsque les Arabes commencerent à s'établir aux Indes, dans le huitieme siecle, le souverain de Malabar prit un goût si vif pour leur religion que, peu content de l'embrasser, il résolut d'aller finir ses jours à la Mecque. Il partagea ses états aux princes de sa famille, à condition qu'ils reconnoîtroient pour leur Zamorin ou leur empereur celui d'entr'eux auquel il laissoit le territoire où il s'embarquoit, & sur lequel on bâtit Calicut, qui donna son nom à tout le pays. Ces liens se sont rompus successivement ; mais le chef-lieu de l'empire a du moins conservé son indépendance. Toutes les nations y sont reçues, mais aucune n'y domine. Le souverain qui lui donne aujourd'hui des loix est Brame. C'est presque le seul trône de l'Inde occupé par cette premiere des Castes. On en voit regner ailleurs de moins distinguées. Il y en a même de si obscures sur le trône, que leurs domestiques seroient deshonorés & chassés de leurs tributs, s'ils s'avilissoient jusqu'à manger avec leurs monarques. Presque par-tout les Brames dépositaires de la littérature ainsi que de la religion du pays sont employés par les Rajas comme ministres ou comme sécretaires.

Tout le Calicut est mal administré, & sa capitale plus mal encore. Elle n'a ni police, ni fortifications. Son commerce embarassé d'une infinité de droit est presqu'entiérement dans les mains de quelques Maures les plus corrompus, les plus infideles de l'Asie. Un de ses plus grands avantages est de recevoir par la riviere de Beypour, qui n'en est éloignée que de deux lieues, le bois de tek qui se trouve en abondance dans les plaines & sur les montagnes voisines.

Les possessions de la maison de Colastry, voisines de Calicut, ne sont guere connues que par la colonie Françoise de Mahé qui renaît de ses cendres, & par la colonie Angloise de Tallichery, qui n'a éprouvé aucun malheur. Cette derniere a un fort flanqué de quatre bastions sans fossés, une garnison de trois cens Européens, de cinq cens six payes, & une population d'environ quinze mille habitans. La compagnie à qui elle appartient en tire annuellement trois millions pesant de poivre.

A la réserve de quelques principautés qui méritent à peine d'être nommées, les états dont on vient de parler forment proprement tout le Malabar, contrée plus agréable que riche. On n'en exporte guere que des aromates, des épiceries. Les plus considérables sont le bois de sandal, le safran d'Inde, le cardamome, le gingembre, la fausse cannelle & le poivre.

Le sandal est un arbre de la grandeur du noyer. Il porte un fruit inutile qui ne ressemble pas mal aux cerises. Son bois plus parfait au Malabar qu'ailleurs, si l'on en excepte le Canara, où il est supérieur encore, est rouge, jaune ou blanc. On tire des deux dernieres especes une huile, dont on se frote le corps à la Chine, aux Indes, en Perse, dans l'Arabie & la Turquie. On le brûle aussi en petits morceaux dans les appartemens, où il répand une odeur douce & salutaire. On en fait encore des cassettes qui communiquent un parfum agréable à ce qu'elles renferment. Le sandal rouge est moins estimé, & n'est guere d'usage que dans la médecine.

Le safran d'Inde que les médecins appellent Carcuma est une plante dont les feuilles ressemblent à celles de l'ellebore blanc : sa fleur est d'une très-belle couleur de pourpre, ses fruits sont comme nos châtaignes, des hérissons dans lesquels la semence ronde comme des pois est renfermée. Sa racine qui est amere, & qu'on a long-tems regardée comme apéritive étoit employée

autrefois

autrefois pour la guérison de la jauniſſe. Les Indiens s'en ſervent pour teindre en jaune, & elle entre dans l'aſſaiſonnement de preſque tous leurs mets.

Le cardamome eſt une graine qui entre dans la plupart des ragoûts Indiens. Sa reproduction ſe fait ſans qu'on ſeme & ſans qu'on plante. Il ſuffit après la ſaiſon des pluies de mettre le feu à l'herbe qui l'a produite. Souvent on la mêle avec l'areque & le bétel ; quelquefois on la mâche après. La petite, & la plus eſtimée, eſt celle qui ſe trouve dans le territoire de Cananor. La médecine s'en ſert principalement pour aider la digeſtion & pour fortifier l'eſtomac.

Le gingembre eſt une plante dont la racine eſt blanche, tendre, & d'un goût preſqu'auſſi piquant que le poivre. Les Indiens s'en ſervent pour diminuer l'inſipidité naturelle du ris, qui fait leur nourriture ordinaire. Cette épicerie mêlée avec d'autres donne aux mets qu'elle aſſaiſonne un goût fort qui déplaît ſouverainement aux étrangers. Cependant ceux des Européens qui arrivent en Aſie ſans fortune, ſont forcés de s'y accoutumer. Les autres s'y habituent par complaiſance pour leurs femmes nées la plupart dans le pays. Là, comme ailleurs, il eſt plus facile aux hommes de prendre les goûts & les foibles des femmes, que de les en guérir. Peut-être auſſi que le climat exige cette maniere de vivre.

On trouve de la fauſſe cannelle connue en Europe ſous le nom de *caſſa lignea* ; à Timor, à Java, à Mindanao ; mais celle qui croît ſur la côte de Malabar eſt fort ſupérieure. Si elle étoit un peu moins épaiſſe, & que ſes bâtons fuſſent un peu plus longs, on la diſtingueroit difficilement de la véritable. Il ne faut pour en obtenir

Tome I. V

les mêmes effets qu'en employer une plus grande quantité. Son huile a la même odeur, le même goût ; mais elle est moins claire. Les Hollandois désespérant de pouvoir exterminer les arbres répandus dans les forêts qui la produisent, imaginerent dans le tems de leur prépondérence au Malabar, d'exiger des souverains du pays qu'ils renonçassent au droit de les dépouiller de leur écorce. Cet engagement qui n'a jamais été bien rempli, l'est encore moins depuis que la puissance qui l'avoit dicté a perdu de sa force, & qu'elle a augmenté le prix de la cannelle de Ceylan. Celle de Malabar peut former aujourd'hui un objet de deux cens mille livres pesant. La moindre partie passe en Europe, où des marchands peu fideles la vendent pour bonne : le reste se distribue dans l'Inde, où elle se vend vingt à vingt-cinq sols la livre, quoiqu'elle n'en ait coûté que six. Ce commerce est tout entier entre les mains des Anglois libres. Il doit augmenter, mais jamais il n'approchera de celui du poivre.

Le poivrier est un arbrisseau dont la racine est petite, fibreuse & flexible ; elle pousse une tige qui, pour s'élever, a besoin d'un arbre ou d'un échala. Son bois a des nœuds semblables à ceux de la vigne ; & quand il est sec, il ressemble parfaitement au sarment. Ses feuilles, dont l'odeur est forte & le goût piquant, ont la figure ovale, mais vers l'extrêmité elles diminuent & se terminent en pointe. Du bouton, des fleurs qui sont blanches, sortent tantôt au milieu, tantôt à l'extrêmité des branches, de petites grapes semblables à celles du groseiller. Chacune contient depuis vingt jusqu'à trente grains de poivre. On les cueille communément en octobre, & on l'expose au soleil sept ou huit jours. Alors ce fruit qui avoit été verd d'abord, & rouge enfuite, dépouillé de fa pellicule, devient tel que nous le voyons. Le plus gros, le plus pefant & le moins ridé, eft le meilleur.

Le poivrier fe plaît dans les ifles de Java, de Sumatra, de Ceylan, mais plus particuliérement fur la côte de Malabar. On ne le feme point, on le plante, & le choix des rejettons demande une attention férieufe. Il ne donne du fruit qu'au bout de trois ans. La premiere année de fa fécondité & les deux qui fuivent font fi abondantes, qu'il y a des arbuftes qui produifent jufqu'à fix ou fept livres de poivre. Les récoltes vont enfuite en diminuant, & l'arbufte dégénere avec une telle rapidité, qu'il ne rapporte plus rien à la douzieme année.

La culture du poivrier n'eft pas difficile. Il fuffit de le placer dans des terres graffes, & d'arracher avec foin, fur-tout les trois premieres années, les herbes qui croiffent en abondance autour de fa racine. Comme le foleil lui eft très-néceffaire, on doit, lorfque le poivrier eft prêt à porter du fruit, élaguer les arbres qui lui fervent d'appui, afin que leur ombre ne nuife à fes productions. Après la récolte, il convient de l'émonder par le haut. Sans cette précaution, on auroit beaucoup de bois & peu de fruit.

L'exportation du poivre qui fut autrefois toute entiere entre les mains des Portugais, & que les Hollandois, les Anglois, les François fe partagent actuellement, peut s'élever dans le Malabar à dix millions pefant. A dix fols la livre, c'eft un objet de cinq millions. Il fort du pays en d'autres productions pour la moitié de cette fomme. Ces ventes le mettent en état de payer le ris qu'elle tire du Gange & du Canara, ces groffes toiles que lui fourniffent le Mayffour & le Bengale, diverfes marchandifes que l'Europe lui envoye. La folde en argent n'eft rien, ou peu de chofe.

Le Canara, contrée limitrophe du Malabar proprement dit, avoit autrefois plus de richeffes. C'étoit un grenier de ris prefqu'inépuifable. Le pays eft bien déchu, depuis qu'il a fubi le joug d'Ayderalikan, foldat de fortune, qui a ufurpé le trône de Mayffour, & qui vient de porter le ravage dans le Carnate. Le commerce de cet état qui fe faifoit librement à Mangalor, fa capitale, a été concentré tout entier dans les mains du conquérant, qui ne livre fes denrées qu'à ceux qui lui portent des armes, de la poudre, toutes fortes de munitions de guerre. On n'a excepté de cette loi que les Portugais, autrefois maîtres de cette province, & qui y ont toujours conservé une loge qui, feule, nourrit Goa.

Le commerce qui a fait fortir Venife de fes lagunes, Amfterdam de fes marais, avoit fait de Goa le centre des richeffes de l'Inde, le plus fameux marché de l'univers. Il n'eft plus rien, & la fuperftition, les autodafés, les moines, étouffent jufqu'au defir de fon rétabliffement. Dépouillé de tant de fertiles provinces qui recevoient aveuglement fes loix, il ne lui eft refté que la petite ifle où il eft fitué, & les deux peninfules qui forment fon port. Les ennemis qui l'entourent le privent de toute communication avec le continent, & la voie de la mer eft la feule qui lui foit ouverte. Deux frégates qu'il eft encore en état d'armer, affurent fes liaifons avec Macao, Diu & le Mozambique, uniques monumens de fon ancienne grandeur.

Macao lui envoye tous les ans deux petits navires chargés de porcelaines, d'autres marchandises rebutées à Canton par les compagnies Européennes, & qui appartiennent la plupart aux marchands Chinois. Ces bâtimens se chargent en retour de coton de Surate & des parties de cardamome, de bois de Sandal, de safran d'Inde, de gingembre & de poivre, que la frégate qui croise au sud a pu recueillir sur la côte. Celle qui a sa direction au nord porte à Surate une partie de la cargaison de Chine, & y prend quelques toiles dont elle va achever le chargement à Diu.

Cette place qui autrefois étoit regardée comme la clef de l'Inde, est située à l'entrée du golfe de Cambaye dans une isle qui a trois mille de long sur un demi-mille de large, & qui tient par un pont à la terre ferme. Elle n'eut pas été plutôt conquise par les Portugais, que son port qui est excellent pour des vaisseaux de six cens tonneaux, les plus grands qu'on armât alors, servit de retraite à leur marine militaire, & devint le centre de tout le riche commerce de Guzarate. Sa décadence commença à la même époque, eut les mêmes causes que celle des autres établissemens. Un événement particulier la précipita en 1670. Les Arabes de Mascate s'approcherent de l'isle pendant la nuit sur des petits bâtimens, débarquerent à la faveur des ténèbres dans un lieu couvert, & s'approcherent de la ville où ils entrerent sans obstacle, quand à la pointe du jour on ouvrit les portes. Les Portugais qui tomberent dans leurs mains furent massacrés, & les vaisseaux chargés des dépouilles de la ville. Le gouverneur de la citadelle auroit pu chasser ces Barbares avec son canon, mais il n'osa s'en servir dans la crainte d'encourir l'excommunication, dont un prêtre imbécille & fanatique le menaçoit, si quelque boulet portoit sur une chose sainte. Cette inaction inspira aux Arabes une confiance dont ils furent punis. Des esclaves à qui on avoit promis la liberté qui donne le courage, fondirent sur eux, & en firent une horrible boucherie. Ceux qui échapperent s'enfuirent avec leur butin. L'orgueil, la tyrannie & les vexations ont toujours empêché Diu malgré ses avantages naturels de se relever de cette infortune. Le Mozambique n'a pas été plus heureux.

Cette isle que les Portugais conquirent sur les Arabes au commencement du seizieme siecle, est située sur la côte orientale de l'Afrique, à une demi-lieue de la terre ferme. Elle a quatre mille de tour, un port excellent, & des fortifications que les Hollandois ont attaquées plusieurs fois sans pouvoir les prendre. Son empire, quoique plus resserré qu'il ne fut autrefois, s'étend encore sur le continent depuis Sofala jusqu'à Melinde. La nature a placé dans ce grand espace le fleuve de Senna, pour faciliter les communications entre l'ocean & l'intérieur d'un pays si riche. Ces avantages sont perdus pour la nation qui les possede. Au lieu d'établir avec les Afriquains un commerce considérable, qui deviendroit la source d'un bonheur commun, elle se borne à leur arracher par des moyens odieux quelque ivoire, quelques esclaves, un peu de poudre d'or. Un vaisseau arrivé d'Europe se charge de ces minces objets pour Goa. Du rebut des marchandises de la Chine, de Guzarate & des comptoirs Anglois, il y forme une cargaison qu'il va distribuer au Mozambique, au Bresil, à la Métropole.

Tel est l'état de dégradation où sont tombés dans l'Inde les hardis navigateurs qui la découvrirent, les illustres guerriers qui la subjuguerent. Le théâtre de leur gloire, de leur opulence est devenu celui de leur ruine & de leur opprobre. Leur situation n'est pas pourtant aussi désespérée qu'on pourroit le croire. Ce qui leur reste d'établissemens seroit plus que suffisant pour leur redonner une grande part aux affaires de l'Asie. Cette révolution doit être l'ouvrage de la philosophie, de la liberté. Que les Portugais connoissent leurs intérêts, que leurs ports jouissent d'une franchise entiere, que ceux qui s'y fixeront trouvent une égale sûreté pour leurs préjugés & pour leur fortune; les Indiens opprimés par leur gouvernement, les Européens gênés par le monopole de leurs compagnies s'y rendront en foule. Bientôt un pavillon oublié depuis long-tems redeviendra respectable. La destruction des Angria rend le changement que nous proposons facile.

Au nord de Goa, commença à se former il y a près d'un siecle une puissance dont personne ne prévit les accroissemens. Le fondateur s'appelloit Conagi Angria. Ceux qui ont écrit qu'il étoit né Mahométan, & qu'il s'étoit fait Gentil, ignoroient que les Indiens ne reçoivent jamais de prosélite, & qu'il n'auroit été admis dans aucune Caste. Il servit d'abord comme soldat sous un de ces gouverneurs indépendans, alors si multipliés, & qui ne dominoient que sur un territoire suffisant à la subsistance de la garnison de leur forteresse. Ce petit despote porta si loin les excès de son avare injustice, qu'il fut massacré par ses troupes, qui déférerent le commandement à Angria. Le nouveau chef devenu par cette révolution possesseur de la petite isle de Severndroog, où il y avoit un port, construisit un léger bâtiment avec lequel il se fit pirate. Il n'attaqua d'abord que des bateaux Maures ou Indiens qui, sans être armés, trafiquoient sur cette côte. Ses succès, son expérience, les avanturiers que la réputation de son courage & de sa générosité attiroit auprès de lui ; le mirent en état d'entreprendre de plus grandes choses. Il se forma un état qui s'étendoit quarante lieues de long de la mer, & qui s'enfonçoit jusqu'à vingt & trente mille dans les terres, selon la disposition des lieux & la facilité de la défense. Ce furent cependant ses opérations navales & celles de ses successeurs qui firent le plus de bruit. Maîtres de la côte, ces pirates attaquoient indifféremment tous les pavillons. Outre un grand nombre de bâtimens médiocres, ils enleverent même aux nations Européennes les plus gros vaisseaux ; le *Darby* & la *Restauration* aux Anglois; le *Jupiter* aux François; aux Hollandois, trois vaisseaux à la fois, dont le plus grand avoit cinquante canons.

La politique Angloise fut déconcertée par ces événemens. Elle avoit d'abord vu avec joie les premiers brigandages qui devoient mettre dans ses mains la plus grande partie du commerce & toute la navigation, parce que ses navires étoient plus forts & mieux équipés que ceux du pays. Cet avantage diminua, lorsque les bâtimens de Bombay qui trafiquoient à la côte furent insultés, leur cargaison pillée, & les matelots faits prisonniers. La précaution qu'on prit de n'aller plus qu'en convoi étoit très-chere, & se trouva insuffisante. Les vaisseaux d'escorte furent souvent inquiétés, & quelquefois pris. Ces déprédations déterminerent en 1722 la compagnie à joindre ses forces à celles des Portugais, qui avoient de semblables injures à venger, pour détruire le repaire de ces pirates. L'expédition fut honteuse & malheureuse. Celle qu'entreprirent deux ans après les Hollandois avec sept vaisseaux de guerre & deux galiotes à bombe, ne réussit pas mieux. Enfin le Marate à qui les Angrias refusoient un tribut qu'ils lui avoient long-tems payé, convint d'attaquer l'ennemi commun par terre, tandis que les Anglois l'attaqueroient par mer. Cette combinaison eut un succès complet. La plupart des ports & des forteresses furent enlevés dans la campagne de 1755. Geriats, la capitale, succomba l'année suivante; & sa reddition anéantit pour jamais un état qui n'existoit que de l'infortune publique. Malheureusement, de ses débris, s'augmenta la puissance Marate, qui n'étoit déja que trop redoutable.

Ce peuple long-tems réduit à ses montagnes, s'est étendu peu-à-peu vers la mer, occupe aujourd'hui le vaste espace qui est entre Surate & Goa, & menace également ces deux grandes villes. Il est célebre à la côte de Coromandel vers Delhy & sur le Gange, par ses excursions, par ses brigandages; mais son point central, la masse de ses forces & sa demeure fixe sont au Malabar. L'esprit de rapine qu'il porte dans les contrées qu'il ne fait que parcourir, il le perd dans les provinces qu'il a conquises. On peut prédire que Bacaim, Chaul, Dabul, tant d'autres lieux si long-tems opprimés par la tyrannie Portugaise, redeviendront quelque jour occupés par les Marates. La destinée de Surate est encore plus importante.

Cette ville fut long-tems le seul port par lequel l'empire Mogol exportoit ses manufactures, & recevoit ce qui étoit nécessaire à sa consommation. Pour la contenir & pour la défendre, on imagina de construire une citadelle dont le commandement n'avoit aucune autorité sur celui de la ville; on avoit même l'attention de choisir deux gouverneurs qui ne fuſſent pas de caractere à ſe réunir pour l'oppreſſion du commerce. Des circonſtances fâcheuſes donnerent naiſſance à un troiſieme pouvoir. Les mers des Indes étoient infectées de pirates qui interceptoient la navigation, & qui empêchoient les dévots Muſulmans de faire le voyage de la Mecque. Le mogol crut le chef d'une colonie de Cafres qui s'étoit établi à Rajopour, propre à arrêter le cours de ces brigandages, & il le choiſit pour ſon amiral. On lui aſſigna pour ſa ſolde annuelle trois lacks de roupies qui devoient être pris ſur les revenus du pays. Cette ſomme n'ayant pas été exactement payée, l'amiral s'empara du château, & du château il opprimoit la ville. Tout alors tomba dans la confuſion, & l'avarice des Marates toujours inquiete, devint plus vive que jamais. Depuis long-tems ces barbares qui avoient étendu leurs uſurpations juſques aux portes de la place, recevoient le tiers des impoſitions pour qu'ils ne troublaſſent le commerce qui ſe faiſoit dans l'intérieur des terres. Ils s'étoient contentés de cette contribution tout le tems que la fortune ne leur avoit pas préſenté des avantages plus conſidérables : lorſqu'ils virent la formentation des eſprits, ils ne douterent pas que dans ſa fureur quelqu'un des partis ne leur ouvrît les portes, & ils s'approcherent en force des murailles. Le commerce qui ſe voyoit tous les jours à la veille d'être pillé, appella à ſon ſecours les Anglois en 1759, & les aida à s'emparer de la citadelle. L'avantage de la tenir ſous leur garde, ainſi que l'exercice de l'amirauté, leur furent aſſurés par la cour de Delhy, avec les revenus attachés aux deux poſtes. Cette révolution a rendu le calme à Surate, mais Bombay qui l'avoit faite a acquis un nouveau degré de conſidération, de richeſſe & de puiſſance.

Cette petite isle située à dix-neuf degrés de latitude, n'a pas plus de vingt mille de circonférence. Les Portugais qui s'en étoient emparés peu après leur arrivée aux Indes, la donnerent en 1662 en dot à l'infante de Portugal qui épousoit Charles II, roi d'Angleterre. Ce prince la céda à la compagnie qui ne put réussir de long-tems à la rendre florissante. Personne ne vouloit se fixer dans un pays si mal-sain, qu'il étoit passé en proverbe *que deux moissons à Bombay étoit la vie d'un homme*. On attribuoit cette corruption de l'air à la mauvaise qualité des eaux, à la situation des terres basses & marécageuses, à la puanteur du poisson qu'on employoit au lieu de fumier pour engraisser les pieds des arbres. Ces principes de destruction furent corrigés le plus qu'il fut possible, & la colonie parvint avec le tems à avoir quelque salubrité. La population augmentoit à mesure que les causes de mort diminuoient, & on compte aujourd'hui cinquante mille Indiens nés dans l'isle, ou attirés par la douceur du gouvernement. Quelques-uns s'occupent de la culture du ris; un plus grand nombre de celle des cocotiers qui couvrent les campagnes, & les autres servent à la navigation & à d'utiles travaux qui se multiplient tous les jours.

Bombay ne fût d'abord regardé que comme un port excellent qui en tems de paix servoit de relâche aux vaisseaux marchands qui fréquenteroient la côte de Malabar, & durant la guerre d'Hivernage, aux escadres que le gouvernement envoyeroit dans l'Inde. C'étoit un avantage très-précieux dans des mers où les bonnes rades sont fort rares, & où les Anglois n'en ont pas d'autres. L'utilité de cet établissement a beaucoup augmenté depuis, la compagnie en a fait l'entrepôt de tout son commerce au Malabar, à Surate, dans les golphes de Perse & d'Arabie. Sa position y a attiré des marchands Anglois qui en ont augmenté l'activité. La tyrannie des Angrias sur ce continent y a poussé quelques Banians, malgré l'éloignement que des hommes qui ne boivent point de liqueurs spiritueuses, doivent avoir pour un séjour où les eaux ne sont pas pures ; enfin les troubles de Surate y ont fait passer quelques riches Maures.

L'industrie & les fonds de tant d'hommes avides de fortune ne pouvoient pas être oisifs. On a tiré du Malabar des bois de construction & du kaire pour les cordages. Des Parsis venus de Guzarate les ont mis en œuvre. Les matelots du pays, dirigés par des chefs Européens, se sont trouvés en état de conduire les vaisseaux. C'est Surate qui fournit les cargaisons, partie pour son compte, & partie pour le compte des négocians de Bombay. Il en part tous les ans deux pour Bassora, une pour Jedda, une pour Moka, & quelquefois une pour la Chine. Toutes ces cargaisons sont d'une richesse immense, on fait directement de la colonie des expéditions moins considérables.

Celles de la compagnie en particulier sont pour les comptoirs qu'elle a formés depuis Surate jusqu'au Cap Comorin, & où les roupies de Bambay qui ont remplacé celles de Surate sur toute la côte & dans l'intérieur du pays, lui assurent un avantage de cinq pour cent sur toutes les nations rivales ; elles en font aussi pour Bassora, pour Bender-Abassi, pour Syndi où ses établissemens ont pour but principal la vente de ses draps ; treize ou quatorze cens balles suffisent à leur consommation : ses liaisons avec Surate lui sont plus utiles : cette place lui achete beaucoup de fer & de plomb, quelques étoffes de laine, & lui fournit pour ses retours une grande quantité de manufactures.

Autrefois les vaisseaux expédiés d'Europe se rendoient à l'Echelle où ils devoient trouver leur chargement ; ils s'arrêtent aujourd'hui à Bombay. Ce changement doit son origine à l'avantage qu'a la compagnie d'y réunir sans frais toutes les marchandises du pays, depuis que revêtue de la dignité d'Amiral du grand Mogol, elle est obligée d'avoir une marine sur la côte.

Nous n'examinerons pas si les émolumens attachés à cette dignité & à celle de gardien de la citadelle de Surate, suffisent aux dépenses qu'elles entraînent. On en peut douter : il n'est pas même bien décidé que ces deux places ayent rendu meilleure la situation politique des Anglois ; à la vérité elles les mettent en état de chasser tous les Européens de Malabar, mais aussi elles ont extrêmement aigri contre eux les Marattes qui sont à portée de leur nuire de plusieurs manieres.

Ces barbares ont pris sur les Portuguais l'isle de Salsete qui a vingt-six mille de long & huit ou neuf de large : elle est d'une abondance extrême, & avec peu de culture ; elle fournit tout ce que peut produire la terre entre les Tropiques. On la regardoit comme le grenier de Goa ; elle n'est séparée de Bombay que par un canal étroit & gueable dans les eaux basses. Les possesseurs actuels étoient si convaincus il y a quelques années de la facilité qu'ils trouveroient à s'emparer de Bombay, qu'en voyant entourer les fortifications de fossés, ils disoient avec arrogance : *laissons-les faire, nous ne sommes pas à pré-*

sent dans le cas de rompre avec les Anglois ; mais si cela arrivoit, nous remplirions dans une nuit leurs fossés avec nos pantoufles. Cette plaisanterie qui pouvoit avoir alors quelque fondement, n'en a plus depuis que l'importance de Bombay a déterminé ses possesseurs à y ajouter beaucoup d'ouvrages & à y jetter une garnison nombreuse. Les Marates eux-mêmes en sont persuadés, mais ils pensent pouvoir ruiner cet établissement sans même l'attaquer ; ils n'ont pour cela, disent-ils, qu'à lui refuser des vivres à Salsete, & à l'empêcher d'en tiret du continent. Ceux qui connoissent bien les dispositions des lieux, trouvent la chose très-praticable, sur-tout dans la mauvaise mouçon.

Enfin depuis la faute, peut-être forcée, qu'on a faite de remettre aux Marates tous les ports des Angria, ces barbares augmentent tous les jours leur marine ; déja ils ont réduit les Hollandois à ne naviguer qu'avec leurs passe-ports qu'ils se font payer fort cher. Leur ambition augmentera avec leur puissance, & il n'est pas possible qu'à la longue leurs prétentions & les prétentions des Anglois ne se choquent.

Si nous osions hasarder une conjecture, nous ne craindrions pas de prédire que les agens de la compagnie seront les auteurs de la rupture. Indépendamment de la passion commune à tous leurs pareils d'exciter des troubles, parce que la confusion est favorable à leur cupidité, ils sont rongés du dépit secret de n'avoir eu aucune part aux fortunes immenses qui se sont faites au Coromandel, & sur-tout dans le Bengale. Leur avarice, leur jalousie, leur orgueil même les porteront à peindre les Marates comme des voisins inquiets, toujours prêts à fondre sur Bombay, à exagérer la facilité de dissiper ces avanturiers, pourvu que l'on soit en force à vanter l'avantage de piller leurs montagnes remplies de trésors de l'Indostan qu'ils y accumulent depuis un siecle. La compagnie accoutumée au rôle de conquérant, & qui n'a plus un besoin urgent de ses troupes dans le Gange, adoptera un plan qui lui présentera une augmentation de richesse, de gloire & de puissance. Si ceux qui craignent cet esprit d'ambition réussissoient à la détourner de cette nouvelle entreprise, elle y seroit forcément engagée par ses employés ; & quelque fût l'événement de cette guerre pour ses intérêts, il seroit toujours favorable à ceux qui l'y auroient entraînée. Ce malheur est moins à craindre sur les côtes de Coromandel & d'Orixa, qui s'étendent depuis le cap Comorin jusqu'au Gange.

Les géographes & les historiens distinguent toujours ces deux régions occupées par deux peuples dont la langue, le génie, les habitudes ne se ressemblent point. Cependant comme le commerce qui s'y fait est à-peu-près le même, & qu'il s'y fait de la même maniere, nous les désignerons sous le nom général de Coromandel. Les deux côtes ont d'autres traits de ressemblance : sur l'une & sur l'autre on éprouve depuis le commencement de mai jusqu'à la fin d'octobre, une chaleur excessive qui commence à neuf heures du matin & qui ne finit qu'à neuf heures du soir. Elle est toujours temperée durant la nuit par un vent de mer qui vient du sud-est; le plus souvent même on jouit de cet agréable rafraîchissement dès les trois heures après midi : l'air est moins embrasé quoique trop chaud le reste de l'année. Les pluies sont presque continuelles dans les mois de novembre & de décembre : un sable tout-à-fait aride couvre cette immense plage dans l'espace de deux mille & quelquefois seulement d'un mille.

Plusieurs raisons firent d'abord négliger cette région par les premiers Européens qui étoient passés aux Indes. Elle étoit separée par des montagnes inaccessibles du Malabar, où ces hardis navigateurs travailloient à s'établir. On n'y trouvoit pas les aromates & les épiceries qui fixoient principalement leur attention ; enfin les troubles civils en avoient banni la tranquilité, la sûreté & l'industrie.

A cette époque l'empire de Bisnagar qui donnoit des loix à ce grand pays, s'écrouloit de toutes parts. Les premiers monarques de ce bel état avoient dû leur pouvoir à leurs talens. On les voyoit à la tête de leurs armées en tems de guerre. Durant la paix, ils dirigeoient leurs conseils, ils visitoient leurs provinces, ils administroient la justice. Une prospérité trop constante les corrompit. Ils contractèrent peu-à-peu l'habitude de se montrer rarement aux peuples, de se faire rendre des honneurs divins, d'abandonner le soin des affaires à leurs généraux & à leurs ministres. Cette conduite préparoit leur ruine. Les gouverneurs de Visapour, de Carnate, de Golconde, d'Orixa se rendirent indépendans sous le nom de Rois. Ceux de Maduré, de Tanjaour, de Maissour, de Gingi & quelques autres usurperent aussi l'autorité souveraine, mais sans quitter leurs anciens titres de Naick. Cette grande révolution étoit encore récente, lorsque les Européens se montrerent sur la côte de Coromandel.

Le commerce avec l'étranger y étoit alors peu de chose, il se réduisoit aux diamans de Golconde qui passoient par terre à Calicut, à Surate, & de-là à Ormuz ou à Suez, d'où ils se répandoient en Europe & en Asie. Mazulipatam, la ville la plus riche, la plus peuplée de ces contrées, étoit le seul marché qu'on connût pour les toiles. Dans une grande foire qui s'y tenoit tous les ans, elles étoient achetées par des bâtimens Arabes & Malois qui fréquentoient sa rade, & par des caravanes qui y venoient de loin; ces toiles avoient la même destination que les diamans.

Le goût qu'on commençoit à prendre parmi nous pour les manufactures de Coromandel, inspira la résolution de s'y établir à toutes les nations Européennes qui fréquentoient les mers des Indes: elles n'en furent detournées ni par la difficulté de faire arriver les marchandises de l'intérieur des terres qui n'offroient pas un fleuve navigable, ni par la privation totale des ports dans des mers qui ne sont pas tenables une partie de l'année, ni par la stérilité des côtes, la plupart incultes & inhabitées, ni par la tyrannie & l'instabilité du gouvernement. Ils penserent que l'industrie viendroit chercher l'argent; que le Pegu fourniroit des bois pour les édifices, & le Bengale des grains pour la subsistance; que neuf mois d'une navigation paisible seroient plus que suffisans pour les chargemens; qu'il n'y auroit qu'à se fortifier pour se mettre à couvert des vexations des foibles Despotes qui opprimoient ces contrées.

Les premieres colonies furent établies sur les bords de la mer : quelques-unes durent leur origine à la force : la plupart se formerent du consentement des souverains : toutes eurent un terrein très-resserré. Leurs limites étoient fixées par une haye de gros aloès & d'autres plantes épineuses particulieres au pays, entremêlées de cocotiers & de palmiers : elle étoit impénétrable à la cavalerie, d'un accès très-difficile à l'infanterie, & servoit de défense contre les incursions subites. Avec le tems on éleva des fortifications plus solides. La tranquillité qu'elles procuroient & la douceur du gouvernement multiplierent en peu de tems le nombre des colons. L'éclat & l'indépendance de ces établissemens blessèrent plus d'une fois les princes dans les états desquels ils s'étoient formés ; mais leurs efforts pour les anéantir furent inutiles. Chaque colonie vit augmenter ses prospérités selon la mesure des richesses & de l'intelligence de la nation qui l'avoit fondée.

Aucune des compagnies qui exercent leur privilége exclusif au-delà du cap de Bonne-Espérance, n'entreprit le commerce des diamans : il fut toujours abandonné aux négocians particuliers, & avec le tems il tomba tout entier entre les mains des Anglois ou des Juifs & des Armeniens qui vivoient sous leur protection : aujourd'hui il est peu de chose. Les révolutions arrivées dans l'Indostan ont écarté les hommes de ces riches mines, & l'anarchie dans laquelle est plongé ce malheureux pays, ne permet pas d'espérer qu'ils s'en rapprochent. Toutes les spéculations de commerce à la côte de Coromandel se réduisent à l'achat des toiles de coton.

On y achete des toiles blanches dont la fabrication n'est pas assez différente de la nôtre pour que ses détails puissent nous intéresser ou nous instruire. On y achete des toiles imprimées dont les procédés d'abord servilement copiés en Europe, ont été depuis simplifiés & perfectionnés par notre industrie ; on y achete enfin des toiles peintes que nous n'avons pas entrepris d'imiter. Ceux qui croyent que la chereté de notre main-d'œuvre nous a seule empêché d'adopter ce genre d'industrie, sont dans l'erreur: la nature ne nous a pas donné ces fruits sauvages & les drogues qui entrent dans la composition de ces brillantes & ineffaçables couleurs qui font le principal mérite des ouvrages des Indes; elle nous a surtout refusé les eaux qui leur servent de mordant, & qui bonnes à Pondichery, sont parfaites à Madras, à Paliacate, à Mazulipatam, à Biblipatam.

Les Indiens ne suivent pas par-tout la même méthode pour peindre leurs toiles, soit qu'il y ait des pratiques minutieuses particuliéres à certaines provinces, soit que les différens sols produisent des drogues différentes propres aux mêmes usages.

Ce seroit abuser de la patience de nos lecteurs que de leur tracer la marche lente & pénible des Indiens dans l'art de peindre leurs toiles. On diroit qu'ils le doivent plutôt à leur antiquité qu'à la fécondité de leur génie. Ce qui semble autoriser cette conjecture, c'est qu'ils se sont arrêtés dans la carriere des arts sans y avoir avancé d'un seul pas depuis plusieurs siecles, tandis que nous l'avons parcourue avec une rapidité extrême, & que nous voyons avec une émulation pleine de confiance l'intervalle immense qui nous sépare encore du terme. A ne considérer même que le peu d'invention des Indiens, on seroit tenté de croire que depuis un tems immémorial ils ont reçu les arts qu'ils cultivent des peuples plus industrieux; mais quand on réfléchit que ces arts ont un rapport exclusif avec les matieres, les gommes, les couleurs, les productions de l'Inde, on ne peut s'empêcher de voir qu'ils y sont nés.

Une chose qui pourroit surprendre, c'est la modicité du prix des toiles où l'on fait entrer toutes les couleurs ; elles ne coûtent guere plus que celles où il n'en entre que deux ou trois. Mais il faut observer que les marchands du pays vendent à la fois à toutes les compagnies une quantité considérable de toiles, & que dans les assortimens qu'ils fournissent, on ne leur demande qu'une petite quantité de toiles peintes en toutes couleurs, parce qu'elles ne sont pas fort recherchées en Europe.

Quoique toute la partie de l'Indostan qui s'étend depuis le cap Comorin jusqu'au Gange, offre quelques toiles de toutes les espéces, on peut dire que les belles se fabriquent dans la partie orientale, les communes au milieu & les grossieres à la partie la plus occidentale. On trouve des manufactures dans les colonies Européennes & sur la côte. Elles deviennent plus abondantes à cinq ou six lieues de la mer où le coton est plus cultivé, où les vivres sont à meilleur marché. On y fait des achats qu'on pousse trente & quarante lieues dans les terres. Des marchands Indiens établis dans nos comptoirs sont toujours chargés de ces opérations.

On convient avec eux de la quantité & de la qualité des marchandises qu'on veut. On en regle le prix sur des échantillons, & on leur donne en passant le contract, le quart ou le tiers de ce qu'elles doivent coûter. Cet arrangement tire son origine de la nécessité où ils sont eux-mêmes de faire par le ministere de leurs associés ou de leurs agens répandus par-tout, des avances aux ouvriers, de les surveiller pour la sûreté de ce capital, & d'en diminuer par dégré le fond en retirant journellement les toiles à mesure qu'elles sont ouvrées. Sans ces précautions, on ne seroit jamais sûr de rien dans un gouvernement tellement oppresseur, que le tisserand n'est jamais en état, ou n'ose pas paroître en état de travailler pour son compte.

Les compagnies qui ont de la fortune ou de la conduite ont toujours dans leurs établissemens une année de fond d'avance. Cette méthode leur assure pour le tems le plus convenable la quantité de marchandises dont elles ont besoin & de la qualité qu'elles le desirent ; d'ailleurs leurs ouvriers, leurs marchands qui ne sont pas un instant sans occupation, ne les abandonnent jamais.

Les nations qui manquent d'argent & de crédit ne peuvent commencer leurs opérations de commerce qu'à l'arrivée de leurs vaisseaux : elles n'ont que cinq ou six mois au plus pour l'exécution des ordres qu'on leur envoye d'Europe. Les marchandises sont fabriquées, examinées avec précipitation, on est même réduit à en recevoir qu'on connoît pour mauvaises & qu'on auroit rebutées dans un autre tems. La nécessité de completer les cargaisons & d'expédier les bâtimens avant le tems des ouvrages, ne permet pas d'être difficile.

On se tromperoit en pensant qu'on pourroit déterminer les entrepreneurs du pays à faire fabriquer pour leur compte dans l'espérance de vendre avec un bénéfice convénable à la compagnie à laquelle ils sont attachés. Outre qu'ils ne sont pas la plupart assez riches pour former un projet si vaste, ils ne seroient pas sûrs d'y trouver leur profit. Si des événemens imprévus empêchoient la compagnie qui les occupe de faire ses armemens ordinaires, ces marchands n'auroient nul débouché pour leurs toiles. L'Indien dont la forme du vêtement exige d'autres largeurs, d'autres longueurs que celles des toiles fabriquées pour nous n'en voudroit pas, & les autres compagnies Européennes se trouvent pourvues ou assurées de tout ce que l'étendue de leur commerce exige, de tout ce que leurs facultés leur permettent d'acheter. La voie des emprunts imaginée pour lever cet embarras n'a pas été & ne pourroit pas être utile.

C'est la coutume dans l'Indostan que celui qui emprunte donne une obligation par laquelle il s'engage à payer au créancier la somme empruntée avec les intérêts. Pour que cet acte soit authentique, il doit être signé au moins de trois témoins, & que l'on y ait marqué le jour, le mois, l'année où l'on a reçu l'argent, & combien on a promis d'intérêt par mois. Si le débiteur n'est pas exact à remplir ses engagemens, il peut être arrêté par le prêteur au nom du gouvernement. On ne le met pas en prison, parce qu'on est bien assuré qu'il ne prendra pas la fuite. Il ne se permettroit même pas de manger ni de boire sans en avoir obtenu la permission de son créancier.

Les Indiens distinguent trois sortes d'intérêts, l'un qui est péché, l'autre qui n'est ni péché ni vertu, un troisieme qui est vertu; car c'est ainsi qu'ils s'expriment. L'intérêt qui est péché, est de quatre pour cent par mois; l'intérêt qui n'est ni péché ni vertu, est de deux pour cent par mois; l'intérêt qui est vertu, est d'un pour cent par mois. Ils prétendent que ceux qui n'exigent pas d'avantage pratiquent un acte d'héroïsme, & ils parlent de cette maniere de prêter comme d'une espece d'aumône. Quoique les nations Européennes qui sont réduites à emprunter jouissent de cette faveur, on sent bien sans que nous en avertissions, qu'elles n'en peuvent profiter sans se précipiter vers leur ruine.

Le commerce extérieur du Coromandel n'est point dans les mains des naturels du pays, seulement dans la partie occidentale des Mahometans, connus sous le nom de Chalias, font à Naour & à Porlo-novo des expéditions pour Achem, pour Merguy, pour Siam, pour la côte de l'est. Outre les bâtimens assez considérables qu'ils employent dans ces voyages, ils ont de moindres embarquations pour le cabotage de la côte, pour Ceylan, pour la pêche des perles. Les Indiens de Mazulipatam employent leur industrie d'une autre maniere. Ils font venir du Bengale des toiles blanches qu'ils teignent ou qu'ils impriment, & vont les revendre avec un bénéfice de trente-cinq ou quarante pour cent dans les lieux même dont ils les ont tirées.

A l'exception de ces liaisons qui sont bien peu de chose, toutes les affaires ont passé aux Européens qui ont pour associés quelques Banians, quelques Armeniens fixés dans leurs établissemens. On peut évaluer à trois mille cinq cens balles la quantité de toiles qu'on tire du Coromandel pour les différentes échelles de l'Inde. Les François en portent huit cens au Malabar, à Moka, à l'isle de France. Les Anglois douze cens à Bombay, au Malabar, à Sumatra & aux Philippines. Les Hollandois quinze cens à leurs divers établissemens, au cap de Bonne-espérance en particulier. A l'exception de cinq cens bales destinées pour Manille, qui coûtent chacune mille roupies, les autres sont composées de marchandises si communes, que leur prix primitif ne se leve pas au-dessus de trois cens roupies; ainsi la totalité des trois mille cinq cens balles ne passe pas un million quatre cens cinquante mille roupies.

Le Coromandel fournit à l'Europe neuf mille

cinq cens balles, huit cens par les Danois, deux mille cinq cens par les François, trois mille par les Anglois, trois mille deux cens par les Hollandois. Parmi ces toiles il s'en trouve une assez grande quantité de teintes en bleu ou de rayées en rouge & bleu, propres pour la traite des Noirs. Les autres sont de belles betilles, des indiennes peintes, des mouchoirs de Mazulipatam ou de Paliacate. L'expérience prouve que l'une dans l'autre, chacune des neuf mille cinq cens balles ne coûte que quatre cent roupies, c'est donc trois millions huit cent mille roupies qu'elles doivent rendre aux atteliers dont elles sortent.

Ni l'Europe ni l'Asie ne payent entiérement avec des métaux. Nous donnons en échange des draps, du fer, du plomb, du cuivre, du corail, quelques autres articles moins considérables. L'Asie de son côté donne des épiceries, du poivre, du ris, du sucre, du bled, des dattes. Tous ces objets réunis peuvent monter à deux millions de roupies. Il résulte de ce calcul que le Coromandel reçoit en argent trois millions deux cens cinquante mille roupies.

L'Angleterre qui a acquis sur cette côte la même supériorité qu'elle a pris ailleurs, y a formé plusieurs établissemens. Elle s'est emparée en 1757 de Maduré, grande ville entourée de deux murailles flanquées de tours rondes de distance en distance avec un fossé. Ce ne sont pas des vues de commerce qui y ont fixé les conquérans. Les toiles propres pour l'est de l'Asie & pour l'Afrique, qui se fabriquent dans le royaume dont elle est la capitale, sont la plupart portées aux comptoirs Hollandois de la côte de la Pêcherie. L'utilité de cette possession pour les Anglois se borne à en tirer des revenus plus considérables que les dépenses qu'ils sont obligés d'y faire.

Trichenapaly quoique ruiné de fond en comble par les guerres cruelles qu'il a eu à soutenir, est pour eux bien plus important. Cette forte place est la porte du Tanjaour, du Mayssour, du Maduré, & leur donne une grande influence dans ces trois états.

Ce fut uniquement pour s'assurer d'une communication facile avec cette célebre forteresse, qu'ils s'emparerent en 1749 de Divicoté, dont le territoire n'a que trois mille de tour. On ne voit ni sur les lieux, ni au voisinage, aucune espece de manufacture, & on ne peut tirer que quelques bois & un peu de ris. La garde de ce comptoir coûte seize ou dix-sept mille roupies, ce qui absorbe tout ce qu'il peut rendre. Sa position sur le Colram a fait naître de grandes espérances. A la vérité l'embouchure de cette riviere est fermée par des sables, mais le canal au-delà de cette barre est assez profond pour recevoir les plus grands vaisseaux, & des gens habiles jugent que ces sables pourroient être enlevés avec du travail & quelque dépense. Si l'on y réussissoit, la côte de Coromandel ne seroit plus sans port, & la nation en possession du seul port qui s'y trouveroit, auroit pour pousser son commerce un moyen puissant dont seroient privées les nations rivales.

Les Anglois acheterent en 1686 Goudelour, avec un territoire de huit mille lé long de la côte, & de quatre mille dans l'intérieur des terres. Cette acquisition qu'ils avoient obtenue d'un prince Indien pour la somme de quatre vingt dix mille pagodes, leur fut assurée par les Mogols qui s'emparerent du Carnate peu de tems après. Faisant réflexion dans la suite que la place qu'ils avoient trouvée toute établie étoit à plus d'un mille de la mer, & qu'on pouvoit lui couper les secours qui lui seroient destinés, ils bâtirent à une portée de canon la forteresse de saint David, à l'entrée d'une riviere & sur le bord de l'océan Indien. Il s'est élevé depuis trois aldées qui avec la ville & la forteresse forment une population de soixante mille ames. Leur occupation est de teindre en bleu ou de peindre les toiles qui viennent de l'intérieur des terres, & de fabriquer pour plus de six cens mille roupies des plus beaux basins de l'univers. Le ravage que les François ont porté en 1758 dans cet établissement, & la destruction de ses fortifications, ne lui ont fait qu'un mal très-passager. Son activité paroît même augmentée quoiqu'on n'ait pas rebâti saint David, & qu'on se soit contenté de mettre Goudelour en état de faire une médiocre résistance. Un revenu de plus de soixante mille roupies cause tous les frais que peut occasionner cette colonie. Mazulipatam présente des utilités d'un autre genre.

Cette ville qui des mains des François a passé dans celles des Anglois en 1759, n'est plus ce qu'elle étoit lorsque les Européens doublerent le cap de Bonne-espérance à la fin du quinzieme siecle. Il ne s'y fabrique, il ne s'y vend que peu de toiles qui, malgré leur beauté, ne peuvent pas former un objet d'exportation fort considérable ; aussi ses nouveaux maîtres regardent-ils moins leur conquête comme un marché où ils peuvent beaucoup acheter, que comme un marché où ils peuvent beaucoup vendre. Par le moyen des caravanes qui viennent de très-loin s'y pourvoir de sel, par les liaisons qu'ils ont formées dans l'intérieur des terres, ils sont parvenus à établir l'usage de leurs draperies dans les contrées les plus reculées du Delan, & cette prospérité doit augmenter encore. A cet avantage s'en joint un autre, celui de tirer du produit du sel, du produit des douanes cinq cens cinquante mille roupies, dont deux cens cinquante mille seulement sont absorbées par les frais annuels de l'établissement.

Vizagapatam est une petite ville presque sans territoire, qui n'a pas quatre mille habitans. Un mur flanqué de quatre mauvais bastions, & une garnison de cent Européens & de trois ou quatre cens Cipayes, forment sa défense. Sa position entre Mazulipatam & Ganjam attire dans son sein les belles toiles de cette partie de Lorixa. Elles consistent en cinq ou six cens balles dont le prix primitif doit s'élever à deux cens mille roupies.

Les marchandises qu'on tire de toutes ces places & de quelques comptoirs subalternes qui changent suivant les circonstances, sont portées à Madraz, le centre de toutes ces affaires que la nation fait à la côte de Coromandel.

Cette ville fut bâtie il y a un siecle par Guillaume Langhorne, dans le pays d'Arcate, & sur le bord de la mer. Comme il la plaça dans un terrein sabloneux, tout-à-fait aride & entierement privé d'eau potable qu'il faut tirer de plus d'un mille, on chercha les raisons qui pouvoient l'avoir déterminé à ce mauvais choix. Ses amis prétendirent qu'il avoit espéré, ce qui est en effet arrivé, d'attirer à lui tout le commerce de saint Thomé, & ses ennemis l'accuserent de n'avoir pas voulu s'éloigner d'une maîtresse qu'il avoit dans cette colonie Portugaise. Cet établissement s'est tellement accru avec le tems, qu'il a été partagé en trois divisions; la premiere, qui sert d'habitation à huit ou neuf cens Anglois, hommes, femmes ou enfans, & est entourée d'une muraille, peu épaisse, défendue par quatre bastions, foibles, de mauvaise construction & sans aucun ouvrage extérieur. Elle est connue en Europe sous le nom du fort saint George, & dans l'Inde, sous celui de Villeblanche. Au nord de cette partie est une autre division contigue qu'on nomme la Villenoire, beaucoup plus grande & encore plus mal fortifiée, où sont les Juifs, les Armeniens, les Maures, les plus riches d'entre les marchands Indiens. Au-delà est un fauxbourg tout-à-fait ouvert où vit le peuple. Outre ces trois divisions qui composent la ville de Madraz, il y a deux villages très-grands & très-peuplés à peu de distance. La ville & son territoire qui peut avoir quinze mille de circonférence, contiennent deux cens cinquante mille habitans presque tous nés aux Indes, de différentes castes & de diverses religions. On distingue entr'eux environ trois ou quatre mille Chrétiens qui se nomment eux-mêmes Portugais & qui paroissent être réellement descendus de cette nation.

Dans une si grande population, il n'y a pas un seul tisserand. Environ quinze mille ouvriers sont occupés à imprimer, à peindre les belles perses qui se consomment en Europe, une quantité considérable de toiles communes destinées pour les différentes échelles des mers d'Asie, sur-tout pour les Philippines; peut-être compteroit-on quarante mille personnes dont l'industrie est employée à arranger, à débiter du corail, de la verroterie dont les femmes dans l'intérieur des terres ornent leurs cheveux ou forment des colliers & des brasselets. D'autres travaux inséparables d'un grand entrepôt occupent beaucoup de bras. Les colons qui ont mérité la confiance de la compagnie se répendent dans l'Arcate & dans les pays voisins pour y acheter les marchandises dont elle a besoin.

Les plus considérables prêtent de l'argent aux négocians Anglois qui sans être de la compagnie ont la liberté de trafiquer dans les différentes échelles de l'Asie ; ils s'associent avec eux ou chargent sur leurs bâtimens des effets pour leur propre compte. Les entreprises réunies de la compagnie & des particuliers, ont fait de Madraz une des plus opulentes, des plus importantes places de l'Inde.

Indépendamment des bénéfices que font les Anglois sur les toiles qu'ils tirent de cette ville, sur les draps & les autres marchandises qu'ils y vendent, les douanes, les droits sur le tabac & sur le betel & quelques autres impositions, leur forment un revenu de cinq cens mille roupies. Une garnison de mille Européens & de quinze ou dix-huit cens Cipayes, assure la durée de ces avantages.

Tel est à la côte de Coromandel l'état de la compagnie Angloise envisagée seulement comme corps marchand. Sous un point de vue politique, elle tient le Carnate, c'est-à-dire la contrée la plus industrieuse de ces vastes régions, dans une dépendance entiere. Arcate, Velour, Singelpet, Trichenapaly, toutes les places du royaume sont occupées par ses troupes. Jusqu'à ce qu'elle soit remboursée de toute les avances qu'elle a faites pour placer, pour maintenir le souverain actuel sur le trône, elle doit jouir des revenus du pays qui dans des tems plus heureux étoient de cinq millions de roupies, & qui sont encore au moins de trois millions & demi. Il est vrai qu'il faut prélever sur cette somme douze cens mille roupies pour la garde du pays, & autant pour l'entrétien du Nabab qui vit à Madraz, d'où il ne peut pas sortir sans permission, mais il reste toujours de net onze cens mille roupies.

Les Anglois viennent d'entamer avec le nouveau Souba du Dekan, une négociation dont le but est de se faire céder au nord les quatre Cerkars ou provinces qu'avoient obtenues les François, & de les posséder aux mêmes conditions. S'ils réussissent, comme on a lieu de le présumer, à se procurer ce grand établissement autour de Mazulipatam, ils tiendront dans les fers le Coromandel comme ils y tiennent le Bengale.

Le Bengale est une vaste contrée de l'Asie, bornée à l'orient par le royaume d'Asem & d'Arrakan, au couchant par plusieurs provinces du Grand-Mogol, au nord par des rochers affreux, au midi par la mer. Elle s'étend sur les deux rives du Gange qui se forme de diverses sources dans le Thibet, erre quelque-tems dans le Caucase, & entre dans l'Inde en traversant les montagnes qui sont sur la frontiere. Le passage par où il s'y décharge est nommé le détroit de Kupele, à trente lieues de Delhy. Les Indiens qui sortent rarement de leur pays, croyent que les sources du fleuve sont dans un roc de ce détroit qui a quelque ressemblance avec une tête de vache. Ils ont un respect sans bornes pour un lieu où ils voyent réunis & l'image d'un animal qu'ils honorent presque comme une divinité, & l'origine d'une eau sacrée qui a la vertu de les purifier de toutes leurs impuretés. Cette riviere après avoir formé dans son cours un grand nombre d'isles vastes, fertiles & bien peuplées, va se perdre dans l'océan par plusieurs embouchures dont il n'y en a que deux de connues & de fréquentées.

Dans le haut de ce fleuve il y avoit autrefois une ville nommée Palybothra. Elle étoit si ancienne, que Diodore de Sicile ne craignoit pas d'assurer qu'elle avoit été bâtie par Hercule. Ses richesses du tems de Pline étoient célebres dans l'univers entier. On la regardoit comme le marché général des peuples qui étoient en-deça & au-delà du fleuve qui baignoit ses murs.

L'histoire des révolutions dont le Bengale a été le théâtre, est mêlée d'une infinité de fables. On y entrevoit seulement que cet empire a été tantôt plus, tantôt moins étendu; qu'il a eu des périodes heureux & des périodes malheureux; qu'il fût alternativement partagé en plusieurs états & réuni dans un seul. Un seul maître lui donnoit des loix, lorsque Egbar, grand-pere Daugeugzeb en entreprit la conquête. Il la commença en 1590 & elle étoit finie en 1595. Depuis cette époque, le Bengale n'a pas cessé de reconnoître les Mogols pour ses souverains. Le gouverneur chargé de le conduire, tenoit d'abord sa cour à Raja-Mahol: il la transféra dans la suite à Deca. Depuis 1718 elle est à Mauxoudabat, grande ville située dans les terres à deux lieues de Cassimbazar. Plusieurs Nababs & Rajas sont subordonnés à ce vice-roi nommé Souba.

Ce furent long-tems les fils du Grand-Mogol qui occuperent ce poste important. Ils abuserent si souvent pour troubler l'empire, des forces & des richesses dont ils disposoient, qu'on crut devoir les confier à des hommes moins accrédités & plus dépendans. Les nouveaux gouverneurs ne firent pas à la vérité trembler la cour de Delhy, mais ils se montrerent peu exacts à envoyer au trésor royal les tributs qu'ils recueilloient. Ce désordre augmenta encore après l'expédition de

Koulikan, & les choses furent portées si loin, que l'empereur qui étoit hors d'état de payer aux Marattes ce qu'il leur devoit, les autorisa en 1740 à l'aller chercher eux-mêmes dans le Bengale. Ces brigands, au nombre de deux cens mille hommes partagés en trois armées, ravagerent ce beau pays pendant dix ans, & n'en sortirent qu'après s'être fait donner des sommes immenses.

Dans tous ces mouvemens le gouvernement despotique qui est malheureusement celui de toute l'Inde, s'est maintenu dans le Bengale; mais aussi un petit district qui y avoit conservé son indépendance, la conserve encore. Ce canton fortuné qui peut avoir cent soixante mille d'étendue, se nomme Bisnapore. Il est conduit de tems immémorial par une famille Bramine de la tribu de Rajeputes; c'est-là qu'on retrouve sans altération la pureté & l'équité de l'ancien système politique des Indiens. On a vu jusqu'ici avec assez d'indifférence ce gouvernement unique, le plus beau monument, le plus intéressant qu'il y ait sans contrédit dans le monde. Il ne nous reste des anciens peuples que de l'érain & des marbres qui ne parlent qu'à l'imagination & à la conjecture, interprêtes peu fideles des mœurs & des usages qui ne sont plus. Le philosophe transporté dans le Bisnapore se trouveroit tout-à-coup témoin de la vie que menoient il y a plusieurs milliers de siecles, les premiers habitans de l'Inde; il converseroit avec eux; il suivroit les progrès de cette nation qui fut célèbre pour ainsi dire au sortir du berceau; il verroit se former un gouvernement qui n'ayant pour base que des préjugés utiles, des mœurs simples & pures, la douceur des peuples, la bonne foi des chefs a survécu à cette foule innombrable de législations qui n'ont fait que

paroître

paroître sur la terre avec les générations qu'elles ont tourmentées. Plus solide, plus durable que ces édifices qui bâtis par l'imposture sur l'enthousiasme opprimoient la nature, accabloient les hommes & s'écrouloient sur les ruines même dont ils avoient été fondés & cimentés, le gouvernement du Bisnapore ouvrage du Climat, du caractere & des besoins s'est élevé, s'est maintenu sur des principes qui ne changent point & n'a pas souffert plus d'altération que ces mêmes principes. La position singuliere de cette contrée a conservé ses habitans dans leur bonheur primitif & dans la douceur de leur caractere, en les garantissant du danger d'être conquis ou de tremper leurs mains dans le sang des hommes. La nature les a environnés d'eaux prêtes à inonder leurs possessions, il ne faut pour cela qu'ouvrir les écluses des rivieres. Les armées envoyées pour les réduire ont été si souvent noyées, qu'on a renoncé au projet de les asservir. On a pris le parti de se contenter d'une apparence de soumission.

La liberté & la propriété sont sacrées dans le Binaspore. On n'y entend parler ni de vol particulier, ni de vol public. Un voyageur, quel qu'il soit, n'y est pas plutôt entré, qu'il fixe l'attention des loix qui se chargent de sa sûreté. On lui donne gratuitement des guides qui le conduisent d'un lieu à un autre, & qui répondent de sa personne & de ses effets. Lorsqu'il change de conducteur, les nouveaux donnent à ceux qu'ils relevent une attestation de leur conduite, qui est enregistrée & envoyée ensuite au Raja. Tout le tems qu'il est sur le territoire, il est nourri & voituré avec ses marchandises aux dépens de l'état, à moins qu'il ne demande la permission de séjourner plus de trois jours dans la même place; il est alors obligé de payer sa dépense, s'il n'est retenu par quelque maladie ou autre accident forcé. Cette bienfaisance pour des étrangers est la suite du vif intérêt que les citoyens prennent les uns aux autres. Ils sont si éloignés de se nuire, que celui qui trouve une bourse ou quelqu'autre effet de prix, les suspend au premier arbre & en avertit le corps-de-garde le plus prochain qui l'annonce au public au son du tambour. Ces principes de probité sont si généralement reçus, qu'ils dirigent jusqu'aux opérations du gouvernement. De trente à quarante lacks de roupies qu'il reçoit annuellement, sans que la culture ni l'industrie en souffrent, ce qui n'est pas consommé par les dépenses indispensables de l'état, est employé à son amélioration. Le Raja peut se livrer à des soins si tendres, parce qu'il ne donne aux Mogols que le tribut qu'il juge à propos, & lorsqu'il le juge à propos.

Quoique le reste du Bengale soit bien éloigné d'un pareil bonheur, toute cette province ne laisse pas d'être la plus riche, la plus peuplée de l'empire. Indépendamment de ses consommations qui sont nécessairement considérables, il se fait des exportations immenses. Les plus importantes sont celles du Salpêtre, de l'opium, du sucre, du ris, du bled, du sel, des soies & sur-tout des toiles de coton. Une partie de ces marchandises va dans l'intérieur des terres. Il passe dans le Thibet des toiles auxquelles on joint du fer & des draps apportés d'Europe. Les habitans de ces montagnes viennent les chercher eux-mêmes à Patna & les payent avec de la rhubarbe & du musc.

La rhubarbe n'est pas, comme on le croit communément, une plante rampante, elle croît par touffes de distance en distance. On ne la cultive pas : sa graine tombe naturellement à terre & produit un nouveau plan. Ceux qui la cueillent, coupent sa racine par morceaux pour la faire sécher plus promptement, les enfilent dans une ficele & les suspendent en quelque endroit, plus ordinairement aux cornes de leurs moutons. Ils ne voyent pas que cette méthode détruit une des meilleures parties de la racine, parce que ce qui est au tour du trou se pourrit nécessairement.

Le musc est une production particuliere au Thibet. Il se forme dans un petit sac de la grosseur d'un œuf de poule, qui croît en forme de vessie sous le ventre d'une espece de chevreuil, entre le nombril & les parties naturelles. Ce n'est dans son origine qu'un sang putride qui se coagule dans le sac de l'animal. La plus grosse vessie ne produit qu'une demie once de musc. Son odeur est naturellement si forte, que dans l'usage ordinaire il faut nécessairement la tempérer en y mêlant des parfums plus doux. Les chasseurs avoient imaginé pour grossir leur bénéfice, d'ôter des vessies une partie du bon musc, & de remplir ce vuide avec du foye & du sang coagulé de l'animal, hachés ensemble. Le gouvernement pour arrêter ces mélanges frauduleux qui ruinoient le commerce, ordonna que toutes les vessies avant que d'être cousues, seroient visitées par des inspecteurs qui les fermeroient eux-mêmes & les scelleroient du seau royal. Cette précaution a empêché les supercheries qui alteroient la qualité du musc, mais non celles qui en augmentoient le poids. On ouvre subtilement les vessies pour y faire couler quelques particules de plomb.

Le commerce du thibet n'est rien en comparaison de celui que le Bengale fait avec Agra, Delhy, les provinces voisines de ces superbes capitales. On leur porte du sel, du sucre, de l'opium, de la soie, des soieries, une infinité de toiles, des mousselines en particulier. Ces objets réunis montoient autrefois à dix-sept ou dix-huit millions de roupies par an. Une somme si considérable ne passoit pas sur les bords du Gange, mais elle y faisoit rester une somme à peu près égale qui en seroit sortie pour payer le tribut imposé par le mogol, pour corrompre les grands qui l'entouroient, ou pour la rente des terres qu'il leur y avoit données. Depuis que les lieutenans de ce prince se sont rendus comme indépendans, depuis qu'ils ne lui envoyoient de ses revenus que ce qu'ils jugent à propos, le luxe de la cour est fort diminué, & la branche d'exportation dont on vient de parler n'est plus si forte.

Le commerce maritime du Bengale exercé par les naturels du pays, n'a pas éprouvé la même diminution; mais aussi n'avoit-il pas autant d'étendue. On peut le diviser en deux branches dont le Cateck fait la meilleure partie.

Le Cateck est un district assez étendu un peu au-dessous de l'embouchure la plus occidentale du Gange. Balaflor situé sur une riviere navigable, lui sert de port. Les mêmes Marattes qui en 1740 avoient ravagé la côte de Coromandel, s'emparerent quatre ans après de cette petite province & s'y fixerent. Ils n'y ont pas encouragé l'industrie, mais ils n'ont pas ruiné, comme on le craignoit, celle qu'ils y ont trouvée établie. Depuis cette invasion, le Cateck continue sa navigation aux Maldives, que l'intempérie du climat a forcé les Anglois & les François d'abandonner. Il y porte de grosses toiles, du ris, quelques soieries, du poivre qu'il tire d'ailleurs, &

y reçoit en échange de cauris qui servent de monnoie dans le Bengale, & qui sont vendus aux Européens.

Les habitans du Cateck & quelques autres peuples du bas Gange, ont des liaisons plus considérables avec le pays d'Azem. Ce royaume qu'on croit avoir fait autrefois partie du Bengale, & qui n'en est séparé que par une riviere qui se jette dans le Gange, devroit être plus connu, s'il étoit vrai, comme on l'assure, que l'invention de la poudre à canon lui est due, qu'elle a passé d'Asem au Pegu, & du Pegu en Chine. Ses mines d'or, d'argent, de fer, de plomb auroient ajouté à sa célébrité, si elles eussent été bien exploitées. Au milieu de ces richesses dont il faisoit peu d'usage, le sel dont il avoit la passion lui manquoit entierement. Il étoit réduit pour s'en procurer, à ramasser l'écume verte qui se forme sur les eaux dormantes, à la sécher, à la brûler, à en faire bouillir les cendres, à les lessiver pour en tirer un sel. La même opération étoit répétée sur les feuilles de figuier, on ne consommoit pas d'autre sel jusqu'à l'époque dont nous allons parler.

Au commencement du siecle, quelques brames de Bengale allerent porter leurs superstitions à Azem où on avoit le bonheur de ne suivre que la religion naturelle. Ils persuaderent à ce peuple qu'il seroit plus agréable à Brama s'il substituoit le sel pur & sain de la mer à ce qui lui en tenoit lieu. Le souverain consentit à le recevoir, à condition que le commerce exclusif en seroit dans ses mains, qu'il ne pourroit être porté que par des Bengalois, & que les batteaux qui le conduiroient s'arrêteroient à la frontiere du royaume. C'est ainsi que se sont introduites toutes ces religions factices par l'intérêt & pour l'intérêt des prêtres qui les prêchoient & des rois qui les recevoient. Depuis cet arrangement il va tous les ans du Gange à Azem une quarantaine de bâtimens de cinq à six cens tonneaux chacun, dont les cargaisons de sel peuvent bien valoir deux millions de roupies, sur lesquelles on gagne deux cent pour cent. On reçoit en payement un peu d'or & un peu d'argent, de l'ivoire, du musc, du bois d'aigle, de la gomme lacque & sur-tout de la soie.

Cette soie unique en son espece, n'exige aucun soin. Elle vient sur des arbres ou les vers naissent, se nourrissent, font toutes leurs métamorphoses. L'habitant n'a que la peine de la ramasser. Les cocons oubliés fournissent une nouvelle semence. Pendant qu'elle se developpe, l'arbre pousse de nouvelles feuilles qui servent successivement à la nourriture des nouveaux vers. Ces révolutions se répétent douze fois dans l'année, mais moins utilement dans les tems de pluie que dans les tems secs. Les étoffes fabriquées avec cette soie ont beaucoup de lustre & peu de durée.

A la réserve de ces deux branches de navigation, que des raisons particulieres ont conservées aux naturels du pays, tous les autres bâtimens expediés du Gange pour les différentes échelles de l'Inde appartiennent aux Européens & sont construits au Pegu.

Le Pegu est un pays situé sur le golphe de Bengale entre les royaumes d'Arrakau & de Siam. Les révolutions si fréquentes dans tous les empires despotiques de l'Asie, s'y sont répétées plus souvent qu'ailleurs. On l'a vu alternativement le centre d'une grande puissance & la province de plusieurs états qui ne l'égaloient pas en étendue. Il est aujourd'hui dans la dépendance d'Ava. Sa religion, ses loix, ses mœurs ne différent que peu de celle de Siam, mais ses femmes sont plus immodestes : non-seulement elles sont nues jusqu'à la ceinture, mais le vêtement qu'elles ont au-tour des reins & qui leur descend jusqu'aux génoux, est d'une étoffe si claire, qu'elle ne dérobe rien à la vue. Si l'on en croit les Peguans, cet usage a été introduit par une reine qui connoissant le penchant que ses sujets avoient pour la pedérastie, chercha à y remédier en ordonnant à un sexe de s'habiller de maniere à pouvoir toujours irriter les desirs de l'autre ; mais ôter la pudeur aux femmes n'étoit pas un moyen de leur ramener les hommes.

Le seul port de Pegu ouvert aux étrangers s'appelle Syriam. Les Portugais durant leur postérité en furent assez long-tems les maîtres. Il jettoit alors un grand éclat. Aujourd'hui on ne le voit guere fréquenté que par les Européens établis au Coromandel & dans le Bengale. Ces derniers ne peuvent y vendre que quelques toiles grossieres. On ne les y verroit point aller sans le besoin de construire ou de radouber des vaisseaux. Hors le fer & les cordages, ils y trouvent tous les matériaux propres à cet objet, d'une excellente qualité & à un prix honnête. Depuis qu'on s'est dégoûté de la construction trop chere de Surate, Syriam est devenu le chantier général des bâtimens qui naviguent d'Inde en Inde.

Ils en exportent du bois de Teek, de la cire, une huile excellente pour la conservation des vaisseaux, de l'ivoire & du calin. Tout ce que l'univers possede de parfait en topazes, en sapphirs, en amethistes & en rubis, vient de Pegu.

On les trouve rarement à Syriam, & pour en avoir, il faut pénétrer jusqu'à la cour qui se tient à Ava. Les Armeniens y ont pris depuis quelque tems un tel ascendant, qu'ils rendent le commerce difficile aux Européens, même aux Anglois, les seuls qui ayent formé un établissement au Pegu.

Toutes les affaires passent par les mains de cinq ou six courtiers. On peut leur rendre la marchandise après l'avoir gardée trois jours, si on trouve qu'on a été trompé; ils repondent du payement. S'il n'est pas fait à l'échéance, on les amene chez soi & on les y retient prisonniers. Si cette premiere séverité ne réussit pas, on se saisit de leurs femmes, de leurs enfans, de leurs esclaves & on les attache à sa porte exposés aux ardeurs du soleil; ainsi le vendeur court rarement du risque. Lorsqu'il est prudent, il stipule qu'il sera payé en monnoie de cuivre, parce qu'il pourroit être très-aisement trompé à l'alloi plus ou moins bas de l'or & de l'argent qui sont marchandises comme les rubis.

Une branche plus considérable de commerce que les Européens de Bengale font avec le reste de l'Inde, c'est celui de l'opium. L'opium est le produit d'une plante appellée pavot, dont la racine est à peu près de la grosseur du doigt, & remplie comme le reste de la plante d'un lait amer. Sa tige qui est ordinairement lisse & quelquefois un peu velue à deux coudées. Sur cette tige naissent des feuilles semblables à celles de la laitue, oblongues, découpées, crêpues, de couleur de verd de mer. Les fleurs sont en rose. Lorsque le pavot est dans la force de sa séve, on fait à sa tête une legere incision dont il découle quelques larmes d'une liqueur laiteuse qu'on laisse figer & qu'on recueille enfuite. On répéte juſqu'à trois fois l'opération, mais le produit va toujours en diminuant pour la quantité & pour la qualité. Après que l'opium a été recueilli, on l'humecte & on le paîtrit avec de l'eau ou du miel juſqu'à ce qu'il ait acquis la confiſtance, la viſcoſité & l'éclat de la poix bien préparée. On le réduit en petits pains. On eſtime celui qui eſt un peu mou, qui obéit ſous le doigt, qui eſt inflammable, d'une couleur brune & noirâtre, d'une odeur forte & puante. Celui qui eſt ſec, friable, brûlé, mêlé de terre & de ſable, doit être rejetté. Selon ces différentes préparations qu'on lui donne & les doſes qu'on en prend, il aſſoupit, il procure des idées agréables ou il rend furieux.

Patna ſitué ſur le haut Gange, eſt le lieu de l'univers où le pavot eſt le plus cultivé. Ses campagnes en ſont couvertes. Indépendamment de l'opium qui va dans les terres, il en ſort tous les ans par mer trois ou quatre mille coffres, chacun du poids de trois cens livres. Le coffre ſe vend ſur les lieux depuis deux cens juſqu'à trois cens roupies. Cet opium n'eſt pas raffiné comme celui de Syrie & de Perſe dont nous nous ſervons en Europe. Ce n'eſt qu'une pâte ſans préparation qui fait dix fois moins d'effet que l'opium raffiné.

Dans tout l'eſt de l'Inde, on a une paſſion extrême pour l'opium. Les empereurs chinois l'ont reprimée dans leurs états en condamnant au feu tout vaiſſeau qui porteroit cette eſpece de poiſon, toute maiſon qui en recevroit. A la côte de Malais, à Borneo, dans les Moluques, à Java, à Maſſacar & à Sumatra la conſommation en eſt immenſe. Ces peuples le fument avec le tabac.

Ceux qui veulent faire quelque action desespérée, s'enivrent de cette fumée. Ils se jettent ensuite indifféremment sur tout ce qu'ils rencontrent ; ils iroient sur un ennemi au-travers d'une pique. Les Hollandois possesseurs de presque tous les lieux où l'opium fait le plus de ravage, ont été plus touchés du bénéfice qu'ils retirent de sa vente, que de pitié pour ses malheureuses victimes. Plutôt que d'en interdire l'usage, ils ont autorisé les particuliers à massacrer tous ceux qui étant ivres d'opium, courroient les rues avec des armes.

La compagnie de Hollande faisoit autrefois le commerce de l'opium dans ses possessions. Elle en débitoit peu, parce qu'il y avoit quatre cens pour cent à gagner à l'introduire en fraude. En 1743, elle abandonna cette branche de son commerce à une société particuliere, à qui elle livre une certaine quantité d'opium à un prix convenu. Cette société composée des principaux membres du gouvernement de Batavia, fait des gains immenses parce que personne n'ose s'exposer à leurs poursuites, en contrariant leurs intérêts par la contrebande. La côte des Malais & une partie de l'isle de Sumatra sont pourvues d'opium par des négocians libres, Anglois & François, qui gagnent plus sur cette marchandise que sur les toiles communes qu'ils portent à ces différens marchés.

Ils envoyent à la côte de Coromandel du ris & du sucre dont ils sont payés en argent, à moins qu'un heureux hazard ne leur y fasse trouver quelque marchandise étrangere à bon compte. Ils expédient un ou deux vaisseaux avec du ris, des toiles & de la soie : le ris est vendu à Ceylan, les toiles au Malabar & la soie à Surate

philosophique & politique. 349

dont on rapporte du coton que les manufactures grossieres de Bengale employent utilement. Deux ou trois bâtimens chargés de ris, de gomme lacque & de toileries, prennent la route de Bassora d'où ils reviennent avec des fruits secs, de l'eau rose & sur-tout de l'or. L'Arabie ne paye qu'avec de l'argent & de l'or les riches marchandises qu'on lui porte. Le commerce du Gange avec les autres échelles de l'Inde, fait rentrer douze millions de roupies par an dans le Bengale.

Quoique ce commerce passe par les mains des Européens & se fasse sous leur pavillon, il n'est pas tout entier pour leur compte. A la vérité les Mogols communément bornés aux places du gouvernement, prennent rarement intérêt dans ces armemens; mais les Armeniens qui depuis les révolutions de Perse se sont fixés sur les bords du Gange où ils ne faisoient autrefois que des voyages, y placent volontiers leurs capitaux. Les fonds des Indiens y sont encore plus considérables. L'impossibilité où sont les naturels du pays de jouir de leurs richesses, sous un gouvernement oppresseur, ne les empêche pas de travailler continuellement à les augmenter. Comme ils courroient trop de risque à le faire à découvert, ils sont réduits à chercher des voies détournées. Dès qu'il arrive un Européen, les Gentils qui se connoissent mieux en hommes qu'on ne pense, l'étudient, & s'ils lui trouvent de l'économie, de l'activité, de l'intelligence, ils s'offrent à lui pour courtiers & pour caissiers; ils lui prêtent ou lui font trouver de l'argent à la grosse ou à intérêt. Cet intérêt qui est ordinairement de neuf pour cent au moins, devient plus fort lorsqu'on est réduit à emprunter des cheks.

Ces cheks sont une famille d'Indiens, puissante de tems immémorial sur le Gange. Elle n'a jamais fait de commerce maritime, mais elle a eu toujours des agens dans toutes les places commerçantes de l'Asie, & des magasins dans toutes les parties du Bengale. Ses richesses ont mis long-tems dans ses mains la banque de la Cour, la ferme générale du pays & la direction des monnoies qu'elle frappe tous les ans d'un nouveau coin pour renouveller tous les ans les bénéfices de cette opération. Tant de moyens réunis l'ont mise en état de prêter à la fois au gouvernement dix, vingt & jusqu'à quarante millions de roupies. Lorsqu'on n'a pas pu les lui rendre, on lui a permis de se dédommager en opprimant les peuples. Une fortune si prodigieuse & si soutenue dans le centre de la tyrannie, au milieu des révolutions, paroît incroyable. Il n'est pas possible de comprendre comment cet édifice a pu s'élever, comment sur-tout il a pu durer. Pour débrouiller ce mistere, il faut savoir que cette famille a toujours eu une influence décidée à la cour de Delhy; que les Nababs & Rajas de Bengale se sont mis dans sa dépendance ; que ce qui entoure le Souba lui a été constamment vendu ; que le Souba lui-même s'est soutenu, a été précipité par les intrigues de cette famille. On peut ajouter que ses membres, ses trésors étant dispersés, il n'a jamais été possible de lui faire qu'un demi mal qui lui auroit laissé plus de ressources qu'il n'en falloit pour pousser sa vengeance aux derniers excès. Les Européens qui fréquentoient le Gange n'ont pas été assez frappés de ce despotisme qui devoit les empêcher de se mettre dans les fers de Checks. Ils y sont tombés en empruntant de ces avides financiers des sommes considérables à neuf pour cent en apparence, mais en effet à treize par la différence des monnoies qu'on leur prêtoit & de celles qu'ils étoient obligés de donner en payement. Les engagemens des compagnies de France & de Hollande ont eu des bornes. Ceux de la compagnie d'Angleterre n'en ont point connu. En 1755 elle devoit aux Checks environ douze millions de roupies.

Telle est la conduite de ces corps considérables qui sont les seuls agens du commerce de l'Europe avec le Bengale. Les Portuguais qui fréquenterent les premiers cette riche contrée, formerent sagement leur établissement à Chatignan, port situé sur la frontiere d'Arrakan, non loin de la branche la plus orientale du Gange. Les Hollandois qui sans se commettre avec ces ennemis alors redoutables, vouloient partager leur fortune, chercherent le port qui sans nuire à leur projet, les exposoit le moins aux hostilités. En 1603, ils jetterent les yeux sur Balassor, & toutes les compagnies, plutôt par imitation que par des combinaisons bien raisonnées, suivirent depuis cet exemple. L'expérience leur apprit qu'il leur convenoit de se rapprocher des différens marchés d'où elles tiroient leurs marchandises, & elles remonterent le bras du Gange qui après s'être séparé du corps du fleuve à Morchia au-dessus de Cassimbazar, se perd dans l'océan au voisinage de Balassor, on le nomme la riviere d'Hougly. Le gouvernement du pays leur accorda la liberté de placer des loges dans tous les lieux abondans en manufactures, & celle de se fortifier sur la riviere d'Hougly.

En la remontant, on trouve d'abord Colicota qui est le principal établissement de la compagnie Angloise. L'air y est mal-sain, l'eau saumatre, l'ancrage peu sûr, & les environs n'offrent que peu de manufactures. Ces inconvéniens n'ont pas empêché qu'un grand nombre de riches négocians Armeniens, Maures & Indiens attirés par la liberté & la fûreté, n'y fixaſſent leur féjour. Le peuple s'eſt multiplié dans les proportions fur un terrein de trois ou quatre lieues de circonférence que la compagnie poſſéde en toute fouveraineté. Cette fortereſſe a cet avantage que les bâtimens qui veulent arriver aux colonies Européennes, font forcés de paſſer fous fon canon.

Six lieues au-deſſus, on trouve Frederic Nagor, fondé en 1756 par les Danois, pour remplacer une colonie ancienne où ils n'avoient pu fe foutenir. Cet établiſſement n'a encore acquis aucune conſiſtance, & tout porte à croire qu'il ne fera jamais grand choſe.

Chandernagor fitué deux lieues & demie plus haut, appartient aux François. Il a l'inconvénient d'être un peu dominé du côté de l'oueſt, mais fon port eſt excellent, & l'air y eſt auſſi pur qu'il puiſſe l'être fur les bords du Gange. Toutes les fois qu'on veut élever des édifices qui doivent avoir de la folidité, il faut comme dans tout le reſte du Bengale, bâtir fur des pilotis, parce qu'il eſt impoſſible de creuſer la terre fans trouver l'eau à trois ou quatre pieds. Son territoire qui n'a guere qu'une lieue de circonférence, eſt rempli de manufactures depuis que l'invaſion des Marattes a réduit les naturels du pays à venir y chercher un afile. On y fabrique une grande quantité de mouchoirs & de mouſſelines rayées, qui, il faut l'avouer, ont un peu dégénéré depuis leur tranſplantation. Cependant cette activité n'a pas rendu Chandernagor le rival de Colicota, que fes immenfes richeſſes mettent en état de former les plus vastes entreprises de commerce.

A un mille de Chandernagor, on voit Chinchura plus connu sous le nom d'Hougly, parce qu'il est situé près des fauxbourgs de cette ville, autrefois célébre. Les Hollandois n'y ont de propriété que celle de leur fort. Les habitations qui l'entourent dépendent du gouvernement du pays qui souvent s'y fait sentir par les extorsions. Un autre inconvénient de cet établissement, c'est qu'un banc de sable empêche que les vaisseaux ne puissent y arriver, ils s'arrêtent vingt mille au-dessous de Colicola à Falta, ce qui multiplie les frais d'administration.

Les Portuguais avoient établi autrefois leur commerce à Bandel, à quatre-vingt lieues de l'embouchure du Gange, & à un quart de lieue au-dessus d'Hougly. On y voit encore leur pavillon avec un petit nombre de misérables qui ont oublié leur patrie après en avoir été oubliés. Les affaires de ce comptoir se réduisent à fournir des courtisans aux Mogols & aux Hollandois.

Si l'on en excepte le mois d'octobre, de novembre & de décembre, où des ouragans fréquens, presque continuels, rendent le golphe de Bengale impratiquable, les vaisseaux Européens peuvent entrer le reste de l'année dans le Gange. Ceux qui veulent remonter à ce fleuve, reconnoissent auparavant la pointe de Palmeros. Ils y sont reçus par des Pilotes de leur nation, fixés à Balassor. L'argent qu'ils portent est mis dans des chaloupes nommées Bots, du port de soixante à cent tonneaux, qui vont toujours devant les vaisseaux. Ils arrivent par un canal étroit entre deux bancs de sable dans la riviere d'Hougly. Ils s'arrêtoient autrefois à Coulpy. Depuis ils ont osé braver les courans, les bancs mouvans & élevés qui semblent fermer la navigation du fleuve, & ils se sont rendus à leur destination respective. Cette audace a été suivie de plusieurs naufrages dont le nombre à diminué à mesure qu'on a acquis de l'expérience & que l'esprit d'observation s'est étendu. Il faut espérer que l'exemple de l'amiral Watzon qui avec un vaisseau de soixante-dix canons, est remonté jusqu'à Chardenagor ne sera pas perdu. Si l'on en sait profiter, on épargnera beaucoup de tems, de soins & de dépenses.

Outre cette grande navigation, il y en a une autre pour faire arriver les marchandises des lieux mêmes qui les produisent au chef lieu de chaque compagnie. De petite flottes composées de quatre-vingt, cent bateaux ou même d'avantage, servent à cet usage. On y place des soldats noirs ou blancs, nécessaires pour réprimer l'avidité, la tirannie des Nababs, des Rajas qu'on trouve sur la route. Ce qu'on tire du haut Gange, de Patna, de Cassimbazar, descend par la riviere d'Hougly. Les marchandises qui viennent des autres branches du fleuve, toutes navigables dans l'intérieur des terres & qui communiquent entr'elles, sur-tout vers le bas du fleuve, entrent dans la riviere d'Hougly par Rangafoula & Batatola, à quinze ou vingt lieues de la mer. Elles remontent de-là au principal établissement de chaque nation.

Il sort du Bengale pour l'Europe du musc, de la lacque, du borax, du bois rouge, du poivre, des cauris, quelques autres articles peu considérables qui y ont été portés d'ailleurs. Ceux qui lui sont propres, sont le salpêtre, la soie & les soieries, les mousselines & cent especes de toiles différentes.

Le salpêtre vient de Patna. Il est tiré d'une argile tantôt noire, tantôt blanchâtre & quelquefois rousse. On la rafine en creusant une grande fosse dans laquelle on met cette terre nitreuse qu'on détrempe de beaucoup d'eau & qu'on remue jusqu'à ce qu'elle soit devenue une bouillie liquide. L'eau en ayant tiré tous les sels, & la matiere la plus épaisse s'étant précipitée au fond, on prend les parties les plus fluides qu'on verse dans une autre fosse plus petite que la premiere. Cette matiere s'étant de nouveau purifiée, on enleve le plus clair qui surnage & qui forme une eau toute nitreuse. On la fait bouillir dans des chaudieres, on l'écume à mesure qu'elle cuit, & l'on en tire au bout de quelques heures un sel de nitre infiniment supérieur à celui qu'on trouve ailleurs.

Les Hollandois s'étoient rendus maîtres de cette production qu'ils vendirent aux autres Européens au prix qu'ils vouloient. On les menaça en 1734 d'enchérir sur eux, & par accommodement ils consentirent à en abandonner un tiers aux Anglois & un tiers aux François sans bénéfice. Les naturels du pays ont enlevé depuis cette ferme aux Hollandois, & on a soupçonné que c'étoit pour le compte, du moins à l'insinuation des Anglois qui ont été constamment favorisés par cette compagnie. Cela devoit arriver indépendamment de toute considération étrangere, puisque c'est la nation qui achete le plus de salpêtre. On n'envoye pas des vaisseaux dans le Gange pour les y charger de cette marchandise grossiere, elle ne peut que servir de lest; il est donc nécessaire que la nation qui expédie le plus de bâtimens pour le Bengale, ait une part plus considérable à cette exportation. Ce que les compagnies réunies en tirent pour les besoins de leurs colonies d'Asie & pour l'Europe, peut monter à dix millions pesant. La livre s'achete sur les lieux trois sols au plus, & nous est revendue dix sols au moins.

Cassimbazar qui s'est enrichi de la ruine de Maldo & de Rajamahol, est le marché général de la soie de Bengale, & c'est son territoire qui en fournit la plus grande partie. Les vers y sont élevés & nourris comme ailleurs, mais la chaleur du climat les y fait éclore & prospérer tous les mois de l'année. On y fabrique une grande quantité d'étoffes de soie & de coton qui se répandent dans une partie de l'Asie. Celles de soie pure prennent la plupart la route de Delhy. Elles sont prohibées en France, & le nord de l'Europe n'en consomme guere que quelques armoisins & une quantité prodigieuse de mouchoirs de cou. A l'égard de la soie en nature, on peut évaluer à trois ou quatre cens milliers ce que l'Europe en employe dans ses manufactures. En général elle est très-commune, mal filée & ne prend nul éclat dans la teinture. On ne peut guere l'employer que pour la trame dans les étoffes brochées. Elle se vend sur les lieux depuis cent vingt jusqu'à cent trente roupies le quintal. Les compagnies qui ont assez de fonds, d'activité & d'intelligence pour faire virer les soies dans leur loge, les ont à meilleur marché.

Il seroit long & inutile de faire l'énumération de tous les endroits où se fabriquent les coutis, les toiles de coton propres à faire du linge de table, à être employées en blanc, à être teintes ou imprimées. Il suffira de parler de Daca qu'il faut regarder comme le marché général du Bengale, celui qui réunit le plus d'especes de toiles,

les plus belles toiles, une plus grande quantité de toiles.

Daca est situé par les vingt-quatre dégrés de latitude nord. Sa fertilité & les avantages de sa navigation en ont fait depuis fort long-tems le centre d'un grand commerce. Elle n'en est pas moins restée une des villes de l'univers les plus désagréables. Une multitude prodigieuse de chaumieres, construites au hazard dans un tas de boue, au milieu desquelles quelques maisons de brique bâties à la moresque, s'élevent d'espace en espace à peu près comme les baliveaux dans nos bois taillifs; c'est la peinture naturelle de cette ville si industrieuse.

Les cours de Delhy & de Mausconabat en tirent chaque année les toiles nécessaires à leur consommation. Chacune des deux cours y entretient pour cela un agent chargé de les faire fabriquer. Il a une autorité indépendante du gouvernement du lieu, sur les courtiers, tisserands, brodeurs, sur tous les ouvriers dont l'industrie a quelque rapport à l'objet de sa commission. On défend à ces misérables, sous des peines pécuniaires & corporelles, de vendre à qui que ce puisse être, aucune piece dont la valeur excede trente roupies. Ce n'est qu'à force d'argent qu'ils peuvent se rédimer de cette vexation.

Dans ce marché comme dans tous les autres, les compagnies Européennes traitent avec des courtiers Maures établis dans le lieu même, & autorisés par le gouvernement. Elles prêtent aussi leur nom aux particuliers de leur nation, ainsi qu'aux Indiens & aux Armeniens fixés dans leurs établissemens qui sans cette précaution seroient sûrement pillés. Les Mogols eux-mêmes couvrent souvent sous un pareil voile leur industrie, pour ne payer que deux au lieu de cinq pour cent.

On distingue dans les contrats les toiles qu'on fait fabriquer & celles que le tisserand ose dans quelques endroits entreprendre pour son compte. La longueur, le nombre des fils & le prix des premieres sont fixés. On ne stipule que la commission pour les autres, parce qu'il est impossible de faire autrement. Les nations qui se font un point capital d'avoir de belles marchandises, s'arrangent pour être en état de faire des avances aux entrepreneurs dès le commencement de l'année. Les tisserands peu occupés en général dans ce tems-là, travaillent avec moins de précipitation que dans les mois d'octobre, de novembre & de décembre, tems où les demandes sont forcées.

On reçoit une partie des toiles en écru & une partie à demi-blanc. Il seroit à desirer qu'on pût changer cet usage. Rien n'est plus ordinaire que de voir des toiles d'une très-belle apparence dégénérer au blanchissage. Peut-être les fabriquans & les courtiers prévoyent-ils ce qui arrivera, mais les Européens n'ont pas le tact assez fin ni le coup d'œil assez exercé pour s'y connoître. Une chose particuliere à l'Inde, c'est que les toiles de quelque nature qu'elles soient, ne peuvent jamais être bien blanchies & bien apprêtées que dans le lieu même de leur fabrique. Si malheureusement elles sont avariées avant d'être embarquées pour l'Europe, il faut les renvoyer aux endroits d'où on les a tirées.

Entre les toiles qu'on achete à Daca les plus importantes sans comparaison, sont les mousselines unies, rayées & brodées. De toutes les contrées de l'Inde, on n'en fait que dans le Bengale où se trouve le seul coton qui y soit propre. Il est planté à la fin d'octobre & recueilli dans le mois de février. On le prépare tout de suite pour le mettre en œuvre dans les mois de mai, juin & juillet. C'est la saison des pluies. Comme le coton prête plus & casse moins, elle est la plus favorable pour fabriquer des mousselines. Ceux qui en font le reste de l'année, entretiennent cette humidité nécessaire au coton en mettant de l'eau immédiatement au-dessous de leur chaîne. Voilà dans quel sens il faut entendre qu'on travaille les mousselines dans l'eau.

A quelque dégré de finesse qu'ayent été portées ces toiles, on peut assurer qu'elles sont dans un état d'imperfection très-sensible. L'usage où est le gouvernement de forcer les meilleurs manufacturiers à travailler pour lui, de les mal payer & de les tenir dans une espece de captivité, fait qu'on craint de paroître trop habile. Par-tout la contrainte & la rigueur étouffent l'industrie, fille & compagne de l'aisance & de la liberté.

Les cours de Delhy, de Mauxoudabat sont moins difficiles sur les broderies qu'on ajoute aux mousselines. A leur imitation, les gens du pays, les Mogols, les Patanes, les Arméniens qui en font faire considérablement, les prennent telles qu'elles sont. Cette indifférence retient l'art de broder dans un assez grand état d'imperfection. Les Européens traitent pour les broderies comme pour les mousselines & les autres marchandises avec des courtiers autorisés par le gouvernement, auquel ils payent une contribution annuelle pour avoir ce privilége exclusif. Ces entrepreneurs distribuent aux femmes les pieces destinées pour les broderies plates, & aux hommes celles en chaînette. On se contente souvent des deſſins de l'Inde ; d'autre fois nous leur envoyons des deſſins pour les rayures, les brochures & les broderies.

Huit millions de roupies payoient, il n'y a que peu d'années, tous les achats faits dans le Bengale par les nations Européennes. Leur fer, leur plomb, leur cuivre, leurs étoffes de laine, les épiceries des Hollandois couroient à peu près le tiers de ces valeurs. On ſoldoit le reſte avec de l'argent. Depuis que les Anglois ſe ſont rendus maîtres de cette riche contrée, elle a vu augmenter ſes exportations & diminuer ſa recette, parce que les conquérans ont enlevé une plus grande quantité de marchandiſes & qu'ils ont trouvé dans les revenus du pays de quoi les payer. On peut préſumer que cette révolution dans le commerce de Bengale n'eſt pas à ſon terme & qu'elle aura tôt ou tard des ſuites & des effets plus conſidérables.

Pour entretenir ſes liaiſons avec cette vaſte région & ſes autres établiſſemens d'Aſie, la compagnie Angloiſe a formé un lieu de relâche à ſainte Helene. Cette iſle qui n'a que vingt-huit à vingt-neuf mille de circuit, eſt ſituée à quinze dégrés cinquante minutes de latitude auſtrale entre l'Afrique & l'Amérique, & à une diſtance à peu près égale de ces deux parties du monde. Rien ne prouve que les Portugais qui la découvrirent en 1502, y ayent jamais établi de colonie ; mais il eſt certain qu'ils y jetterent ſuivant leur méthode des porcs, des chevres & des volailles pour l'uſage de ceux de leurs vaiſſeaux qui y relâcheroient. Ces commodités inviterent dans la ſuite les Hollandois à y former un petit établiſſement : ils en furent chaſſés par les Anglois qui s'y ſont fixés depuis 1673.

philosophique & politique. 359

Quoique sainte Helene ne paroisse qu'un grand rocher battu de tous côtés par les vagues, elle n'en est pas moins un lieu délicieux, son climat est plus tempéré qu'il ne devroit l'être. La terre qui n'a qu'un pied & demi de profondeur, y est couverte de citronniers, de palmiers, de grenadiers, d'autres arbres chargés de fleurs & de fruits en même-tems. Des eaux excellentes mieux distribuées par la nature que l'art n'auroit pu la faire, y vivifient tout. Les hommes nés dans ce fortuné séjour, y jouissent d'une santé parfaite. Les passagers y guérissent de leurs maux, sur-tout du scorbut. Quatre cent familles d'Anglois, de François réfugiés, y cultivent des légumes, y élevent des bestiaux d'un goût exquis, qui sont d'une grande ressource pour les navigateurs. Cet établissement que la nature & l'art réunis ont rendu presque inattaquable, a cependant un très-grand vice. Les vaisseaux qui reviennent des Indes en Europe, y abordent avec une sûreté entiere & une grande facilité ; mais ceux qui vont d'Europe aux Indes, opiniâtrement repoussés par les vents & les courants contraires, n'y trouvent point d'asiles. Plusieurs, pour éviter les inconvéniens d'un si long voyage fait sans s'arrêter, relâchent au cap de bonne espérance : les autres particuliérement ceux qui sont destinés pour l'Arabie & pour le Malabar, vont prendre des rafraîchissemens aux isles de Comore.

Ces isles situées dans le canal de Mozambique, entre la côte de Zanguebar & Madagascar, sont au nombre de cinq. La principale qui a donné son nom à ce petit archipel, est peu connue. Les Portugais qui, dans leurs premieres expéditions la découvrirent, y firent tellement détester par leurs cruautés le nom des Européens, que

Z 4

tous ceux qui ont ofé s'y montrer depuis, ont été ou maſſacrés ou fort mal reçus, ce qui l'a fait perdre entierement de vue. Celles de Mayota, de Mohilla & d'Angazeja ne font pas plus fréquentées, parce que les approches en font difficiles & que le mouillage n'y eſt pas fûr. Les Anglois ne relâchent qu'à l'iſle de Johanna.

C'eſt-là que la nature dans une étendue de trente lieues de contour, étale toute ſa richeſſe avec toute ſa ſimplicité. Des coteaux toujours verds, des vallées toujours riantes y forment partout des payſages variés & délicieux. Trente mille habitans diſtribués en ſoixante-treize villages, en partagent les productions. Leur langue eſt l'arabe, leur religion un mahométiſme fort corrompu. On leur trouve des principes de morale plus épurés qu'ils ne le font communément dans cette partie du globe. L'habitude qu'ils ont contractée de vivre de lait & de végétaux, leur a donné une averſion inſurmontable pour le travail. De cette pareſſe, eſt né un certain air de grandeur qui conſiſte pour les gens diſtingués à laiſſer croître exceſſivement leurs ongles. Pour ſe faire une beauté de cette négligence, ils les teignent d'un rouge tirant ſur le jaune que leur fournit un arbriſſeau.

Ce peuple né pour l'indolence, a perdu la liberté qu'il étoit ſans doute venu chercher d'un continent voiſin dont il doit être originaire. Un négociant Arabe, il n'y a pas un ſiecle, ayant tué au Mozambique un gentilhomme Portugais, ſe jetta dans un bateau que le haſard conduiſit à Johanna. Cet étranger ſe ſervit ſi bien de la ſupériorité de ſes lumieres, du ſecours de quelques-uns de ſes compatriotes, qu'il s'empara d'une autorité abſolue que ſon petit-fils exerce encore aujourdhui. Cette révolution dans le gouvernement ne diminua rien de la liberté, de la sûreté que trouvoient les Anglois qui abordoient dans l'ifle. Ils continuoient à mettre paifiblement leurs malades à terre, où la falubrité de l'air, l'excellence des fruits, des vivres & de l'eau, les rétablifloient bientôt. Seulement on fut réduit à payer plus cher les provifions dont on avoit befoin, & voici pourquoi.

Les Arabes ont pris la route d'une ifle où régnoit un Arabe. Ils y ont porté le goût des manufactures des Indes ; & comme des cauris, des noix de coco & les autres denrées qu'ils y prenoient en échange ne fuffifoient pas pour payer ce luxe, les infulaires ont été réduits à exiger de l'argent pour leurs bœufs, leurs chevres, leurs volailles, qu'ils livroient auparavant pour des grains de verre & d'autres bagatelles d'un auffi vil prix. Cette nouveauté n'a pas cependant dégoûté les Anglois d'un lieu de relâche qui n'a d'autre défaut que d'être trop éloigné de nos parages.

Cet inconvénient n'a pas empêché la compagnie Angloife de donner une grande extenfion à fon commerce. Celui qu'on peut faire d'un port de l'Inde à l'autre, ne l'occupa pas long-tems. Elle fut de bonne heure affez éclairée pour fentir que cette navigation ne lui convenoit pas. Elle invita les négocians particuliers de fa nation à l'entreprendre. Elle leur en facilitoit les moyens en prenant part à leurs expéditions & en leur cedant des intérêts dans fes propres armemens ; fouvent même elle fe chargea de leurs marchandifes pour un fret modique. Cette conduite généreufe infpirée par un efprit national & en tout fi oppofée à celle des autres compagnies, donna promptement de l'activité, de la force, de la considération aux colonies Angloises. Leurs marchands libres eurent bientôt une douzaine de brigantins qui naviguoient dans l'intérieur du Gange, ou qui en sortoient pour se rendre à Achem, à Keda, à Johor & à Ligor. Ils expédioient de Colicota, de Madraz, de Bombay un pareil nombre de vaisseaux plus considérables qui fréquentoient toutes les échelles de l'orient. Ces bâtimens se seroient multipliés encore, si la compagnie n'avoit exigé dans tous les lieux où elle avoit des établissemens, un droit de cinq pour cent, & huit & demi pour cent de toutes les remises que les marchands libres avoient à faire dans la métropole. Lorsque ses besoins ne la forcerent pas à se relâcher dans ce bizarre arrangement, ces armateurs donnerent leur argent à la grosse, quelquefois aux autres négocians Européens qui en manquoient, & le plus souvent aux officiers des vaisseaux de leur nation qui n'étant pas proprement attachés à la compagnie, peuvent trafiquer pour eux en naviguant pour elle.

Ce grand corps eut dans les premiers tems l'ambition d'avoir une marine. Elle n'existoit plus lorsqu'il reprit son commerce au tems du protectorat. Le prix du tems le détermina à se servir de bâtimens particuliers, & ce qu'il fit alors par nécessité, il l'a continué depuis par économie. Des négocians lui frettent des vaisseaux tous équipés, tout avituaillés pour porter dans l'Inde & pour en rapporter le nombre des tonneaux dont on est convenu. Le tems qu'ils doivent s'arrêter dans le lieu de leur destination, est toujours fixé, même celui qu'on leur accorde pour la prolongation de leur séjour. Ceux à qui on ne peut pas donner de cargaison, font communément occupés par quelque marchand libre qui se charge volontiers du dédommagement dû à l'armateur. Ils doivent être expédiés les premiers l'année suivante, afin que leurs agrès ne s'usent pas trop. Dans un cas de nécessité, la compagnie leur en fourniroit de ses magasins, mais elle se les feroit payer au prix stipulé de cinquante pour cent de bénéfice.

Les bâtimens employés à cette navigation sont depuis six cens jusqu'à huit cens tonneaux. La compagnie n'y prend à leur départ que la place dont elle a besoin pour son fer, son plomb, son cuivre, ses étoffes de laine, des vins de Madere, les seules marchandises qu'elle envoye dans l'Inde. Les propriétaires peuvent remplir ce qui reste d'espace dans le vaisseau des vivres nécessaires pour une si longue navigation, & de tous les objets dont la compagnie ne fait pas commerce. Au retour, ils ont aussi le droit de disposer à leur fantaisie de l'espace de trente tonneaux, que par leur contrat ils n'ont pas cédé; ils sont même autorisés à y placer les mêmes choses que reçoit la compagnie, qui par un tarif reglé préleve sur chacune un droit proportionné au bénéfice qu'elle auroit fait elle-même sur ces articles. Cette liberté prévient les fraudes que l'armateur a d'ailleurs intérêt à empêcher pour n'avoir pas la douleur de voir rejetter son vaisseau. Il est secondé par le capitaine qui étant ordinairement son associé, veille avec une attention extrême au bon ordre, à l'économie & à la conservation des matelots qu'on ne pourroit remplacer que par des lascars. Cet inconvénient que les autres n'évitent qu'en retenant à grands frais des matelots oisifs dans l'Inde, a donné naissance en Angleterre à un usage bien respectable. Le chirurgien de chaque navire reçoit outre ses appointemens, une livre sterling de gratification pour chaque homme de l'équipage qu'il ramene en Europe.

La compagnie débarassée des soins qu'exige nécessairement une marine, ainsi que de la circulation particuliere à l'Inde, n'eût à s'occuper que du commerce direct de l'Europe avec l'Asie. Elle le commença avec trois cens soixante-neuf mille huit cens quatre-vingt-onze livres sterling, cinq schelings. Des évenemens heureux l'ayant mise en état en 1676 de faire une répartition de cent pour cent, elle jugea qu'il convenoit mieux à ses intérêts de doubler son fonds. Ce capital augmenta encore, lorsque les deux compagnies qui s'étoient fait une guerre si destructive réunirent en 1702 leurs richesses, leurs projets & leurs espérances. Il a été porté depuis à trois millions deux cens mille livres divisés par actions originairement de cinquante, & dans la suite de cent livres, dont il n'en a été fourni que quatre-vingt-sept & demie. Le corps toujours en droit d'exiger de ses membres le reste du payement, ne l'a jamais fait, dans la vue sans doute de donner une idée avantageuse de sa situation.

Les affaires furent poussées avec beaucoup d'activité & de succès dans les premiers tems, malgré la médiocrité des fonds. Dès l'an 1628 la compagnie occupoit douze mille tonneaux d'embarquement & quatre mille matelots. Ses expéditions varierent d'une maniere qu'on a peine à croire. Elles furent plus ou moins vives, suivant l'ignorance & la capacité de ceux qui les dirigeoient, suivant la paix ou la guerre, la prospérité ou les disgraces de la métropole, la passion *philosophique & politique.*

ou l'indifférence de l'Europe pour les manufactures des Indes, le plus ou le moins de concurrence des autres nations. Depuis le commencement du siecle les révolutions sont moins fréquentes, moins marquées. Ce commerce a pris de la consistance & les ventes se sont élevées à trois millions de livres.

Leur accroissement auroit été plus considérable encore sans les entraves dont on les surcharge. Le détail en seroit long & minutieux, on se bornera à dire que tout vaisseau qui revient des Indes est obligé de faire son retour dans un port d'Angleterre, & que ceux qui portent des marchandises prohibées sont forcés de les conduire au port de Londres. Les toiles ou les étoffes dont l'usage est interdit dans le royaume, payent sept & demi pour cent quand elles en sortent, & celles dont la consommation est libre, en payent quinze pour y rester. Les droits sur le thé ont été toujours infiniment plus forts. Ils ont constamment monté à vingt-trois livres dix-huit sols sept deniers & demi pour cent du prix de sa vente. Si le gouvernement s'est flaté d'arrêter par cette imposition énorme la fureur qu'on avoit pour cette boisson, les espérances ont été trompées.

Il a été porté de Chine en 1766 six millions pesant de thé par les Anglois, quatre millions cinq cens mille livres par les Hollandois, deux millions quatre cent mille livres par les Suedois, autant par les Danois & deux millions cent mille livres par les François. Ces quantités réunies forment un total de dix-sept millions quatre cens mille livres. La préférence que la plupart des peuples donnent au chocolat, au caffé, à d'autres boissons ; des observations suivies avec soin pendant plusieurs années, des calculs les plus exacts qu'il soit possible de faire dans des matieres si compliquées : tout nous décide à penser que la consommation de l'Europe entiere ne s'éleve pas au-dessus de cinq millions quatre cens mille livres ; en ce cas, celle de la Grande-Bretagne doit être de douze millions. Les faits viennent à l'appui du raisonnement.

Il est universellement reçu qu'il y a au moins deux millions d'hommes dans la métropole & un million dans les colonies, qui font un usage habituel du thé. On ne s'éloignera pas de la vraisemblance en supposant que chacun en prend quatre livres par an. S'ils en consomment un peu moins, le vuide est rempli par les citoyens moins livrés à cette boisson, & que pour cette raison nous n'avons pas comptés. La livre du thé qui ne coûte que trente sols tournois dans l'Orient, se vend régulierement six livres dix sols dans les ventes Angloises, en y comprenant les droits. C'est donc environ soixante-douze millions, ou trois millions deux cens mille livres sterlings que coûte à la nation la manie de cette feuille Asiatique.

Ce seroit ignorance ou mauvaise foi que d'opposer à cette supputation l'autorité des douanes. Il est vrai que leur produit, qui d'après le calcul de cette consommation devroit être d'environ huit cens mille livres sterlings, n'est guere que de la moitié ; mais la contrebande qui se fait en Angleterre de cette marchandise, est généralement connue. Le gouvernement lui-même en est si convaincu, que pour la diminuer il vient de baisser les droits d'un scheling par livre. Vraisemblablement il auroit été plus généreux, s'il n'étoit malheureusement reduit à regarder ses douanes plutôt comme une ressource de finance que comme le thermometre de son commerce. Ce sacrifice insuffisant en lui-même pour empêcher les thés répandus dans les différens ports de l'Europe de s'introduire en fraude dans la Grande-Bretagne a été soutenue par l'acquisition qu'a fait la nation de l'isle du Man.

Cette isle petite, stérile, située sous un climat froid & toujours couverte de brouillards épais, ne fournit de son fonds aucun objet de commerce ; aussi sa population & ses richesses avoient-elles une autre base que ses productions. Sa position lui donnoit la facilité de verser sans payer les droits une quantité prodigieuse de marchandises sur les côtes occidentales de l'Angleterre & de l'Ecosse, & dans toute la circonférence de l'Irlande.

Ses négocians tiroient des vins, des eaux de-vie, des étoffes de soie d'Espagne & de France ; ils tiroient du tabac, du sucre, des baptistes, des linons, d'autres toiles de Hambourg, de Hollande & de Flandre ; ils tiroient du rum, du caffé, d'autres denrées des colonies nationales & étrangeres. Comme leurs magasins étoient toujours remplis de toutes sortes de marchandises prohibées, ou sujettes à des droits très-forts, ils saisissoient toutes les occasions favorables de les introduire dans les royaumes Britanniques. Ces occasions ne tardoient jamais à se présenter, parce qu'un orage, une nuit obscure étoient le tems qu'il leur falloit. Quelque fut le vent, il les poussoit toujours vers un marché assuré & rempli de leurs associés ou de leurs chalans.

Ce n'étoit pas tout, le grain qui y étoit porté d'Angleterre avec la gratification accordée pour l'exportation, étoit converti en boisson. Comme elle étoit exempte des droits énormes de l'accifé, les brasseurs de l'isle pouvoient la fournir aux côtes voisines & aux navigateurs qui les fréquentoient, à beaucoup meilleur marché que les brasseurs Anglois; aussi tous les navires des côtes du nord-ouest qui alloient en Amérique ou en Afrique relâchoient-ils à l'isle de Man pour y prendre leur provision de Biere. Toutes ces pratiques réunies diminuoient les revenus publics de l'Angleterre de deux cens mille livres sterlings, & ceux d'Irlande de la moitié.

Il paroissoit impossible de reprimer ces abus sans attaquer les droits anciens & authentiques de la maison d'Atholen, possession de la jurisdiction & des douanes de l'isle. On se feroit aisément permis cette violence dans les états où la propriété n'est pas aussi respectée qu'en Angleterre. Le ministere Britannique a préféré d'acheter des franchises qui lui étoient si onéreuses, & il est parvenu à les éteindre en 1764 pour la somme de soixante-dix mille livres sterlings & pour une pension sur l'Irlande dont les revenus ont été légitimement changés d'une partie de la dépense qu'à coûté cette transaction, puisqu'elle en partagera le bénéfice.

Il étoit à craindre que le commerce de contrebande chassé de l'isle de Man ne se refugiât aux isles de Faro qui appartiennent au Danemarc. On a pris les mesures les plus sages, les plus séveres pour que cela n'arrivât pas. D'autres précautions ont été ajoutées. L'état qui avant la derniere guerre n'entretenoit pendant la paix que dix mille matelots, en occupe maintenant seize mille. Leur activité, leur hardiesse, vertus essentielles de cette profession, sont employées à des croisieres vives contre les contrebandiers.

Quoique

Quoique toutes les parties de l'administration se soient ressenties de ces arrangemens, la compagnie des Indes y a plus particuliérement gagné. Comme ses marchandises étoient chargées de plus forts droits que toutes les autres, l'importation clandestine en étoit plus considérable, & elle se faisoit sur-tout par l'isle du Man, admirablement située pour recevoir tout ce qui venoit du Nord. Déja l'influence de ces précautions s'est fait sentir aux ventes des compagnies étrangeres où les thés, objet chéri de ce commerce interlope, ont baissés de prix. La compagnie Angloise ne manquera pas à l'avenir d'en faire des provisions proportionnées aux demandes, & de s'approprier le bénéfice que ses rivaux venoient lui enlever jusque dans son propre empire. Si quelque chose peut tempérer l'éclat de cette nouvelle prospérité, c'est la découverte faite depuis peu à l'Abrador d'une espece de thé qui commence à être connu sous le nom d'hiperion. Déja le nord de l'Amérique le substitue au thé d'Asie, & il n'est pas impossible que la métropole suive l'exemple de ses colonies. Cette nouvelle fantaisie ne sauroit prendre de la consistance sans occasionner un vuide immense dans le commerce de la compagnie.

Mais les thés & les autres marchandises qui arrivoient des Indes, avec quoi les payoit-on ? Avec de l'argent. Le gouvernement qui ne l'ignoroit pas, a fixé à trois cens mille livres ce qu'on en pourroit exporter. Cette disposition bizarre & indigne d'un peuple commerçant, n'a pas eu & ne pouvoit pas avoir d'exécution. Les sommes enregistrées sont toujours montées beaucoup plus haut, & cette indulgence n'a pas empêché qu'on n'ait encore derobé à la connoissance des officiers de la douane, des sommes très-considérables qui sortoient clandestinement. La fraude a augmenté à mesure que le commerce s'est étendu, & on a long-tems évalué l'argent qui sortoit du royaume au tiers du produit des ventes.

Cette extraction auroit été plus considérable, si la compagnie se fût tenue à la loi qui lui étoit imposée par sa chartre d'exporter en marchandises nationales la valeur du dixieme de ce qu'elle prenoit en monnoye sur ses vaisseaux. Constamment elle a chargé en étain, en plomb, en drap d'Angleterre, pour des sommes beaucoup plus fortes, sans compter les bénéfices qu'elle faisoit dans l'Inde sur les fers de Suede & de Biscaye, sur d'autres objets qu'elle tiroit de plusieurs contrées de l'Europe.

Ses partisans dans la vue de lui ramener la bienveillance publique qui lui a été assez communément refusée, ont avancé souvent que ce corps faisoit rentrer dans l'état autant d'argent qu'il en avoit fait sortir. Cette prétention fut si vivement combattue au commencement du siecle, que le gouvernement jugea la question digne de son attention. Il trouva que depuis la fin de décembre 1712 jusqu'à la fin de décembre 1717, il étoit sorti pour l'Inde, suivant les registres, deux millions trois cens trente-six mille cent trente-cinq livres. Tout lui indiquoit que l'argent parti clandestinement montoit au moins à la moitié, de sorte qu'on ne crut pas s'égarer en formant des deux sommes réunies un total de trois millions cinq cens quatre mille deux cens deux livres dix schelings. Les réexportations faites par la compagnie dans le même espace de tems, montoient à trois millions trois cens trente-cinq mille neuf cens vingt-huit livres dix schelings. Ainsi en supposant la justesse de ces calculs, la consommation que l'Angleterre auroit faite de productions de l'Asie pendant cinq ans, ne lui auroit coûté que cent soixante-huit mille deux cens soixante-quatorze livres. On a lieu de conjecturer qu'elle lui coûta beaucoup davantage & que plusieurs des marchandises vendues en apparence pour l'étranger ne sortirent pas du royaume. Sa faveur qu'ont pris les toiles d'Ecosse & d'Irlande imprimées en Angleterre & l'augmentation des manufactures de soie, en laissant moins de débouchés pour la contrebande, doivent rendre le commerce de l'Orient plus avantageux à la nation. Avant 1720, il se consommoit par an dans la Grande-Bretagne, trois millions sept cens cinquante mille verges de toiles des Indes. Cette consommation en est bien tombée.

Il n'étoit pas possible que les rapports du commerce de l'Inde avec l'état en général éprouvassent des révolutions, sans qu'il n'arrivât des variations dans les intérêts particuliers des actionnaires. Leurs bénéfices ont été énormes dans certains périodes & très-bornés dans d'autres. Les répartitions ont suivi le cours de ces changemens. Le dividende qui depuis un tems infini n'étoit que de sept pour cent, fut porté à huit en 1743. Il tomba depuis à six & a été haussé jusqu'à dix dans le mois d'octobre 1766. Dans l'ivresse où l'on étoit, on l'auroit poussé beaucoup plus loin si on n'eût été arrêté par le parlement qui perdant de vue le précieux dépôt dont il étoit chargé, fit un acte d'autorité dont les conséquences peuvent être dangéreuses. Cet attentat contre le droit imprescriptible de propriété, lui sera éternellement reproché, même par les gens sages qui pensoient aussi-bien que lui que le tems n'étoit pas encore venu de porter si haut les répartitions; ils appuyoient leur fentiment fur la fituation actuelle de la compagnie.

Elle doit fix millions quatre mille cent quarante-cinq livres, fuivant l'état remis par la direction même le 17 mai 1767. Ces engagemens font publiés, il n'étoit pas poffible de les diffimuler, & les circonftances pouvoient faire penfer qu'il étoit dangéreux de fe montrer aux yeux de la nation dans une fituation un peu équivoque. Cet intérêt qu'avoit la compagnie de paroître riche, a fait foupçonner qu'elle cachoit quelques dettes privées de l'Europe & fur tout des Indes. Une défiance qui n'eft fondée que fur des poffibilités, ne peut pas balancer une déclaration publique & légale. Il faut donc voir quelles font les reffources de la compagnie pour faire face à des engagemens fi confidérables.

La partie de fon bien la mieux éclaircie, eft que ce gouvernement lui doit. Elle lui a prêté deux millions en 1698, un million deux cens mille livres en 1708, un million en 1744. Ces fecours n'ont jamais eu d'autre but que d'obtenir la prorogation ou le renouvellement d'un privilége exclufif. L'intérêt que l'état lui payoit a toujours été égal à celui qu'il payoit à fes autres créanciers, & il n'a été réduit à trois pour cent qu'en 1757 avec le refte de la dette nationale. Ce que la compagnie poffède en Angleterre en autres effets, en autres créances, fe réduit à cent foixante-dix-neuf mille neuf cens quatre-vingt-neuf livres, de forte que la fortune de la compagnnie en Europe ne s'éleve pas au-deffus de quatre millions trois cens foixante-dix-neuf mille neuf cens quatre-vingt-neuf livres fterlings.

Ses fonds circulans dans le commerce ne paroissoient pas si aisés à déterminer. Les spéculateurs qui avoient la meilleure opinion de sa situation ne lui accordoient pas au-delà de quatre millions cinq cens mille livres qui leur paroissoient plus que suffisans pour trois expéditions entieres. Ils se trompoient. La compagnie vient de declarer elle-même qu'elle a dans l'Inde sur l'occean ou dans ses magasins, cinq millions deux cens quatre-vingt-quatre mille neuf cens soixante-six livres qui, joint à ce qu'elle possede en Europe, forment un capital de neuf millions six cens soixante-quatre mille neuf cens cinquante-cinq livres.

Ce n'est pas tout. La masse de ses richesses est grossie par d'autres objets la plupart considérables. Un Nabab lui doit six cens cinquante mille livres. Elle en a prêté soixante-quatre mille à ceux qui lui fretent des vaisseaux. Son fond mort en Asie monte à quatre cens mille livres; ses magasins d'Angleterre en valent quarante mille, & ses fortifications de l'Inde ne peuvent pas être estimées moins de six cens soixante-quatre mille trois cens trente-cinq. Ses possessions anciennes évaluées par leur revenu qui est de quatre cens trente-neuf mille livres, doivent être estimées deux millions cent quatre-vingt-quinze mille livres. Le produit net de vingt-cinq vaisseaux attendus dans l'année 1767, sera d'un million huit cens dix-sept mille sept cens soixante-huit livres. Toutes ces sommes réunies forment un fonds de cinq millions huit cens trente & un mille cent quatre livres, qui joint aux neuf millions six cens soixante-quatre mille neuf cens cinquante-cinq livres, dont quinze millions quatre cens quatre-vingt-seize mille cinquante quatre livres.

Les esprits chagrins ont trouvé plus que de l'exagération dans les derniers calculs. A les entendre, toutes les créances sur les princes de l'Inde sont des chimeres dont dans tous les tems on a bercé l'Europe. Les bâtimens militaires si vantés ont peu de valeur en eux-mêmes, & n'en auront aucune à l'expiration de la chartre, quels qu'ayent été les frais de leur construction. Il n'est point de territoire qui ne coûte plus à défendre qu'on n'en tire. Les bénéfices des ventes sont destinés à payer le dividende & ne grossissent pas le capital des actionnaires. Enfin dans cette énormité de prétentions, le petit nombre de celles qui ont quelque fondement doit suffire à peine pour payer les dettes que la précipitation a fait oublier ou que l'éloignement a empêché d'éclaircir. Les hommes difficiles vont jusqu'à réduire la compagnie aux neuf millions six cens soixante-quatre mille neuf cens cinquante-cinq livres qui lui sont dûs par le gouvernement, ou qu'elle fait travailler dans son commerce. Il ne lui reste dans leur système sa dette de six millions quatre mille cent quarante-cinq livres une fois payée, que ses propres fonds qui ne sont que de deux millions huit cens mille livres, quoiqu'ils paroissent être de trois millions deux cens mille livres, & huit cens soixante mille huit cens dix livres qui se trouvent au-dessus de cette somme.

S'il en étoit ainsi, comment seroit-il possible qu'un capital de trois millions six cens soixante mille huit cens dix livres eût acquis dans l'opinion publique une valeur de près de neuf millions qui est le terme où la porté le prix de l'action. Cette objection n'est pas invincible, on connoît l'enthousiasme Anglois. Cent & cent fois il a été mis en mouvement par des objets qui n'auroient pas fait la moindre senfation fur les peuples les plus légers & les plus frivoles. Un événement important a violemment enveloppé dans fon tourbillon la nation entiere. Elle s'eft livrée avec l'emportement qui lui eft propre aux vaftes efpérances que lui offroit la conquête du Bengale.

L'Angleterre jetta en 1757 les fondemens de fa domination dans cette contrée auffi opulente qu'étendue, lorfqu'elle fe fit céder les provinces de Burdivan, de Miduapour & de Chatigam; mais ce ne fut qu'après avoir chaffé les François de l'Inde entiere qu'elle éleva ce grand édifice. Ses efforts furent prodigieux. Les victoires qui les couronnoient paroiffoient devoir être décifives & ne finiffoient rien. Les vaincus trouvoient des reffources & c'étoit toujours à recommencer. Il n'auroit tenu qu'aux conquérans de mettre fin à tant de calamités en réduifant leur ambition à de juftes bornes; mais ils vouloient tout ou rien, & leur réfolution étoit prife de ne s'arrêter que lorfqu'ils auroient trouvé un perfonnage affez vil pour être fatisfait de porter le vain nom de Souba fous leur protection ou leur dépendance. Un vieux Mogol détrôné qui cherchoit à fe ménager la faveur des Anglois pour la faire fervir à fon rétabliffement, leur propofa de prendre la Soubabie pour eux-mêmes. L'étendart impérial dont ils honoreroient ce titre d'autorité effaceroit, leur dit-il, le fouvenir de leurs violences, donneroit à leur ufurpation un air de juftice, & leur épargneroit toutes les dépenfes qu'il en coûte pour maintenir un droit de conquête difputé ou méconnu. Sans doute que le fage Clive craignit l'impreffion que cette nouveauté pourroit faire sur l'imagination des peuples, il détermina sa nation à se contenter en 1766 d'un pouvoir absolu sous le titre modeste de fermier d'un prince de quatorze ou quinze ans.

Depuis cette époque, la compagnie paye annuellement à l'empereur précipité du trône, vingt-six lacks de roupies, & les deux tiers de cette somme au phantôme de Souba qu'on tient comme prisonnier à Moxoudabat. Elle est de plus chargée de toutes les dépenses nécessairement fort considérables qu'exigent l'administration & la défense du pays. A ces conditions, tous les revenus publics du Bengale sont versés dans sa caisse, & elle en a la disposition entiere.

On a beaucoup varié sur le produit net de cette riche & vaste conquête. L'ignorance a entassé les contradictions, la politique a multiplié les mysteres, l'intérêt particulier a tout embrouillé. Il y auroit plus que de la présomption à se flater de dissiper des ténébres que tant de gens éclairés n'ont pu pénétrer. Cependant qu'il nous soit permis de hasarder nos conjectures & d'indiquer la base sur laquelle nous les appuyons.

La vente annuelle de la compagnie peut être estimée trois millions sterlings. La différence de l'achat à la vente, doit être de moitié. Par conséquent les marchandises ont été payées avec un million & demi de livres.

On est autorisé à penser que depuis quelques années les Anglois portent dans l'Inde autant de draps ou d'autres productions d'Europe que d'argent. Il n'a donc dû sortir de leur pays que sept cens cinquante mille livres.

Non seulement cette exportation de métaux a cessé entierement, mais encore il a été reglé, après que les dettes d'Asie ont été liquidées & que les comptoirs ont été pourvus de fonds suffisans d'avances qu'on feroit venir dans la métropole cinq cens mille livres en nature. C'est donc approcher de la vérité que d'estimer le revenu net du Bengale à douze cens cinquante mille livres.

Nos conjectures ne s'éloignent pas beaucoup du calcul de monsieur Dow qui vient d'écrire qu'au mois d'avril 1766 les revenus du Bengale s'élevoient à trente-trois millions vingt-cinq mille neuf cens soixante-huit roupies, que les dépenses montoient à vingt-deux millions quatre cens cinquante mille roupies, & qu'il ne restoit à la compagnie que dix millions cinq cens soixante-quinze mille neuf cens soixante-huit roupies, ou un million trois cens vingt-un mille neuf cens quatre-vingt-quatorze livres quinze sols sterlings.

Qu'on déduise de cette somme les quatre cens mille livres que la compagnie s'est obligée de donner au gouvernement pour la protection qu'elle en a reçue, pour les faveurs qu'elle en attend, & on aura une idée assez juste de ce que lui vaut actuellement le Bengale.

Les arrangemens imaginés pour donner de la solidité à une situation si favorable, sont peut-être les plus raisonnables qu'il fût possible de faire. L'Angleterre a aujourd'hui dans l'Inde le fond de huit mille deux cens soldats Européens & de cinquante mille Cipayes formés à notre discipline, & qui sous la conduite de nos généraux ne nous cédent que peu en valeur. Trois mille de ces Européens, vingt-cinq mille de ces Cipayes sont dispersés sur les bords du Gange.

Le corps le plus considérable a été placé à Benarez, lieu célébre, autrefois le berceau des sciences Indiennes, aujourd'hui la plus fameuse académie de ces riches contrées, où l'avarice Européenne ne respecte rien. On a choisi cette position parce qu'elle a paru favorable pour arrêter les peuples belliqueux qui pourroient descendre des montagnes du Nord, & qu'en cas d'attaque, il seroit moins ruineux de soutenir la guerre sur un territoire étranger, que sur celui dont on perçoit les revenus. Au midi on a occupé autant qu'il étoit possible tous les défilés par où un ennemi actif & entreprenant pourroit chercher à pénétrer dans la province. Daca qui en est le centre, voit sous ses murs une force considérable toujours prête à voler par-tout où sa présence deviendroit nécessaire. Tous les Nababs, tous les Rajas qui dépendent de la Soubabie de Bengale, sont désarmés & sans défense, entourés d'espions pour découvrir les conspirations, & de troupes pour les dissiper.

Le cas d'une révolution malheureuse qui réduiroit le conquérant à lever ses quartiers, à abandonner ses postes, a été prévu. On a construit près de Calicuta le fort Williams qui au besoin serviroit d'asile à l'armée forcée de se replier, & qui lui donneroit le tems d'attendre les secours nécessaires pour recouvrer la supériorité. Quoiqu'il n'y ait que le corps de la place de fini, & que ses ouvrages extérieurs ne soient pas encore commencés, elle peut braver tous les efforts de l'Asie, ceux même que les puissances de l'Europe pourroient faire dans un si grand éloignement. Les travaux déja faits ont absorbé huit millions de roupies, & il seroit difficile de calculer ce que ceux qui restent à faire pourroient coûter. Le grand inconvénient, c'est que malgré tant de dépenses, cette citadelle ne protége pas Calicuta devenu la plus importante ville de l'Inde, depuis qu'il s'y est formé une population de six cens mille ames, que de richesses prodigieuses se sont concentrées dans son sein, que les circonstances l'ont rendu le théâtre d'un commerce immense. Il faut que la salubrité de l'air & l'avantage d'une position heureuse l'ayent emporté sur toutes les autres considérations.

Malgré la sagesse des précautions que les Anglois ont prises, ils ne sont pas, ils ne sauroient être sans inquiétude. La puissance Mogole peut s'affermir & chercher à délivrer d'un joug étranger la plus riche de ses provinces. Ayderalikan qui a appris de nous la guerre, qui a trente bataillons bien disciplinés, vingt mille bons chevaux, une artillerie servie par cinq cens Européens, de l'activité, de l'audace, une politique très-étendue poursuivra vraisemblablement sur le Gange un ennemi avec lequel il est brouillé irréconciliablement. On doit craindre que des nations barbares ne soient attirées de nouveau dans ce doux climat. Les princes divisés mettront peut-être fin à leurs discordes & se réuniront pour leur liberté mutuelle. Il n'est pas impossible que les soldats Indiens qui font actuellement la force du conquérant, tournent contre lui un jour les armes dont il leur a enseigné l'usage. Sa grandeur uniquement fondée sur l'illusion peut même s'écrouler, sans qu'il soit chassé de sa possession. Personne n'ignore que les Marattes se sont fait des droits sur le quart des revenus du pays, & qu'ils se disposent à justifier par la force un droit que les Anglois refusent de reconnoître. Si on ne réussit pas à détourner par la corruption ou par l'intrigue cet orage, le Bengale sera pillé, ravagé, quelques mesures qu'on puisse prendre contre une cavalerie legere dont la célérité est au-dessus de tout ce qu'on peut dire. Les courses de ces brigands pourront se répéter, & il y aura alors nécessairement moins de tributs & plus de dépense.

Supposons cependant qu'aucun des malheurs que nous osons prévoir n'arrivera, est-il vraisemblable que les revenus du Bengale puissent rester toujours les mêmes? Il doit être permis d'en douter. La compagnie Angloise ne porte plus d'argent dans le pays, elle en tire même pour tous ses comptoirs de l'Inde & pour l'Angleterre. Ses agens font des fortunes romanesques & les négocians libres d'assez grandes fortunes dont ils vont jouir dans la métropole. Les autres nations Européennes trouvent dans les trésors de la puissance dominante des facilités qui les dispensent d'introduire de nouveaux métaux. Toutes ces combinaisons ne doivent-elles pas former dans le numéraire de ces contrées un vuide qui tôt ou tard se fera sentir dans le recouvrement des deniers publics?

Il n'en est pas ainsi aux yeux des Anglois, leur plan est de lier si bien les mains au Souba, aux Nababs, aux Rajas de sa jurisdiction, qu'ils ne puissent plus opprimer les peuples qui dépendent d'eux. Calicuta sera un tribunal toujours ouvert aux plaintes de tous les malheureux que la tirannie osera poursuivre. La propriété sera si respectée, que l'or enseveli depuis plusieurs siecles sortira des entrailles de la terre pour remplir sa destination. On encouragera tellement l'agriculture, les manufactures, que les objets d'exportation deviendront tous les jours plus considérables. La compagnie se flate que loin d'être réduite à diminuer les tributs qu'elle a trouvé établis, elle pourra concilier leur augmentation avec l'aisance universelle. Si les principes qu'elle a suivis jusqu'ici lui servent de regle, ses espérances pourroient bien n'être pas chimériques.

La plupart des nations Européennes qui ont acquis quelque territoire dans l'Inde, choisissent pour leurs fermiers des naturels du pays dont elles exigent des avances si considérables, que pour les payer ils sont obligés d'emprunter jusqu'à douze, quinze même pour cent d'intérêt par mois. L'état violent où ces hommes avides se sont mis volontairement, les reduit à la nécessité d'exiger des habitans auxquels ils sous-louent quelques portions de terre un prix si exhorbitant, que ces malheureux abandonnent leurs aldées & les abandonnent pour toujours. Le traitant devenu insolvable par cette fuite, est renvoyé ruiné, & on lui donne un successeur qui a communément la même destinée ; de sorte qu'il arrive le plus souvent qu'il n'y a de payé que les premieres avances ou fort peu de chose au-delà.

On a suivi une marche différente dans les possessions Angloises. L'observation qu'on y a faite que les aldées étoient formées par plusieurs familles qui la plupart tenoient les unes aux autres, on a banni l'usage des fermiers. Chaque champ est taxé à une redevance annuelle, & le chef de la famille est caution pour ses parens, pour ses alliés. Cette methode lie les colons les uns aux autres & leur donne la volonté, les moyens de se soutenir réciproquement. Telle est selon nous la cause qui a élevé les établissemens de cette nation au degré de prospérité dont ils étoient susceptibles, tandis que ceux de ses rivaux languissoient sans culture, sans manufactures & par conséquent sans population.

Si les Anglois devoient pratiquer, & pratiquer constamment dans le Bengale l'humanité, la justice, la saine politique dont ils ont montré des lueurs dans les territoires bornés qu'ils ont possédés jusqu'ici, nous applaudirions à leur succès, nous nous livrerions autant, peut-être plus qu'eux-mêmes, à l'espérance de voir renaître la prospérité sur un sol que la nature embellit & que le despotisme n'a cessé de ravager. Persuadés du droit qu'ont tous les hommes de travailler au bonheur de leurs semblables, nous fermerions les yeux sur l'irrégularité des usurpations qui n'ont dépouillés que des tirans. Il nous seroit doux de penser que les révolutions qui bouleversent ces riches contrées en seroient écartées pour jamais ; peut-être nous joindrions-nous aux politiques qui ne cessent de solliciter la Grande-Bretagne d'achever la conquête de l'Indostan. Malheureusement nous n'osons nous livrer à ces délicieuses espérances.

La compagnie d'Angleterre a eu jusqu'ici une conduite supérieure à celle des autres nations. Nous en sommes convenus. Ses agens, ses facteurs sont bien choisis. Les principaux sont des jeunes gens de famille formés dans ses bureaux à Londres avec un soin extrême. Ils apportent en Asie la science du commerce des mœurs & l'habitude du travail. Les marchands libres qui s'enrichissent sous sa protection & les particuliers qui la composent, ont souvent paru aussi attachés à ses intérêts qu'aux leurs. Elle-même a vu le plus souvent le commerce en grand, & l'a presque toujours fait comme une société de vrais politiques autant que comme une société de négocians. Ses colons, ses marchands & ses militaires ont jusqu'à présent conservé plus de mœurs, de discipline & de vigueur que ceux des autres nations; mais on peut prédire qu'ils finiront par se corrompre.

Dans l'éloignement de sa patrie, on n'est plus retenu par la crainte de rougir aux yeux de ses concitoyens. Dans un climat chaud où le corps perd de sa vigueur, l'ame doit perdre de sa force. Dans un pays où la nature & les usages conduisent à la molesse, on s'y laisse entraîner. Dans des contrées où l'on est venu pour s'enrichir, on oublie aisément d'être juste.

Dominateurs sans contradiction dans un empire où ils n'étoient que négocians, il est bien difficile que les Anglois n'abusent pas de leur pouvoir. Ils auront sous les yeux les despotes de l'Asie : ils se familiariseront avec des excès qui effarouchoient d'abord l'honnêteté Angloise. La corruption s'introduira donc dans leurs colonies, & elle commencera par les militaires, espece d'hommes qui chez toutes les nations a le moins de mœurs. Le commun des négocians ne tardera pas non plus à se corrompre, les agens de la compagnie si bien choisis seront quelque tems leurs censeurs & finiront par être leurs complices.

A cette époque qui n'est peu-être pas bien éloignée, les Indiens s'appercevront qu'ils ont perdu à changer de maîtres. N'étant plus soutenus par ce fanatisme qui rendoit leurs fers supportables, ils sentiront tout le poids du joug qu'on leur aura imposé. L'autorité étrangere dépouillé de ce prestige imposant qui semble annoblir la servitude, n'aura que ses forces physiques pour les contenir. Elles feront infuffifantes contre leur défefpoir, contre les fecours que des voifins inquiets, ambitieux leur offriront fans ceffe. Trois mille brigands plutôt perdus que difperfés dans un efpace de fept ou huit cens lieues, feront aifément maffacrés, & dans leur tombeau feront enfevelies ces agréables chimeres qui caufent aujourd'hui une ivreffe fi univerfelle. La compagnie Angloife fe trouvera fans poffeffions, fans revenu, fans mœurs & fans commerce, comme cela eft arrivé aux François, ainfi qu'on le verra dans le livre fuivant.

Fin du troifieme Livre.

ERRATA
DU PREMIER VOLUME.

Page 3, ligne 2, Cyriens, lisez Tyriens.
Page 7, ligne 1, Cimbrigue, lisez Cimbrique.
10, 25, préjugé, lisez préjugés.
10, 36, civile, lisez civil.
14, 33, les pays, lisez le pays.
18, 11, qu'inspiroient, lisez qu'inspirent.
18, 14, connoissances, lisez connoissance.
19, 11, jouerent, lisez jouoient.
20, 19, ainsi deux fois répété, effacez-en un.
21, 33, Algraves, lisez Algarves.
22, 11, observatoir, lisez observatoire.
22, 21, Zaere, lisez Zaïre.
25, 24, Samatra, lisez Sumatra.
29, 34, tandis que, placez un point auparavant.
32, 14, dépositaire, lisez dépositaires.
33, 2, abstractions, lisez abstraction.
33, 28, *les plus honnêtes*, mettez deux points avant ces mots.
34, 13, Poutichis, lisez Poulichis.
34, 30, au pélerinage, lisez en pélerinage.
36, 28, subsister, lisez substituer.
39, 26, fugivore, lisez frugivore.
39, 30, *cependant*, mettez un point avant ce mot.
41, 24, de bonne fois, lisez de bonne foi.
41, 25, appartenans, lisez appartenant.
43, 6, Mapoules, lisez Mapoulés.
43, 17, Calient, lisez Calicut.
43, 18, les tributaires, lisez leurs tributaires.
46, 34, épuisé, lisez puisé.
50, 20, n'en produisit, lisez ne produisit.
51, 8, Toprobane, lisez Taprobane.
51, 10, leur achat, lisez leurs achats.
52, 30, paroissoient, lisez paroissent.
54, 22, le porter, lisez la porter.
54, 33, devenu, lisez devenue.
56, 33, que le Cap, lisez par le Cap.
57, 21, responsables, lisez responsable.
59, 31, attitude, lisez l'attitude.
60, 6, bâtiment, lisez bâtimens.
62, 22, tombe, lisez tombé.
62, 32, l'esclavages, lisez l'esclavage.
65, 5, instruite, lisez instruites.
66, 25, corrompu, lisez corrompue.
67, 16, choses, lisez chose.
68, 28, empêcher, lisez s'empêcher.
70, 4, *Malais*, après ce mot placez un point.
70, 7, suffir, lisez suffire.
70, 12, s'exalent, lisez s'exhalant.
71, 1, brigand, lisez brigandage.
72, 35, *embarqués*, mettez un point avant ce mot.

ERRATA.

Page	ligne		
74	5, circontances,	lisez circonstances.	
74	26, lui fournissoient,	lisez leur fournissoient.	
75	11, pourpre,	lisez poulpe.	
78	15, avoient fait,	lisez avoit fait.	
81	30, d'égard,	lisez d'égards.	
82	32, des bons offices,	lisez de bons offices.	
84	3, Ce premier desert,	lisez Ce premier des arts.	
84	34, terasse,	lisez terrasses.	
85	3, dans la coline,	lisez de la coline.	
85	24, proportionnées,	lisez proportionnés.	
88	5, sorte,	lisez sort.	
89	22, les arts de l'une,	lisez les arts de luxe.	
92	33, subordonnées,	lisez subordonnés.	
97	21, de ces sentimens,	effacez ces.	
97	36, ont été,	lisez l'ont été.	
98	5, leurs pays,	lisez leur pays.	
108	4, Zanquebar,	lisez Zanguebar.	
112	33, Garcie de So,	lisez Garcie de Sa.	
114	33, Genulia,	lisez Genulio.	
120	33, sensible,	lisez sensibles.	
136	8, Sava,	lisez Java.	
139	16, les peuples,	placez un point après ces mots.	
139	27, trouva,	lisez trouvât.	
139	34, à leur cruautés,	lisez & leurs cruautés.	
141	36, & de la partie,	effacez &.	
142	13, maisons,	lisez mouçons.	
143	12, Lambroek,	lisez Hambroeck.	
144	18, que seroit,	lisez que ce seroit.	
146	11, n'étoient,	lisez n'étoit.	
146	14, dans la suite,	avant ces mots, placez un point.	
146	19, avant ces mots, depuis 1741, mettez un point.		
146	20, Nangagak,	lisez Nangazaki.	
149	7, Temate,	lisez Ternate.	
149	27, qu'ils y avoient,	lisez qu'ils y envoient.	
152	10, & la couleur,	lisez & à la couleur.	
157	17, seroit,	lisez serois.	
157	19, résolut,	lisez résolu.	
160	24, croissent,	lisez croisent.	
161	9, Pour s'approprier l'univers, ôtez le point qui est avant, & le mettez après.		
162	23, obtienne,	lisez obtiennent.	
163	27, à l'achat,	lisez & à l'achat.	
166	20, ce commerce,	lisez le commerce.	
169	20, Siancos,	lisez Sjancos.	
170	2, chaleur,	lisez blancheur.	
171	1, les Indiens,	ajoutez du continent.	
174	13, Pour les encourager, mettez avant un point, & supprimez-le après.		
175	1, pour consommation, lisez pour sa consommation.		
177	35, puissent,	lisez pussent.	
181	4, desiroient,	lisez desireroient.	
186	35, à Java,	lisez de Java.	
188	1, de Tjeribon,	lisez du pays de Tjeribon.	
193	35, d'Oneust,	lisez Dontust.	
198	2, Accapuleo,	lisez Accapulco.	
200	30, créature,	lisez créatures.	
203	21, born,	lisez horn.	
207	29, à leur en procurer,	lisez à lui en procurer.	
211	29, Toukim,	lisez Tonkin.	
213	2, aura,	lisez pourra.	

ERRATA.

Page 213, ligne 7, ruineules, lisez ruineuses.
213   10, ne vouloient, lisez n'y vouloient.
217   25, plus éclairé, lisez peu éclairé.
217   31, chargé, lisez chargée.
220   17, les mers, lisez ces mers.
220   22, de ces opérations, lisez de ses opérations.
220   34, le commerce, lisez ce commerce.
221   27, quel que soit, lisez quelle que soit.
223   35, commencés, lisez commencé.
224   33, une rapide fortune, lisez une fortune rapide.
227   18, *un petit fort*, placez un point avant ces mots.
227   27, refusent, lisez refusoient.
228   19, deffendu, lisez défendue.
230   13, une espace, lisez un espace.
230   15, n'y auroient, lisez n'auroient.
233   2, de la bienseance, lisez de bienséance.
233   3, de la fantaisie, lisez de fantaisie.
235   32, enhardie par tous, lisez enhardit par-tout.
238   11, quelqu'en soit, lisez quelle qu'en soit.
238   24, Pietes, lisez Pictes.
238   27, de brigands, lisez des brigands.
239   27, continue, lisez continua.
245   24, des négocians, lisez de négocians.
246   35, pou y, lisez pour y.
247   7, *tout cela manquoit*, avant ces mots placez un point.
252   23, le fit servir, lisez le fit choisir.
254   3, de fan, lisez de tan.
254   30, sa soie, lisez la soie.
254   33, & autres choses, lisez & mille autres choses.
255   21, vendus, lisez vendues.
256   21, de Kan-dahar, lisez du Kan-dahar.
257   23, ravagés, lisez ravagées.
258   12, de les rendre, lisez de les reprendre.
258   13, lors même qu'Ahy, lisez lors même qu'on y.
258   28, quelques espérances, lisez quelque espérance.
259   11, que la cour, lisez que de la cour.
261   26, son état, lisez son éclat.
263   4, arrive, lisez arrivent.
263   29, avoit d'enfouis, lisez avoit enfouis.
265   34, Kngpauhsen, lisez Knypauhsen.
269   11, à se pratiquer, lisez à pratiquer.
269   17, cette isle, avant ces mots placez un point.
270   13, lieux, lisez lieues.
271   8, forcées, lisez forées.
272   1, les régions, lisez ces régions.
273   20, saisi, lisez saisir.
274   19, paroissoient, lisez paroissent.
283   9, lieux, lisez lieues.
283   31, de la Haye, lisez de la Haya.
289   1, quantités, lisez quantité.
293   35, les droits, lisez le droit.
294   33, s'instruisoient, lisez s'instruisoit.
296   6, jusqu'alors négligé, lisez jusqu'alors trop négligé.
300   28, s'y disperse, lisez se disperse.
301   31, si on s'en rapportent, supprimez le point qui est avant.
302   33, *elles disent*, placez un point avant ces deux mots.
303   25, de droit, lisez de droits.
304   3, Sixpayes, lisez Cipayes.

ERRATA.

Page 304, ligne 30, Carcuma, lisez Curcuma.
307, 23, ne nuise, ajoutez pas.
307, 36, ces grosses toiles, lisez les grosses toiles.
313, 27, quelque jour, lisez quelque chose.
313, 34, commandement, lisez commandant.
314, 8, Rajopour, lisez Rajapour.
314, 20, ne troublassent, ajoutez pas.
317, 29, de Gou, lisez de Goa.
321, 6, Malois, lisez Malais.
323, 2, ces fruits, lisez les fruits.
325, 22, des ouvrages, lisez des ouragans.
326, 6, pourroit, lisez pouvoit.
329, 12, on ne peut, lisez on n'en peut.
330, 17, cause, lisez couvre.
330, 35, Delan, lisez Decan.
331, 18, ces affaires, lisez les affaires.
331, 35, & est entourée, effacez &.
335, 16, Daugeugzeb, lisez Daurengzeb.
335, 22, Deca, lisez Daca.
336, 16, de Rajeputes, lisez des Rajeputes.
342, 32, d'Arrakau, lisez d'Arrakan.
345, 12, ces différentes, lisez les différentes.
349, 12, Chatignan, lisez Chatigan.
351, 9, les extorsions, lisez ses extorsions.
351, 13, Falta, lisez Fulta.
351, 28, remonter à ce fleuve, lisez remonter ce fleuve.
355, 15, Mouscoudabat, lisez Moxoudabat.
362, 16, dans ce bizarre, lisez de ce bizarre.
365, 25, les espérances, lisez ses espérances.
368, 14, d'Atholen, possession, lisez d'Athol en possession.
368, 23, changés, lisez chargés.
371, 8, Sa faveur, lisez La faveur.
372, 6, publiés, lisez publics.
382, 16, dépouillés, lisez dépouillé.
383, 29, peu-être, peut-être.
383, 35, dépouillé, lisez dépouillée.

www.ingramcontent.com/pod-product-compliance
Lightning Source LLC
Chambersburg PA
CBHW060600170426
43201CB00009B/846